作者简介

谢惠媛 中山大学哲学学士、法学硕士，清华大学哲学博士，曾两度受国家留学基金委资助于墨尔本大学、芝加哥大学访学。主要研究方向为思政理论、伦理学和政治哲学。曾获北京市哲学社会科学成果奖等多个奖项，入选北京市高等学校青年英才计划，获选首批北京高校思想政治理论课特级教师、首批校级拔尖人才。主持国家社科基金项目和省部级课题多项；出版学术专著、译著和编著多部；发表学术论文逾60篇。

本书是中央高校建设世界一流大学和特色发展引导专项基金项目"马克思主义与中国共产党文化传承创新研究"、北京航空航天大学青年拔尖人才项目"国家治理视域下的政治情感研究"的阶段性成果

谢惠媛◎著

多维视域下的高校思想政治教育

人民日报学术文库

人民日报出版社·北京

图书在版编目（CIP）数据

多维视域下的高校思想政治教育／谢惠媛著 . —北
京：人民日报出版社，2019.4
ISBN 978 - 7 - 5115 - 5946 - 3

Ⅰ . ①多… Ⅱ . ①谢… Ⅲ . ①高等学校—思想政治教
育—研究—中国 Ⅳ . ①G641

中国版本图书馆 CIP 数据核字（2019）第 061296 号

书　　名：多维视域下的高校思想政治教育
　　　　　DUOWEI SHIYU XIA DE GAOXIAO SIXIANG ZHENGZHI JIAOYU

作　　者：谢惠媛

出 版 人：董　伟
责任编辑：刘天一
装帧设计：中联学林

出版发行：人民日报出版社

社　　址：北京金台西路 2 号

邮政编码：100733

发行热线：（010）65369509　65369846　65363528　65369512

邮购热线：（010）65369530　65363527

编辑热线：（010）65369844

网　　址：www. peopledailypress. com

经　　销：新华书店

印　　刷：三河市华东印刷有限公司

开　　本：710mm×1000mm　1/16

字　　数：219 千字

印　　张：14. 5

印　　次：2019 年 9 月第 1 版　　2019 年 9 月第 1 次印刷

书　　号：ISBN 978 - 7 - 5115 - 5946 - 3

定　　价：85. 00 元

目　录
CONTENTS

绪　论

把思想政治工作贯穿高校教育教学全过程

　　培养德智体美劳全面发展的社会主义建设者和接班人是我国高校的重要责任。这要求高校明确自身的社会主义办学方向，在党的领导下全面贯彻其教育方针，坚持马克思主义指导地位，坚持中国特色社会主义教育发展道路，落实立德树人的根本任务。因此，高校要把思想政治教育摆在首要位置，做好思想政治工作，并把它贯穿于教育教学的全过程。

　　经过多年的探索，我国高校思想政治教育工作已取得许多成绩。如思想政治教育的研究成果数量与日俱增，[①]课程与教材建设不断稳步推进，教师队伍不断壮大，其学历学位层次也在不断提高，学科建设不断健全、学科点建设逐步完善，专业类人才数量稳步增长，等等。但与此同时，我们也应当看到当中存在的不足。如中央宣传部和教育部联合印发的《普通高校思想政治理论课建设体系创新计

[①]　沈壮海和金瑶曾对 2009 年 1 月至 2018 年 8 月上旬思想政治教育学科出版题名含有"思想政治教育"的学术著作数量进行统计，结果表明，其间出版的相关著作达 556 部，其数量远远超出改革开放 30 年时整理的"改革开放以来思想政治教育研究著作目录"数量的总和。参见沈壮海、金瑶．思想政治教育研究的新 10 年：回顾与展望．马克思主义理论学科研究，2018（5）：178～187

划》说明了高校思想政治教育工作中仍有不少亟待解决的问题，①同时也表明了高校应在明确自身性质和发展方向的基础上，根据教学对象的特征和教育规律，多维度地反思如何开展高校思想政治教育工作，从而提升其成效。

首先，高校思想政治教育工作应坚持正确方向。方向是教育之"舵"，事关培养什么样的人、怎样培养人与为谁培养人。明乎于此，国家教育才能沿着正确的轨道不断向前发展。我国独特的历史、文化和国情决定了"我国必须走自己的高等教育发展道路，扎实办好中国特色社会主义高校"②。而该方向与国家发展目标相互契合，紧密关联。它要求做到："为人民服务，为中国共产党治国理政服务，为巩固和发展中国特色社会主义制度服务，为改革开放和社会主义现代化建设服务。"③这既体现了我国高校的性质，也为其思想政治教育工作指明了方向。作为学习研究宣传马克思主义、培养中国特色社会主义事业建设者和接班人的重要场域，高校应当成为坚持党的领导的坚强阵地，坚持社会主义办学方向，全面贯彻落实党的教育方针，牢牢把握立德树人的根本任务。唯此，才能培养出拥护中国共产党领导和我国社会主义制度、立志为中国特色社会主义奋斗终生的有用人才。

其次，高校思想政治教育工作应具有针对性。要使教育达到预期目标，就要理解教育对象的实际。缺乏对教育对象之特性的清晰认识，教育就无法达到预期效果。高校思想政治教育要提升其有效性，就应立足大学生的实际，根据其思想精神特质与行为特点来开展工作。诚如习近平总书记指出："思想政治工作从根本上说是做人的工作，必须围绕学生、关照学生、服务学生，不断提高学生思想水

---

① 例如，在课程建设方面，"一些地方和高校对思想政治理论课仍然重视不够，政策条件保障尚未落实到位，思想政治理论课在高校考核评价体系中的地位和作用不够突出；统筹推进教材修订完善、教师队伍建设、教学方法改革的意识不强，思想政治理论课建设体系尚未完全形成；教师队伍建设不适应思想政治理论课改革发展需求，整体素质亟待提升；改革创新的手段不多，制约思想政治理论课针对性实效性的瓶颈亟待突破；有效整合全社会资源的力度不够，思想政治理论课建设全员全方位全过程育人的格局仍需巩固。"参见中央宣传部，教育部．2015．中央宣传部 教育部关于印发《普通高校思想政治理论课建设体系创新计划》的通知．https：//www.sinoss.net/2015/1026/65588.html

② 习近平．2017．习近平谈治国理政(第二卷)．北京：外文出版社，376

③ 习近平．2017．习近平谈治国理政(第二卷)．北京：外文出版社，377

平、政治觉悟、道德品质、文化素养,让学生成为德才兼备、全面发展的人才。"①因此,高校思想政治教育应深入把握大学生学习认知的基本规律,并在此基础上开展有针对性的、个性化的、有差异的教育教学。

再次,高校思想政治教育工作应具有全面性。一个观念的形成难以单纯靠单向的强灌输来实现,它不仅需要通过教育者的教授来获得相关知识,而且需要对其进行吸收与消化。这一过程会受诸多因素的影响,由此决定理论能否顺利通达观念,得到个体的认同内化,并自觉外化于行。实际上,德才兼备、全面发展的育人标准也决定了,高校思想政治教育并不是单向度的,无法仅仅通过课堂教学或单单依靠师生的直接沟通完全把工作做好,而应充分发挥各种积极因素在大学生观念生成过程中的作用。② 就方式方法来看,思想政治教育工作可以通过第一课堂和第二课堂来开展,既进行理论教学,也借助课外实践增进学生对相关知识点的理解;可通过直接教育与间接教育来实现目的,既诉诸教师讲解的方式,也需要充分发挥环境的作用;可以利用信息技术的最新成果,盘活教学内容,优化教育方式,发挥网上教学平台和课堂教学的优势;可以在利用思想政治理论课讲授中央相关精神的同时,从专业课角度探讨相关精神的具体表现以及如何贯彻落实等。由此可见,高校思想政治教育要根据教育对象的特点,创新教学模式、平台和方法,通过多种形式的教育手段,多面向地推进思想政治教育工作,从而做到全程育人、全方位育人。

最后,高校思想政治教育工作应具有系统性。系统性是全面性的逻辑必然。面对影响观念形成的多种要素,如果缺乏主线式引导而放任自流,就容易变成一盘散沙。相反,如能从系统角度盘活与整合资源,充分调动各项要素,充分发挥其

---

① 习近平.2017.习近平谈治国理政(第二卷).北京:外文出版社,377
② 从教育部印发的《高等学校思想政治理论课建设标准》不难看出,仅就高校思想政治教育中的课程建设而言,影响课程教学质量的因素已涉及方方面面,其中包括组织管理、教学管理、队伍管理、学科建设及教学改革特色项目等,需要多部门协调和共同参与。例如,组织管理层面的标准包括领导体制、工作机制、机构建设、专项经费,教学管理层面的标准包括管理制度、课程设置、教材使用、课堂教学、实践教学、教学方法改革和教学成果,队伍管理层面的标准包括政治方向、师德师风、教师选配、培养培训、职务评聘、经济待遇、表彰评优,学科建设层面的标准包括涉及学科点的建设、科研工作,教学改革特色项目。

正面作用,而非相互掣肘,就能使之相互推进,达到事半功倍的效果。与之相似,高校思想政治教育工作要实现全面、全程、全方位育人的目标也对如何统筹整合当中的相关因素提出了更高的要求。它需要教育者从教育理念到教育方法、教育途径都有清晰的把握,从而能理顺师生之间的主客关系,使第一课堂和第二课堂相互支撑,使网上平台与线下授课互相补足,使教学、组织、管理等工作有效衔接。

鉴于对高校思想政治教育工作的方向性、针对性、全面性和系统性重视,本书以马克思主义为指导,立足于当代大学生的认知规律,围绕当前教育工作中存在的突出问题及缺乏关注之处,力图从理论研究与实践探索两个层面,剖析高校思想政治教育的理念、方法、渠道和环境等,由此多维度地推进高校思想政治教育工作的顺利开展。

本书分上下两篇。上篇侧重于阐释高校思想政治工作的基本原理,下篇则结合实例分析如何提升思想政治教育工作的成效。理论是行动的先导。当理解了高校思想政治教育中一些尚未明确或仍未受到足够重视的基本原理后,教育者和管理者便能更好地在实际工作中不断改进与完善。

在理论篇当中,道德认知与文化育人是论说的重点。之所以把这两个方面凸显出来,强调要把握道德认知的规律,以及明确文化育人的意义和途径,主要是因为它们在高校思想政治教育工作中十分重要,却在思想政治教育研究中没能够引起足够重视,从而削弱了教育效果。① 如今,大学生获取信息的渠道越发多元,其获得的信息量并不见得少于教师。然而,问题在于,他们在很多时候缺乏鉴别力和判断力,难以自觉形成正确的价值观念,又或者即便知道了某些知识,却没有把它真正落实到行动上,出现知行脱节。故而,向他们传授思想政治教育相关知识固然重要,但更为关键的是如何让他们真正理解、认同与践行,使相关知识点内化于学生的思想观念中,转化为他们的自觉追求和实际行动。要帮助学生真正做到知行合一,就需要我们明晰大学生道德观念生成的过程,从而在了解教育对象认知规律的基础上开展有针对性的思想政治教育工作。

---

① 究其原因,部分地在于道德认知是一个具有学科交叉的问题,需要认知科学、哲学、心理学和思想政治教育等相关学科背景做支撑。

除此以外,之所以突出道德认知的重要意义,主要是出于两方面考虑。一方面,素质教育是涵盖了德育、智育、体育、美育等的多面体,它体现了全面发展的育人理念,要求全面提高受教育者的基本素质——这意味着,德育是素质教育的其中一个组成部分。然而,在人的成长成才过程中,道德教育是一个不容忽视的核心部分,是提升个体素质水平的重要途径。因此,透过大学生道德认知的机理,我们能更清晰地看到他们如何以理性认知的方式了解、辨析与认同道德规范,由此把握当中蕴含的基本原理,从而明确高校应如何开展道德教育工作。换言之,对道德认知之机理和特点的深入阐释有助于明确大学生道德认知的过程,从而转变道德教育理念,优化教育环境和改进道德教育方法。而作为素质教育的重要缩影,道德教育的相关原理也能为其他素质教育提供理论与实践参考。因此,通过以小见大、以点带面的方式,我们能以道德认知和道德教育为例,反思素质教育中面临的问题,把握当代思想政治教育工作的困境,进而探讨完善高校思想政治教育工作的路径。另一方面,作为巩固马克思主义在高校意识形态领域指导地位,坚持社会主义办学方向的重要阵地,高校思想政治理论课发挥着重要作用。对此,学界围绕课程建设所取得的相关成果颇丰,并且在一定程度上形成了一些基本共识,因此,本书不再赘述。① 相较于课堂教学而言,诸如文化熏陶等尽管并不会直接被学生把握到,但它对个体发展的影响同样是不可忽视的,其作用是深入且深刻的。更根本地说,思想政治教育在某种意义上也植根于我国的优秀传统文化,后者是影响观念之无法回避也不容回避的因素,故而,习近平总书记指出:"宣传阐释中国特色,要讲清楚每个国家和民族的历史传统、文化积淀、基本国情不同,其发展道路必然有着自己的特色……讲清楚中国特色社会主义植根于中华文化沃土、反映中国人民意愿、适应中国和时代发展进步要求,有着深厚历史渊源和广泛现实基础。"②故而,高校思想政治教育应当重视文化。此外,对社会主义核心价值观的教育也可以上升到文化层面,发挥其"润物无声"的优势,使学生真正认同与践行社会主义核心价值观。

① 本书在论述道德认知基本原理时也将谈及教学的基本规律。
② 习近平. 2014. 习近平谈治国理政. 北京:外文出版社,155～156

在理论分析基础上,本书在下篇着重从教育理念、方向、渠道和氛围等方面多角度地探讨如何高校如何完善与创新思想政治教育工作。即,如何根据当代大学生的特点来完善思想政治教育的理念,怎样通过宣传思想工作来强化高校思想政治教育的方向引领,如何优化思想政治理论课来拓宽高校思想政治教育的主要渠道,怎样树立科学信仰来夯实高校思想政治教育的信念基础,以及如何借助校园文化建设来营造高校思想政治教育的良好氛围。

诚如习近平总书记指出:"高校思想政治工作关系高校培养什么样的人、如何培养人以及为谁培养人这个根本问题。要坚持把立德树人作为中心环节,把思想政治工作贯穿教育教学全过程,实现全程育人、全方位育人,努力开创我国高等教育事业发展新局面。"①这不仅说明了思想政治工作在高校各项工作中应当占据的重要地位,指明了工作重心,而且为今后的思想政治工作提出要求。对此,高校思想应在牢牢把握社会主义办学方向的基础上,针对思想政治工作的规律和大学生的成长规律,加强各类阵地的建设管理,多管齐下,共同推进高校思想政治工作再上一个新台阶。

---

① 习近平.2017.习近平谈治国理政(第二卷).北京:外文出版社,376

01

原理篇

第一章

道德认知:个体提升的内在机理

道德观念的生成及践行遵循特定的规律。对具有一定理性认知能力的大学生而言,要提高其道德素养,首先要明晰道德认知的内涵、特征和过程,从而增强教育的针对性,真正帮助他们把外在的道德规范内化为自身的思想与行动自觉。而作为素质教育的核心组成部分,关于道德认知与道德教育过程及其内在机理的探析,也有助于我们更清晰地把握素质教育的基本原理。

第一节 认知与道德认知

一般而言,认知是指人类认识客观事物,获得知识、应用知识的活动。它主要涉及了知觉、记忆、学习、言语、思维、理解和问题解决等心理过程。[①]《大不列颠百科全书》从本质和过程等角度进一步揭示了认知的内涵:认知是"与知识获取有关的过程或知识获取行为";其本质是"判断","通过判断实现对特定客体的区分,并通过概念对客体进行界定";它"包括知识建立所需的全部意识过程,如知觉、识别、想象和推理等","涵盖了所有与知识获取有关的心理过程,这些过程不同于情感或意愿的体验"。[②] 总体而言,认知是一种不同于完全情感体验的、经由

[①] 辞海 . 1991. 上海:上海辞书出版社,1005. 中国百科大辞典. 1999. 北京:中国大百科全书出版社,4464

[②] 大不列颠百科全书(国际中文版)(第 14 卷). 1999. 北京:中国大百科全书出版社,15

多个步骤整合而成的心理过程。①

　　根据对象的不同,认知具有不同的特殊性。格林等人的 FMRI 试验结果表明,在非道德情境、不涉及主体自身的道德情境或涉及主体自身的道德情境当中,人体大脑有不同的反映——不同的判断对象能激起波尔曼区域的不同部分的相异活动②。也就是说,以科学真理为认知对象的智力型知识认知与以道德规范或情境为对象的道德认知有着相异之处。

　　一般而言,一般知识性认知是主体无涉的事实判断,其目的是求"真";而道德认知则是主体相涉的价值判断,其目的是求"善"。主体在场与否这一因素的差异决定了两种认知有着不同的逻辑预设:智力型知识认知假定,经过科学检验而获得的知识是对客观事物的正确反映,对人类具有普遍性、规律性和有用性,其检验性(实验性)也较强;道德知识是对善恶的评判,一方面道德与个人的利益并不直接相关,甚至与利益有冲突,另一方面道德认识具有很大的主观性,道德认知与选择的一致性与普遍性难以确立。因此,大多数人对科学知识不持怀疑态度,比较关心技术方面的"用",较少深究其中的原因和原理;但人们却会对道德的共同性和指导性持有怀疑态度,特别是在思想开放和价值多元的背景下,他们往往会追问为什么要遵守道德规范,应该遵守何种规范以及如何遵守道德规范等问题。

　　然而,能否由道德认知与智力型知识认知的区别推断出两者之间互不相干,进而得出对道德原理与规范的习得无助于道德情操的培养的结论呢? 这是元伦理领域一直纷争不断的问题。其中一种理解方式是,模糊智力型认知与道德认知的区别,认为知识性的认知有助于塑造善良的人格。如苏格拉底把个体对德性的内涵,以及对克己、勇敢、正直和虔诚与其对立面的意义的认识作为具有德性的前提,进而提出了"德性就是某种知识"③的观点。与此相似,斯宾诺莎认为道德的

---

①　应当注意的是,虽然认知不等同于情感,但并不能由此推断出情感不包含认知因素或与后者毫无关联。目前,哲学、心理学和认知科学等领域陆续发现,在很多时候,人们情感当中具有理性的成分,因此不能被等同于非理性或不理性。

②　Greene J, Sommerville B, Nystrom L,et al. 2001.　An FMRI investigation of emotional engagement in moral judgment. Science. 2001(9):1971~1972

③　色诺芬. 1986. 回忆苏格拉底. 吴永泉译. 北京:商务印书馆,116

发展阶段与知识的发展阶段是相适应的。他提出知德统一论①,并运用形如几何学的方法,借助一些直观获得的定义和公理,通过逻辑推断来证明道德命题与构建庞大的伦理学体系。主张智力型认知与道德认知具有密不可分的关系的哲学家通常赞同道德可由知识推出,以及道德判断与行为应当建立在对伦理道德原则与规范的认识的基础上的观点。

另一种理解方式是,突显智力型认知与道德认知的区别,认为知识素养与道德素养是相互独立的,道德素养应借助知识认知以外的途径来形成和提高。早在中国古代,有哲学家就曾对"见闻之知"与"德性之知""口耳之学"与"身心之学"的差异做出区分:两者的差异在于德性之知大多涉及实践推论,与行动或行动的意向紧密相连;"实践推论的行动指向,是以德性之知所包含的行善趋向或行善定势为前提"②。在西方伦理学史中,明确指出"是"与"应该"、事实判断与价值判断的区别的是休谟。他认为,应该与否的判断表示了一种与是非判断是截然不同的、全新的关系或肯定,这种关系必须被重新论述和说明③。事实性前提不能推出价值和道德判断的观点成了元伦理学冲击规范伦理学的重要依据。事实判断与道德判断之间的裂缝在伦理学研究领域引起了广泛的关注。杜威从连续性和因果性两方面概述了这些观点。在经验的连续性上,人们认为科学认知与判断依靠的是理性,它本身是以实践上的连续性和空间上的同在性来陈述事实的;而道德认知与判断是以超经验的概念为基础和说明原则的,它是从一个分割的官能、良心出发的,具有自身的标准和方法。在因果关系上,科学判断依赖的是因果原理,故而有可能同关于某些其他事实的陈述联系起来说明每一件事实;而道德认知与判断主要涉及最后因、目的和理想的原理,是通过精神愿望估计的应然判断,而不是根据前件命题来断定道德判断的内容。④ 概括而言,道德认知与智力型认知的区别主要体现在,价值性认知与工具性认知、观念性认知与知识性认知、形成性认知与记忆性认知的区别。

① 斯宾诺莎.B.1997.伦理学.贺麟译.北京:商务印书馆,2
② 杨荣国.2002.伦理与存在.上海:上海人民出版社,193
③ 休谟.D.1980.人性论.关文运译.北京:商务印书馆,509
④ 杜威.J.2001.民主主义与教育.王承绪译.北京:人民教育出版社,174~175

以上关于道德认知与智力型知识认知的关系的论述使我们意识到,道德认知与其他认知既有相同之处,又有相异之处。作为认知的一种形式,道德认知遵循个体认知的一般规律,经过感觉、知觉、记忆和理解等过程。与此同时,由于道德认知以道德为内容,以道德原理、规范和情境为对象,因此,道德认知具有以下特征:(1)道德认知是以一般知识型认知为基础的认知形式。一方面,认知涉及对当下事件的了解的同时,也包含了超越当下事件的理解;另一方面,人们对道德的认识不应当与客观自然或历史发展的规律相背离。科学的发展与历史的推进不同程度地要求人类改变自身对社会关系及社会伦常的理解,建立相应的道德规范。(2)道德认知是复杂的认知过程。它不仅受思维逻辑和形式逻辑的作用,同时也受情感、利益和需要等因素的影响;不仅是当下的视觉与情感体验的结果,同时也是对个体的社会背景和实践背景的反映,是多方面因素相互作用的整合体。(3)道德认知更注重行善信念的形成,即,对一种道德知识或规范的理性认同和信仰。它是一种思维定式,是个体自觉地遵守道德准则的重要条件。没有上升到信仰层次而停留在理性或感性层次的道德信息只是一种工具性知识,难以形成受深层价值观指导的、相对稳定的道德判断和道德行为。对认知与道德认知概念及其特征的分析为探悉道德内化的认知途径提供了理论基础。

第二节 道德认知的研究进展:从静态线性到动态系统

个体通过什么途径来认识与认同道德规范,从而在行动上自觉地践行道德守则?围绕这个问题,哲学、心理学、教育学、神经生理学与认知科学等领域进行了大量探讨。研究者们从宏观或微观的角度,运用形而上的抽象思辨或具体试验和模拟等方法,剖析道德认知的内涵、来源、属性、机制与特点,并获得了一些进展。这些问题可部分地具体化为:(1)道德认知的内涵是什么?以往的道德教育把道德认知看作近似于"了解"的知识获得形式。由于这种观点忽视了受教育对象的能动性,未能解释个体原有的价值观对新规范的反作用,因而,学者们把道德认知的深度重新界定为"理解"。(2)与一般智力型认知相比,道德认知具有哪些特殊性？智力型认知与道德认知具有什么样的关系？不同的学者对道德认知与智力型认知的关系持相异的观点。(3)道德认知能力是与生俱来的，还是后天培养的？个体通过哪些环节认识与认同道德？

一、哲学领域

在哲学领域，道德认知问题早在古代时期就已引起人们的关注。中国古代哲学与古希腊哲学，近现代伦理学史中的唯理主义者与经验主义者、理性主义者与情感主义者，以及美德论、义务论与功利主义学派都曾对道德的标准，道德认知的来源、特征与过程等论题做了大量的论述。

从中国哲学的角度来看。中国是重视道德的礼仪之邦。自西周以来，许多思想家对道德认知的来源、途径和方法都有所探讨。孔子曾在继承西周思想的基础上提出获得道德的两条进路：一是通过对血缘或亲缘等与生俱来的关系的体验感知道德，二是通过模仿榜样、博学多识、学思结合等方法后天习得道德规范。因循这两条路径，往后的思想家关于道德内化的认知途径的观点可相应地划分为注重反身自观和注重外在操持两个派别。

一般而言，强调道德认知内在机制的理论预设是本性善良或道德潜在。人性本善先验地保证了道德认知的可能性和有效性，道德认知主要表现为率性而为、回归本然。儒家思想的继承者孟子从性善理论出发指出，道德认知是个体运用理智克制和断绝欲望，克服外物和感觉对心智的干扰，并且不断反省、检查和纠正缺点的过程。宋明儒学家王阳明秉承人心本善和道德本在的思想，指出恶的表象是由于本心被外物遮蔽而导致的，故而，恢复本心的根本途径是"致良知"。"人心是天渊，心之本体无所不该。原是一个天，只为私欲障碍，则天之本体失了……如今念念致良知，将此障碍窒塞一齐去尽，则本体已复，便是天渊了。"①也就是说，在认知、感情、意识三者的共同作用与协调下，道德理性、情感、意向和信念等被激发，潜在的道德之理逐步转化为明意识，个体获得了道德知识。可见，孟子和王阳明等思想家对道德认知的看法植根于本性为善的思想，主张通过由内而外的途径

---

① 传习录（下）．转引自冯友兰．2001．中国哲学史（下）．上海：华东师范大学出版社，268

认识道德。

与此相反,强调道德认知外在机制的理论预设是人的本性是丑恶的或道德是客观绝对的。人性的险恶要求人们借助外界的环境和教育认识道德,远离本性。荀子从性恶论的角度指出,个体应当在良好的环境熏陶中,通过后天的外界的道德教化和个体的"闻之""见之"和"知之",达到化性起伪,改变恶的本性。① 主张道德具有绝对客观性的思想认为,道德来源于天地之性,人们应当遏制和驱除本能和欲望,使自身与先天的至善相契合。这一思想被宋明时期的哲学家所倡导并发展成为完整的道德体系。宋明初期的思想家张载认为,人们认识和学习道德的主要途径是祛除杂念、刻苦持修,从而变化气质,使之由恶变善。此后,程颢与程颐对道德客观绝对的思想做了更深刻的分析。程颢从理论上论证了最高的精神实体"理",指出道德修养的最高境界是通过去私欲、存天理的途径达到仁的境界;程颐把道德认知过程归纳为主敬集义、格物致知和克己窒欲等具体方法。理学的集大成者朱熹进一步把"理"解释为寂然不动、主宰心智的伦理本体和当然之则,主张通过"格物致知"的途径认识道德,进而"化人心为道心"。"所谓致知在格物者,言欲致吾之知,在即而穷其理也……至于用力之久,而一旦豁然贯通焉。则众物之表象精粗无不到,而吾心之全体大用,无不明矣。"②这意味着,情感和意旨都应当服从于本然的"理",运用理性排除感性因素对道德内化的阻碍,促进外在道德规则的内化为心中的律令。荀子和宋明理学家沿着本性为恶的思路,把道德认知归结为由外而内的过程,从而确立善的客观性和绝对性。

由内向外和由外向内两条路径是中国古代思想家探讨道德认知的途径的主要方向。前者设定了先验内在的本心,从心理③合一的角度论证了人们如何通过本性外化而认识道德的;而后者则设定了外在于本心的天理,从心理相分的角度说明了人们如何追求外在天理而实现道德内化的。可见,心理合一和心理相分两种不同的本体论拓展到认识论和方法论领域,促成了相异的道德认知理论。

---

① 荀子.1989. 上海古籍出版社,42
② 朱熹.2001. 大学章句补格物传.转引自冯友兰.中国哲学史(下).上海:华东师范大学出版社,268
③ 这里的"理"是指理气意义上的客观事物定理和规律,而非心理学意义上的身心规律。

从西方哲学的角度来看。西方对道德认知途径的研究可溯源到古希腊时期。苏格拉底提出"知识就是善"的论断,柏拉图强调绝对理性沉思世界、统率冲动的观点,以及亚里士多德论述德性潜在和外化的思想,分别从不同侧面间接反映了古希腊哲学对道德认知的看法,深远地影响着近现代伦理学,特别是为理论伦理学的发展。此后,不少哲学家都曾涉足这一论题的研究。以道德认知的逻辑起点为标准,他们对道德认知途径的研究主要可划分为唯理主义和经验主义两大派别。

由于不同哲学家在论述道德认知过程中的理论侧重点有所不同,因而,唯理主义内部的探讨可概括为以下几个分支。唯理主义其中一个分支强调理性的先天性和内在性,把理性看作道德认知的前提。二元论者笛卡尔从"天赋观念论"的思想出发,在论述理性的先在性和主导性的基础上指出,个体对道德的认识是运用理性控制情感和情绪、支配意志,从而在现实中逐渐揭示和认识道德本质、规律和准则的过程。受笛卡尔形而上学体系的启发,莱布尼茨把"前定和谐"的思想推广到伦理学领域,把道德真理或规范看作心灵先天具有的、形如数学公理的道德原则推断出来的产物。这意味着,道德原则和观念归根结底是天赋的,是来自理性的;道德认知的过程体现在,个体通过"先天的理性"和"健全的理智"进行沉思和逻辑推断,"察觉真理的联系的功能,或推理的功能",清楚地把潜藏的道德观念显现出来。① 通过考察唯理主义和经验主义的争论,康德重新对理性进行审视,把认识论上的"先天综合判断"思想发展成统一的伦理学体系。他认为,先验的理性是道德认识的必要和核心要素,是全部道德概念先天的导源,理性的任务是"去产生在其自身就是善良的意志"②。体现善良意志的责任规导个体的道德认知过程,让个体判断和裁决自身行为是否具有普遍性和合理性,从而出于内在的善自

---

① 莱布尼茨认为,理性是发现从知识得来的命题的确定性或概然性,这些知识用自然功能,也就是通过感觉和反省可获得的;信仰则是给予一种基于启示的命题的同意,基于一种上帝异乎寻常的传递。虽然信仰也可以使人获得真理,但这种真理却不具备通过理性获得的真理的确定性。认识真理的时候,"上帝除了他使人相信的是基于理性,是决不会给人信仰的;否则他就会毁灭了认识真理的手段,并为狂信打开了大门"。参见莱布尼茨. G. 1982. 人类理智新论. 陈修斋译. 北京:商务印书馆,569,576
② 康德. I. 2002. 道德形而上学原理. 苗田力译. 上海:上海人民出版社,11

觉地践行道德规范。理性、责任、自由构成了康德伦理学思想的主要框架,它们共同保证了道德的纯粹性和绝对性、道德认识的一致性和普遍性。笛卡尔、莱布尼茨和康德关于道德认知的论述集中体现了唯理论者的先验论思想,他们把道德认知看作理性激发、外化和展现的过程。

唯理主义的另一分支强调理性在道德认知过程中的作用。斯宾诺莎从利己主义的思想出发,一方面肯定了理性在道德认知中的重要性,认为"只要行为是为他的理解所决定的,他便是主动的,这就是说他做了一件事,此时可以单独从本质得到理解,后者此事是正确地从他的德性出发的"。另一方面,斯宾诺莎又看到道德认知、理性和利益之间的关联,认为道德认知是以理性追求利益和保存生命的过程,是以知识的增加来提升德性的过程。道德的认知和行动"是在寻求自己的利益的基础上,以理性为指导,而行动、生活、保持自我的存在"①。

唯理主义的第三个分支主要从理性普遍性的角度论证了道德认知的超验性②。在哈贝马斯看来,经验是对外在事物的局部反映,通过经验获得的道德知识缺乏普遍性。因而,他高度赞扬康德建构绝对命令的精神,主张通过理性抽象出一种可脱离具体经验和行为背景的道德交往形式;这种形式是超越经验的,它有助于人们设计出具有非个人性和一般性特征的普遍道德命令。

与唯理论的观点不同,经验主义把自然主义认识论体系延伸到道德认知领域,确立经验在道德观念形成和发展过程中的重要地位。如经验主义者培根曾主张,应当从现实的社会关系和行为活动去研究伦理学,通过"耕耘术"等方法认识道德。根据理论侧重点的不同,经验论者对道德内化认知途径的探讨可从同情、利益和环境三个角度进行评述。

关注同情的经验主义者注重感知和情感在认识道德过程中的作用。休谟认为,善恶的观念不是事物的客观反映,而是人们赞赏或谴责的感情表露;个体对他人的帮助只是出于同情和关切。因此,人们对道德的认识主要是由感知而非理性

---

① 斯宾诺莎. B. 1997. 伦理学. 贺麟译. 北京:商务印书馆,187
② 哈贝马斯所指的"超验"并不是指内容完全独立与现实,而是指形式上超越具体经验,寻求一种普遍性的话语讨论的必要条件。参见 Habermas J. Moral Consciousness and Communicative Action. 1995. trans. Lenhardt C., Nicholsen S. Cambridge, MA:The MIT Press,63

判断的途径实现的。感知表现为人们回忆以往的道德情境,如果这些印象带来快乐,那么勾起回忆的道德规范便能被个体认同和内化。亚当·斯密吸收和发展休谟的同情思想的同时,提出了"道德同情论"思想,深刻地分析了道德认知的发生过程。他认为,同情心的形成依赖于生活经验,是建立在生活经验基础上的观察、感觉和想象。观察使道德认知成为可能,感觉和想象使人体验到他人的处境和感受,情感共鸣使人认识和确立自律的道德规范。"通过想象,人们可以把自己置身于别人的处境中,设想自己正在忍受同样的痛苦。这种设身处地的想象,在某种程度上把自己变成同被同情对象一样的人,简直可以说同他融为一体,因而产生一种与被同情者同样的某些意识,甚至形成某些在程度上强于被同情者的感觉。"①

经验论者对利益的强调集中反映在功利主义学派的思想当中。洛克批判了莱布尼茨"天赋观念论"的思想,指出道德知识和观念来源于感性经验,借助证明或某种第一原理的推导,人们可以获得和认识道德。② 此外,洛克从利己主义的伦理学出发,认为利益与道德认知密不可分,人们是按照其所预料或希望的幸福来理解和接受道德的。另一功利主义者边沁专注于利益中的快乐,把快乐视为道德认知的动力。"道德家为希望,即快乐的前景,所驱使"③要认识道德及其规范,个体首先要具备感知和判断能力。通过估算快乐和痛苦的强度、持续时间、确定性与否、临近或偏远、丰度、纯度、广度,估算行动带来的最初快乐值和痛苦值、随后带来的快乐和痛苦值(构成最初快乐的丰度和痛苦的不纯度),并把这些值相加、比较,个体认同快乐值较大的道德规范。边沁把对道德的认知等同于对利益的衡量,这实际上是德谟克利特思想的现代诠释。如果说边沁的道德认知更多地诉诸利益的外在权衡的话,那么密尔的学说则更多地诉诸心理的内在活动。密尔把心理学的联想原理④推广到道德认知领域,认为道德观念可通过对快乐感的联

---

① 休谟. D. 1980. 人性论. 关文运译. 北京:商务印书馆,640

② 转引自梯利. F. 2001. 西方哲学史. 葛力译. 北京:商务印书馆,360

③ 边沁. J. 2000. 道德与立法原理导论. 时殷弘译. 北京:商务印书馆,65

④ 联想原理表明,事物在现实中相继发生使人们获得了一个联合观念,以后只要有其中一件事物发生了,它就会在人们心理上引起对另一件事物的联想。

想及联想观念的强化来消除利益缺失带来的痛苦①。而后,边沁和密尔的功利主义道德认知思想受到了石里克、斯马特(Snart. J.)和布兰特(Brandt. R.)等人的修正和发展。

此外,还有一些伦理学家从环境的角度论述其道德认知的观点。爱尔维修立足于唯物主义感觉论,指出法律和教育等环境因素在个体道德认知及素质培养过程中具有决定性作用。曾经受爱尔维修思想影响的法国唯物主义者霍尔巴赫提出"环境决定意见"的思想。他认为,道德观念是在一定的社会环境中形成并由社会环境决定的,家庭、政府、教育等可改变人的品格和行为。现代实用主义哲学家杜威坚持民主主义教育理念,主张用隐性教育的方式使学校创设一定的情境,丰富学生的道德认知经验,使学生在潜移默化中认识和内化道德。

经验论者强调了知识的来源是感官知觉或经验,否定存在着与生俱来的真理,因而,他们认为,人们对道德的认识和认同是依赖于经验的。不论理论的着眼点是同情、利益,还是环境,他们都关注道德认知对象的属性及对象和个体之间的关系。道德认知的途径主要表现为,对这些外在对象的感觉体验、利益权衡或关系认同。

而在马克思主义哲学领域,道德认知与道德观念的确立问题也是被关注的对象。马克思主义道德观的理论基点是历史唯物主义和辩证唯物主义。在确立唯物主义物质观和认识论基础上,马克思和恩格斯把唯物主义和辩证法思想拓展到道德认知领域,主要从三方面阐释其道德认知理论。

首先,人们是在实践性中认识道德的。在马克思看来,社会存在是社会意识的前提和来源;具有意识形式的道德是物质活动的产物,受生产的普遍规律支配。存在与意识的关系、道德的本质和特征决定了人们对道德的认识不是头脑中的道德以公理自明的形式被揭示的过程,而是个体通过生产劳动了解和内化道德规范的过程。其次,人们对道德的认识与其经济地位、社会地位、阶级地位密切相关。道德是一种生活方式,受个体的价值观和利益观影响。个体往往根据自身的需求和经验、按照原有的思维模式和知识结构思考和认同规范。这些作用于道德认知

---

① 密尔. J. 1959. 论自由. 程崇华译. 北京:商务印书馆,101

的因素是人们经济、社会和阶级状况的反映。正如恩格斯在批判杜林时指出:"人们自觉地或不自觉地,归根到底总是从他们阶级地位所依据的实际关系中——从他们进行生产和交换的经济关系中,获得自己的伦理观念。"①最后,道德认知主要体现为自律和他律相统一的过程。约定俗成的道德规范一开始是以社会意识的形式出现的,它们不完全与个人意识直接吻合,具有他律性。当人们在实践中接触、理解、判断并认同这些规范时,外在的道德规范融入内在的知识结构和信念系统中,人们的道德判断和行为表现为从自身的信仰出发的自觉行动。实践性、阶级性、自律和他律的统一是马克思和恩格斯道德认知理论的核心。这些核心思想被其继承者从理论和实践等方面加以丰富。而后,列宁联系苏联革命和建设的实际,从理论上论证了道德认知的阶级性,以及共产主义道德与无产阶级斗争之间密不可分的关系;从实践上把道德认知的途径具体化为劳动锻炼、榜样模仿与法制学习等方法。

我国把马克思主义与中国的具体国情相结合,发展了无产阶级的道德观。毛泽东同志一方面着眼于思想的层次性,强调了同一个体在认识事物时涉及感性和理性两个层次的相互作用,而不同个体根据其道德认识水平的高低,可划分为先进、中间和落后三个层次;另一方面强调了实践对认识的重要推进作用,指出人们要通过生产斗争、阶级斗争和科学实验活动等来认识道德规范。② 邓小平同志也看到了道德认知的层次性,主张区分先进性的共产主义道德和广泛性的社会主义道德、先进分子的先导性和人民群众的普遍性,从党风建设、制度建设和环境优化等方面,不仅为社会个体的道德认知提供良好的氛围,而且通过批判唯心主义和自然主义等的伦理学体系、总结无产阶级革命实践经验而建立起来的科学的道德观,指导着社会主义国家的革命和建设,推动着我国社会主义现代化的进程。同样,习近平总书记把握经济基础与上层建筑的辩证关系,强调"从思想道德抓起具有基础性作用,思想纯洁是马克思主义政党保持纯洁性的根本,道德高尚是领导干部做到清正廉洁的基础。我们要教育引导广大党员、干部坚定理想信念、坚守

---

① 恩格斯.1999.反杜林论.北京:商务印书馆,96
② 毛泽东.1991.毛泽东选集(第1~4卷).人民出版社,282~289

共产党人精神家园,不断夯实党员干部廉洁从政的思想道德基础,筑牢拒腐防变的思想道德防线。要抓好思想理论建设、抓好党性教育和党性修养、抓好道德建设,教育引导广大党员、干部认真学习和实践马克思列宁主义、毛泽东思想、中国特色社会主义理论体系,牢固树立正确的世界观、权力观、事业观,模范践行社会主义荣辱观,以理论上的坚定保证行动上的坚定,以思想上的清醒保证用权上的清醒,不断增强宗旨意识,始终保持共产党人的高尚品格和廉洁操守"①。他不仅重视道德建设,而且通过各种举措加强道德建设,把社会主义核心价值观贯穿社会生活的各个方面,使人民从意识观念上有清醒认识,使之内化为精神追求与外化为自觉行动。

二、心理学领域

哲学(特别是近代西方哲学唯理论和经验论对认知的探讨)的研究为认知心理学的形成和发展奠定了形而上的理论基础。在心理学领域,经历了20世纪50年代的"认知革命",认知心理学逐步发展成心理学的一个学科分支,奈塞尔(Ulric Neisser)《认知心理学》(1967)的出版标志了现代认知心理学的诞生。此后,心理学家对认知过程和模式等问题的研究随着心理学从哲学的分离而走向实证化,对认知研究的范式逐步由机械还原走向系统整合,这为道德认知研究奠定了理论和实验基础。

皮亚杰对认知的研究主要体现在认知发生理论与认知发展理论两方面。在认知发生方面,皮亚杰把认知研究建立在生物学的基础上,揭示认知结构与生理结构的同型性,并就认知的内涵与来源、机制与过程等进行论述。② 他不赞同把认知指称为事实或状态,主张把认知看作一个动态过程。这一过程的基点是相对的,可以从"无"开始,也可以从"有"开始,这取决于主体是否把动作投射到客体当中。由此,他反对把认知的来源归结为先验的或天赋的,认为认知是后天的习

---

① 习近平 . 2014. 习近平谈治国理政 . 北京:外文出版社,391
② 在《生物学与认识》一书中,皮亚杰力图证明"在与行为同类的基本认识形式的范围里",它们的必要条件总是以某种生物因素为前提。参见皮亚杰 . J. 1989. 生物学与认识. 尚新建等译. 北京:三联书店出版社,244

得和行为的结果。① 在后天的学习过程中,在同化和顺应这两个机能前提下,认知经过预见、运算、调节等步骤逐步建构或重构感知运动图式,使认知的机能与结构、结构与结构之间达到新的平衡,从而建立个体认识事物的机制。这种机制既是生命组织一般自动调节过程的结果,又能在与环境的交换中使自动调节器官发生特化。② 通过对这些适应、反馈和调控等过程的分析,皮亚杰从系统论和控制论的角度阐述其认知发生思想。

另一方面,皮亚杰提出了认知发展理论,详细剖析了儿童(道德)认知发展的特征。在《发生认识论原理》一书中,他把认知发生原理运用到儿童的思维发展中,提出了儿童思维发展的阶段论(感知运动阶段、前运演阶段、具体运演阶段和形式运演阶段)与道德判断的阶段说(他律阶段和自律阶段)。③ 在不同的阶段,儿童道德的内容涉及不同的维度:上苍公正与客观惩罚、抵罪性惩罚与报应性惩罚、服从成人权威与顺从同伴期望。④ 皮亚杰关于思维发展阶段和道德判断阶段的思想,从一个侧面体现了他对思维整体性和系统性的理解,为后来的心理学家开启了道德发展研究的大门,推动了认知心理学的发展。

沿着皮亚杰的研究路径,柯尔伯格提出了道德认知发展的分阶理论。柯尔伯格认为,道德认知是对关于善恶的准则与行为的认识,它突出表现在主体的道德判断过程中。故而,道德认知发展的分阶段理论主要集中于对道德判断的阶段性发展的研究。根据多年的跟踪调查和大量的测量,柯尔伯格发现处于不同发展时段的个体对同一道德事件的判断呈现质的差别。基于这种质的差别,柯尔伯格提出了道德判断发展的三水平学说:前因循水平、因循水平和后因循水平。道德前因循水平包括惩罚与服从的定向阶段和手段性的相对主义定向阶段;因循水平包括人际关系的定向阶段和维护权威与制度的定向阶段;后因循水平则包括社会契

---

① 皮亚杰对认识的后天性的强调主要体现在他与乔姆斯基的争论上。乔姆斯基从天赋论的立场阐释了,天生的"语言系的装置"先天地存在于儿童的头脑当中;而皮亚杰则认为,儿童是通过同化和顺应等机制的运行、环境和个体之间的相互作用,后天获得知识的。
② 皮亚杰.J.1989.生物学与认识.尚新建等译.北京:三联书店出版社,140
③ 皮亚杰.J.1981.发生认识论原理.王宪钿等译.北京:商务印书馆
④ 李伯黍、燕国材主编.2001.教育心理学.上海:华东师范大学出版社

约或功利定向阶段和普遍伦理阶段。① 根据不同的价值参照系,处于不同水平的儿童或青少年又可划分为六个阶段。在道德发展的第一、二阶段,个体认知的重心放在物质后果上,没有认识到个人与他人、个人与社会等互动关系;处于第三、四阶段的个体逐步意识到个人与他人、个人与社会的关系,在道德判断时往往以良好的人际关系和良心的实现为依据;随着社会交往的增加、社会经验的丰富、文化知识的增多以及理性分析能力的增强,青少年的认知水平大大提高,处于道德发展第五阶段的个体对"社会人"的认知逐步深入,从契约和协商等角度理解人与人之间的关系,逐渐关注社会价值和社会理想,其道德判断呈现出自律性、自主性和多元性;处于第六阶段的青少年的理性认知能力进一步增强,他们不仅了解一些基本的道德规范,而且懂得社会的本质、规范背后的道德本质以及人作为社会目的的特质,他们的道德判断能力得到纵向和横向拓展。可见,处于不同阶段的个体会依据相异的价值评判标准(包括关系与需求等)选择和内化道德规范,他们的道德认知水平、理性分析与评价水平呈现不同的特征。随着理性认知能力的增强,个体对道德规范的认同变得越发自主和更加深刻。

通过皮亚杰和柯尔伯格道德认知发展理论的分析,不难得出以下结论:(1)道德认知具有一定的层次性和阶段性;(2)理性认知是影响个体道德判断能力发展和道德参照系选择的重要因素;(3)个体对道德的理性认知能力并非天生具有的,它的培养和提高需经过长期的锻造。这些思想对后来的现代认知心理学的发展有着深远的影响。

在前人的引导和启发下,现代认知心理学进一步深入探讨认知与道德认知的原理。奈塞尔的认知心理学思想、斯金纳(Burrhus Skinner)的直线程序教学法、英海尔德(Barbel Inhelder)等人的认知发展和学习理论从认知心理学、生物心理学与神经生物学等方面为道德认知研究提供了理论与实验上的依据。除此以外,现代认知心理学还有一些值得关注的新进展。与皮亚杰等不同的是,现代认知心理学除了研究个体道德认知的纵向发展以外,还着眼于对道德认知横向发展的研究,即,道德规范或道德情境是如何通过感知觉、判断推理和建构图式等路径进

---

① Kohlberg L. 1984. The Psychology of Moral Development. San Francisco:Harper & Row

入、整合并固化于道德认知结构当中。如斯腾伯格（Robert Sternberg）、华勒斯（Graham Wallas）、凯斯（Robbie Case）和西格勒（Robert Siegler）等现代心理学家曾从不同的角度、运用不同的分析工具和模型分析了认知与道德认知的过程。

斯腾伯格与华勒斯主要是从某些具体的途径来研究认知的原理和机制的。斯腾伯格专注于探索认知机制中的策略构建。他主要采用信息加工的方法剖析了构成认知的三种成分：操作成分、知识获得成分与元成分。三种不同成分又分别由相异的环节构成，如组成操作成分的步骤是编码、推理、联结和应用；组成知识获得成分的环节是选择性编码、选择性结合和选择性比较；元成分的作用选择、调整和建构策略。根据个体的差异性（特别是不同年龄群体），这些成分及其环节呈现出不同的特点。华勒斯则偏重于对认知过程中的概括能力的研究。他们把概括能力具体化为时间路线、规则发现和消除多余步骤三个环节。[①] 往后，谢夫林和斯奈德的认知双加工理论、罗德格的内隐记忆和外显记忆理论等都是对认知的具体过程的阐释。[②]

与上述研究角度不同，凯斯和西格勒等人是从发展的角度切入对认知机制的考察的。凯斯认为，个体的认知发展可划分为感觉运动操作、表象性操作、逻辑性操作和形式操作四个阶段。在先天潜能的基础上，伴随着脑部生理结构的成熟，个体可通过自动化操作等方式提升认知能力。而西格勒立足于进化论思想，把认知发展看作与生物进化相似的适应性行为的发展。他论述了竞争是"如何导致个体在认知发展中产生适应性的结果，并确立认知变化的机制"[③]。由皮亚杰和柯尔伯格开始的认知发展理论被凯斯和西格勒等心理学家继承、修正和发展，形成了认知机制和认知途径研究的另一视域。

如今，认知心理学发展的一个明显趋势是，认知研究由注重对某些具体的或个别的环节的剖析转向注重从整体考察认知各要素或各环节的相互作用、认知发展阶段的承接关系，或是在整个认知机制或环境中研究某部分的运作规律。这种由分割还原方法向系统整体方法转变的趋势，是系统科学和复杂性科学发展的结

① 陈英和.1996.认知发展心理学.杭州：浙江人民出版社,93~94
② 彭聃龄.2001.普通心理学.北京：北京师范大学出版社,196,236
③ 陈英和.1996.认知发展心理学.杭州：浙江人民出版社,94

果。虽然认知心理学当中的大部分理论没有直接切入道德认知,但心理学家对认知模式、途径和机理的分析,以及他们新的研究范式,为道德认知研究提供了重要的进路。

三、认知科学领域

认知科学是一门以计算机模拟包括道德认知等在内的人工智能活动的新兴学科。这门学科曾一度在解释大脑运作机制和过程等方面有很大进展,因此,被一些研究者誉为"一个开始寻找道德实践新想法的显著领域"①和"二十一世纪智力革命的前沿"②。认知科学家丘奇兰德(Paul Churchland)相信,就像认知科学帮助我们解决各种直观问题一样,认知科学能帮助我们解决大量道德两难困境。这种结构或程序模拟的研究方式有助于研究者分析和揭示个体道德认知的机制与途径。

图灵—丘奇论题的提出、图灵机和冯·诺伊曼(John von Neumann)的数字计算机的出现奠定了认知科学研究的理论和硬件基础。此后,针对图灵思想,塞尔(John Searle)"中文屋"与博登(Margaret Boden)"逃出中文屋"的争论,纽厄尔(Allen Newell)与西蒙(Herbert Simon)对计算与符号的强调,辛顿(Geoffrey Hinton)等人的"分布式表述"理论,以及哈肯德(Hermann Haken)认知协同学理论③反映了传统认知科学研究的分歧和发展趋势——由串联模式向并联模式的转变。大脑的认知过程被看作一个相互关联、由多层次组成的复杂系统的运作过程,而不再是仅由一个层次单向传递的过程,这为道德认知研究提供了借鉴。

由于现代许多认知科学家不再将心智看作准语言、规则和行动方案的存储器,而看作复杂的完成模式的混合体,因而,把这种研究角度推广到道德领域,他们认为,伦理和道德哲学研究转向在于,新的研究视域暗含了对道德推理的经验

---

① May L. , Friedman M. , Clark A. . 1996. Mind and Moral:Essays on Cognitive Science and Ethics. Cambridge:The MIT Press,4

② 刘晓力. 认知科学研究纲领的困境与走向. 中国社会科学,2003(1):99

③ 哈肯. H. 2000. 大脑工作原理——脑活动、行为和认知的协同学研究. 郭治安、吕翎译. 上海:上海科技教育出版社,8

概念的阐释,如对道德知识的本质、争论和评价,道德规范的角色,以及道德理解的演化和发展的分析。

　　一般而言,现代认知科学家对道德认知的研究大多以联结主义或可计算主义为基点,强调道德认知模式的完成与归纳。在对样本、陈规和原型进行划分和界定的前提下,认知科学家从道德信息的进入、编码、同化、强化和固化,信息单位的形成与信息网络的构建等认知途径来说明以原型为基础的知识结构的操作方式,借此明确认知系统的输入—输出功能。例如,在联结主义的范式当中,丘奇兰德等人对推理和论证等概念重新进行建构,他们指出,道德错误或道德洞察力可被解释为诸如知觉错误和知觉敏感这些非常微妙的事件;一个善的个体需要一套被发展了的道德原型,由此,个体可确立自身吸纳信息和了解信息的方法。① 钦佐(Susan Khin Zaw)则比较关注道德认知过程中的道德理性。她认为,精确而大量的"满意约束"判断和理解应该是认知科学进一步研究的对象,这一研究将有利于我们明晰实际推理的运行情况和揭示它的特征。② 对某个具体环节的分析是认知科学研究方向之一,它从系统的角度横向考察了道德认知的途径。

　　认知科学研究的另一着眼点是道德认知的发展。丘奇兰德主张通过提高对道德和社会了解来使认知科学研究获得更好的发展。他反对道德中立的观点,认为个人的社会背景、地位,以及与他人的交流能影响自身对某些道德规范或道德情境的洞察与理解。③ 弗兰纳根(Owen Flanagan)把丘奇兰德的思想宏观化,他不仅论述了道德知识发展过程中个体间的相互交流和相互影响,而且倡导道德认知研究应致力于在道德生态的框架下如何改善人类生活。克拉克(Andy Clark)则把这一思想微观化,他着重强调了道德认知过程中的协作式的交互推理,认为一旦道德认知的协作范围被充分认识到,那么我们就能对道德规范有新的认识。协作使个体知悉其他个体已经获得的信息,他们加入协作活动所需的信息,以及传递

---

① May L. , Friedman M. , Clark A. . 1996. Mind and Moral：Essays on Cognitive Science and Ethics. Cambridge：The MIT Press,7

② Susan Khin Zaw. 1996. Moral rationality. In：Mind and Moral：Essays on Cognitive Science and Ethics. Cambridge：The MIT Press,275

③ Churchland P. 1996. The neural representation of the social world. In：Mind and Moral：Essays on Cognitive Science and Ethics. Cambridge：The MIT Press,91 ~ 108

他们知道的信息等二级的交流原型。① 这些理论构成了对道德认知的纵向研究。

除了上述道德认知理论以外，认知科学对道德的探讨还包括道德认知内容与道德认知机制的关联②、道德病理学的本质和根基，大脑中特殊区域的道德知识编码，道德理性中的想象和隐喻理解，道德思维中激发和移情机制，等等。这些理论成果从不同的角度丰富了道德认知研究。

四、系统层次论的新趋向

从上述哲学、认知心理学和认知科学理论的分析和梳理不难看出，尽管各门学科在研究方式和方法上具有自身的特殊性，但它们对道德认知途径及其机理的探讨有着相似之处。这主要体现在以下三方面。

第一，道德认知学说与元伦理思想密切关联，前者是后者在认识论上或方法论上的延伸和具体化。不同的研究者对道德的本质与起源有着不同的看法，因此，他们在道德认知途径、机制和特点等方面有着不同的见解。中国哲学思想中本性的善恶、西方哲学思想中理性来源的先天性或后天性、马克思主义的唯物主义和实践思想，以及认知心理学中皮亚杰的认知结构建构思想等都是各种道德认知理论体系的根基。

第二，不同的元伦理思想导致了相异的道德认知路径——由内而外和由外而内。一般而言，主张本性为善或者理性先验的研究者大多认为，道德认知应当通过内心的练达来复归本心或彰显理性，从而明晰和认识内在的道德律令，做出合理的道德判断。例如，孟子和王阳明从性本善的观点出发，提出了回归"本心"和"致良知"的思想；笛卡尔和莱布尼茨以理性先在为基础，提出了道德外化和显现的思想。反之，主张本性为恶或者经验主义的研究者大多强调外部环境和经验对个体道德认知的决定作用和影响，主张通过后天学习外在的道德准则来认识道德及其规范，从而规导自身的行为。

---

① Clark A. 1996. Connectionism, moral cognition, and collaborative problem. In: Mind and Moral: Essays on Cognitive Science and Ethics. Cambridge: The MIT Press, 109 ~ 108

② Greene J, Sommerville B, Nystrom L, et al. An FMRI investigation of emotional engagement in moral judgment. Science. 2001(9):1971 ~ 1972

第三,道德认知研究的范式正逐步由传统的还原论向系统论转变。系统是指物质多样性统一的具体化①,是世界万物存在的一种组织形式。根据不同的多样性统一的具体化形式,系统可划分为简单系统和复杂系统。如果系统的性质由同一层次的关系来决定,那么这是一个简单系统;如果系统的性质由多个不同层次间的相互关系来决定,那么这是一个复杂系统。系统的进化和发展是以系统的开放为前提的,物质、能量和信息等负熵流输入使系统通过负反馈机制保持稳定;系统借助非线性相互作用机制放大涨落;通过负熵和非线性机制作用,系统各元素、各子系统相互协同,一方面重新调整和构建新的序参量②,另一方面使系统达到新的宏观态。

受20世纪中叶以来强大的系统复杂性科学和哲学思想影响,原来的物理还原主义、语言分析主义、可计算主义正悄然过渡到整体论和系统论,科学的思维模式正发生从追求简单到正视复杂的巨大的转变:从还原论到层次论;从机械论到系统论;从简单性到复杂性。哲学与科学研究范式的演变,以及系统论、控制论、信息论的产生与耗散结构论、协同论、突变论的提出,展示了系统科学和系统哲学正不断地发展和完善。如今,系统论已受到普遍关注,并被广泛运用到各研究领域。正如一般系统论创始人贝塔朗菲(Ludwig Von Bertalanffy)所指出的,系统论的奇妙之处就在于,它在心理—物理方面是中性的,它的概念和模型既可适用于物质现象,也可适用于非物质现象。

此外,上述理论历史沿革的考察也表明了,研究者在研究理念上,逐步由把道德认知看作单层次上的思想传递或机体运作过程向把道德认知看作多个思维层次之间的相互作用的过程转变;在研究方法上,逐步由传统的线性还原分析方法向复杂性和整体性等非线性系统研究方法转变。这些研究成果为研究知识和信念的关系、理解和内化的关系等问题的探讨开辟了道路,拓宽了认知研究领域,使道德认知的科学研究成为可能。

但是,由于目前大部分伦理学家一方面仍然把道德认知纳入传统的认识论当

---

① 王志康.论复杂性概念——它的来源、定义、特征和功能.哲学研究.1990(3);102~110
② 哈肯.H.2000.大脑工作原理——脑活动、行为和认知的协同学研究.郭治安、吕翎译.上海:上海科技教育出版社,53

中,另一方面依旧沿用传统的社会研究方法,把道德及其认知当作意念问题来研究,而不是当作事物而进行客观考证;因此,道德认知研究至今没有取得很大的突破。与当代哲学伦理学的状况相似,认知心理学与认知科学中大部分的道德认知研究仍然建立在先前的伦理概念和设想的基础上,理论对道德认知的本质解释似乎没有过多地解决规范伦理中的难题,也没能为道德实践带来有用的建议①。它们虽然致力于从机理上分析道德认知的步骤与环节,却不能解释为什么遵循同一道德认知程序的不同个体会在道德判断时做出相异的选择。一些讨论已久的问题至今仍未获得解决:(1)道德认知是源于理性还是经验;(2)"是"与"应该"、实然判断和应然判断之间具有何种关系。

在考察哲学、认知心理学和认知科学的理论发展,以及现代系统复杂性理论的基础上,我认为,道德认知研究中存在的困惑可归结为道德内化的认知途径问题;解决这一问题的症结在于明晰思维中的层次性和结构性等特征。正是由于没有意识到思维是由多个层次组成的复杂系统,没有认识到道德认知不仅由知性和理性层次组成,而且还受更上位的层次约束的事实,唯理论和经验论都把思维单一化,以理性和知性层次取代其他层次,从而在同一层次上争论不休。也正是由于研究者没有阐明道德信息是如何从理解这一理性层次跨越到信念这一层次,认知科学才能摆脱裹足不前的困境。因此,运用系统论和层次论等思想将能有效地解决道德内化的认知途径问题。

第三节　道德认知的模式

系统论为探讨道德内化的认知途径提供了具解释力与可行性的范式。在认知模型中,道德内化的方式与途径呈现出自身的独特之处,因而有别于感性情感渲染等方式。

---

① May L. , Friedman M. , Clark A. . 1996. Mind and Moral: Essays on Cognitive Science and Ethics. Cambridge: The MIT Press, 10

　　思维—行为控制论理论有助于我们了解个体学习与认识道德规范的模式,进而分析道德认知的途径与机理。为了弥补经典条件作用不能解释个体主动行为的缺陷,完善联结主义理论,斯金纳设计了"斯金纳箱"试验,总结出个体学习的两种类型:一类是应答性反应,即由刺激情境激发出的个体行为,这与联结主义早期的巴甫洛夫经典条件反射理论相似;另一类是操作性条件作用,即行为是由个体自发或自觉产生的,而非由情境引发的。不论是应答性反应还是操作性条件作用,都可通过连续或间隔的环境反馈或自身对比、反思等方式得到强化。在日常生活中,人们大多数行为可归结为第二类。对道德认知而言,操作性条件理论可被理解为,道德主体一方面借助外界教育或熏陶获得道德原理或道德规范知识,另一方面通过对道德知识、情感和行为的体认,或者外界信息的影响,个体确立自身的道德观和价值观,从而应对与解决各种道德问题和困境。斯金纳的操作性条件模式初步摆脱了传统机械控制论的研究模式,比较有效地缓解了人们对联结主义学习理论的质疑。由此模式推导出的直线程序教学法为现代教育提供了新思路。但这一理论过分强调了外部系统的统摄作用,未能满足研究者对个体认知过程和内在自主控制机制的好奇。

　　近年来,一些哲学家、心理学家和认知科学家把自然科学中,特别是工程科学与生物学,解释力较强或应用较成功的控制论模型拓展到人类思维和行为领域。如鲍尔斯(William Powers)进一步发展了维纳(Norbert Wiener)的控制论思想,重新将系统论运用到生命运转机制当中。他提出了感知控制论模型。模型的基本原理是:一切生命都是层级形式组织起来的负反馈系统;控制机制生命的本质,是"一切行为的中心和决定因素"①。通过被控变量、干扰变量、基准信号等要素,鲍尔斯分析了在基准信号的控制下,外部信息是如何经过既相互联系又相互区别的感知等级层次,进入思维系统的。学者张华夏把这一认识论模型推广到价值论当中。感知器、问题与解决的发生器、工具价值发生器、环境发生器和干扰的价值转换器构成了感知控制论中事实—价值转换的环路。在这些环节当中,目的的控制是价值模式的核心,感知信号和基准信号的比较是关键。由接收器输入与加工

---

① Powers W. 1973. Behavior：The Control of Perception. Chicago：Aldine Publishing Co.

的、表现为描述性信息的感知信号与表现为执行信息的基准信号在比较器(或称为决策器)中交汇,产生指令性的信息规导个体行为。张华夏对 PTC 理论的价值诠释主要揭示了实施判断与价值判断之间的关系,从理论上为道德内化的认知途径研究提供了新构思。

斯金纳的操作条件作用、鲍尔斯的 PTC 理论,以及张华夏的价值论诠释,从控制论的角度说明了个体如何接受外在道德规范问题。然而,道德认知是一个复杂的系统过程。它不仅牵涉到道德信息的接收与转换,更重要的是,它还涉及道德规范与情境的加工认同与内化问题,是多层次相互作用的过程,而这正是解释知与行问题的症结所在。因此,道德认识模式不能仅停留在道德信息的加工环节,还应当着眼于探究道德规范与情境由理解上升为信念、由他律转化为自律的途径与方式。

就机制而言,道德认知涉及信息的接收、加工、储存和内化等环节,是一个知、情、意、行相结合的复杂的系统过程。感知是认知的起点。但是,并非所有的外部信息都会被感知。吉尔特(Paul Van Geert)在其认知发展机制中指出,个体认知发展水平受内部的认知结构和外部的信息输入两方面因素的共同作用:个体的认知结构是决定认知发展水平的主要因素;外部输入的信息是影响个体认知的直接因素,它激发认知结构产生相应的调整和重构。[①] 也就是说,外部信息能否被感知,取决于该信息的熟悉程度(familiarity)和信息的新颖程度(novelty)。信息的熟悉程度越高,意味着外部信息与个体原有的认知结构关系越密切,从而减轻了新信息加工的难度;信息的新颖程度越高,意味着信息能吸引认知个体的注意力,使新信息进入感知通道。可见,道德信息的进入必须满足两个条件:(1)外部输入的信息限定在一定的阈值范围内(认知系统内部潜在的规限),同时具有吸引认知个体注意力的新颖性;(2)由于感知的能力和对象往往受到特定个体的知识背景、兴趣爱好和价值观念等影响,因而认知的内部结构是指引注意力投向的另一重要原因。只有熟悉程度和新颖程度同时达到最大值时,对象才会引起个体的注意。这

---

① Geert P. Variability and fluctuation: a dynamic view. In: Change and Development: Issues of Theory, Method and Application. N J: Erlbaum. 1997: 193~212

意味着,与道德相关的环境信息能否被激活进而被加工,取决于新信息是否与原有的信念及价值观相契合,或者,能否弥补个体原有的认知结构的空缺。

外部事物被个体感知后,经过能量形式的转换,以信息的表达方式经由神经网络传输到大脑,进入信息加工阶段。这主要表现为对道德信息的理解、编码和推理。理解是个体在原有的认知结构(特别是信念和价值观部分)的基础上,利用语言符号或语法结构等对新信息加以整理和说明的过程。如果道德信息没有经过合理的推敲和解释,那么个体获得的只是一些停留在表象的简单字符串,这些缺乏理性思考的信息会以短时记忆的形式暂时保存,并很快地被遗忘。要使道德规范或道德判断从短时记忆转换为长时记忆,必须经过编码这一环节。神经心理学研究结果表明,在信息加工过程中,如果记忆内容正在进行编码或者往长时贮存中转移时神经系统受到电击破坏,那么记忆就有可能丧失或减弱。[1] 编码是大脑对道德情境或道德规范进行解构后,运用个体熟悉的语言进行重构的过程,具体表现为对道德信息及其组成语词所表达的含义的明晰。经过编码,信息按照不同的层次和标准存入认知结构中。此外,道德认知过程还必须经过理性推理环节。推理的任务是检验新的道德信息的逻辑自洽性,即通过归纳或演绎等逻辑推演方式,把新信息与原有的信念、价值判断、价值观与实践经验进行对照,从而判断是否接纳这些道德规范。而这正是目前道义逻辑深入研究的着眼点。特别要注意的是,与建立在宗教式的非理性的道德信仰不同,这里对道德认知模式及其机理的阐释主要是从科学发生学的角度进行的。道德规范和道德情境的理性分析和理解、道德判断的编码,以及追求逻辑自洽的推理是实现道德认知不可或缺的环节。关于道德信息加工的重要性,可通过塞尔弗里奇(John Selfridge)的"万鬼堂"模式,以及戴斯(Jagannath Prasad Das)、纳格利尔里(Jack Naglieri)和科尔比(J. Kirby)的 PASS 理论得到较充分的说明。[2]

经过感知、理解、编码和推理等信息的加工程序,道德情境或道德规范实现了短桥接合,进入认知结构系统。认知结构又被称为图式或认知框架,与认知过程

---

[1] 贝斯特 . J. 2000. 认知心理学 . 黄希庭主译. 北京:中国轻工出版社,102

[2] Kranzler J. ,Weng L. A reply to the commentary by Naglieri and Das on the factor structure of a battery of PASS cognitive tasks. Journal of School Psychology. 1995(33)

之间存在着实质性的互动关系,是决定认知发展水平的主要因素。心理学家皮亚杰指出,认知图式是一种形成性的认识功能结构;通过这一结构,大脑对新信息进行分类和组织,并根据刺激做出反应①。道德认知结构亦可以被理解为一种发生机制,它是整体思维的要素,担负着道德信息贮存和道德行为决策的重要任务。认知结构通常包括一般智力型知识和价值观。在道德认知过程中,除了一般智力型知识外,影响信息加工和个体行为的主要是具文化积淀的价值观。它蕴含了许多类公理性的价值标准,是事实性道德知识向价值性道德判断或决策转换的核心。附带指出,正是由于目的论、义务论和功利主义分别以德性、良心(或责任)与利益为衡量标准,因此,在事实—价值转换过程中产生了相异的学说与理论体系。

道德信息的内容与形式影响着个体道德认知结构的运作。一方面,道德情境的不同会激发相应的道德信念为行为做支撑。以无轨电车困境为例。一辆无轨电车正在路轨上高速行驶。假设电车继续向前行驶,它将会轧死目标轨道上的五个人。一种情况是,挽救这五条生命的唯一办法是让电车转行其他路轨,而这将轧死站在其他所选路轨上的另一个人。另一种情况是,你与另一陌生人站在跨越轨道的天桥上(天桥位于电车与五个人之间)。挽救这五条生命的唯一办法是,把陌生人推下天桥以阻止前进的列车。同样是牺牲一条生命以挽回五条生命,但大多数被测者赞同第一种做法,而否认第二种做法。这说明了,面对不同的道德困境,虽然获得的效果趋同,但个体从道德结构库中提取的决策标准是相异的。

另一方面,道德信息与原有结构的差异也导致不同的运作方式与程序。价值内摄是道德认知与一般知识认知相区别的关键。在道德现象或道德规范的认知过程中,个体常常回到原有的价值观和日常道德的经验,在比较中寻求信服依据。当新的道德信息或与原有的价值观念相一致时,信息被顺利地统摄到道德结构中,为原有的道德结构提供合理性和合法性的支持,确证与强化既有的道德信念。当新的道德信息与原有的观念大相径庭时,个体或者遗忘这些信息、维持原有的认知结构,或者把新的信息暂时搁置。待新实践给予新道德观念以更充足的支持时,新价值观瓦解与替换原有的道德观念,形成新的道德结构和新的思维定式。

---

① Piaget J. 1972. The Principles of Genetic Epistemology. New York:Basic Books

也就是说,被感知和加工的道德规范或道德情境以事实判断或描述信息的形式存贮到价值信念结构当中,以应然判断或指令信息的形式控制个体的行为。价值信念结构在道德认知过程中就如人体内的中枢神经一样,控制道德认知过程的各个环节,协调各层次和各要素之间的关系,在一定程度上保持着系统内部的稳定性。可见,认知结构既担负个体道德感知和加工,又负责贮存和加工后信息的组织。应当指出,被认知结构储存起来的道德信息已不再是原来意义上的道德规范或道德情境的复制,而是经过理解、结构筛选与重新解释后的道德观念。

感知—信息处理—认知结构初步构成了道德认知的机制。它凸显了道德信息在生理(遗传)方面是如何转化为固化的道德信念的。当然,作为元认知领域的探讨,它包括了动态过程、静态能力及两者相互作用的研究。道德认知机制不仅以结构的形式存在,又同时展开为螺旋式上升的动态系统过程(如下图所示)。它部分地决定了哪些道德事件能够被观察到,以及赋予这些事件什么意义,它是否会持续影响,以及它们所传递的信息如何被组织、储存,并为将来所用。

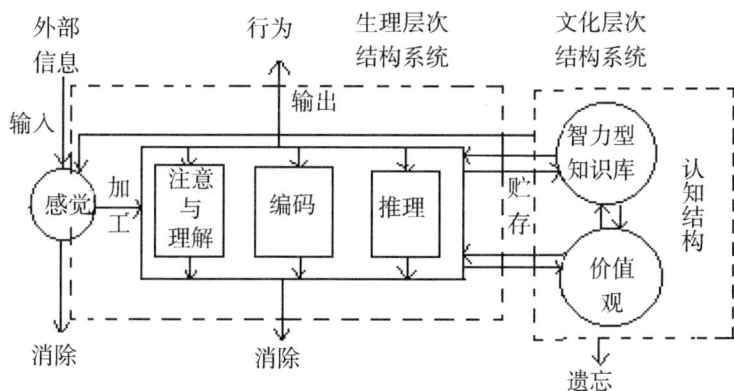

道德内化的认知机制

第四节 道德认知的特征

道德认知学说、模型的分析与道德认知机制的剖析，从学理和生理上展现了道德内化认知途径的重要特征——系统性、层次性与阶段性。而明确三种特性，道德认知的基本原理便不难被把握。

第一，道德认知是一个复杂的系统过程，具有自组织自适应等非线性特征。个体道德认知系统的自组织自适应主要表现为价值信念结构对道德信息的处理。首先，个体道德观念的形成与发展以系统的开放性为前提。源源不断地通过负反馈机制和非线性作用，个体的道德观与价值观得到提升。其次，表达为负熵的外部道德信息能否通过感观进入认知系统，取决于信息与认知结构能否在一定的域值内相互匹配；只有在系统参考值的调试范围内，新的道德信息才能被感知和加工。再次，接收后的道德信息并非完全贮存到认知结构中。由于原有认知结构具有一定的自适应稳定性，能够在一定程度上缓解或消解外部道德信息的冲击。即使输入的道德信息不能被完全消解，经过与内聚元素的整合，贮存或输出的道德信息可能会与原信息产生偏差。这种偏差可能表现为个体能更好地理解道德规范或道德现象，但也可能表现为对道德信息的遗忘。最后，自组织自适应能力表现为对外部环境反馈信息的处理。

正如我们在剖析道德认知模型和机制时所指出的，道德认知过程是一个动态过程，是内部系统和外部环境互动的结果。外部的道德规范或情境或多或少地干扰内部系统的运行。内部道德结构系统一方面接收新的客观信息，另一方面接收外部环境的反馈。对主体而言，反馈具有信息价值与动机功能。如果判断指令所引导的行为合乎社会规范或标准，原有的道德价值系统在道德经验或体认中得到确证与支持。反之，道德认知系统内的各序参量将会重新被调整或替换，原有的道德价值系统的合法性将面临怀疑、修正，甚或重构。伦理学家罗尔斯在《正义论》一书中也阐述了社会环境对个体道德观念确立的影响。他认为，一个较复杂的社团道德，具有一种对正义原则的当然的理解力。处于社会团体当中的个体具有依恋其他个人及共同体的情感。个体必定得到人们对其行为和目的的承认,是因为他已依恋于处于同一共同体当中的其他人,并生成实现与践行哲学道德观念的渴望。① 经过反复的输出和反馈,原来的信念不断得到调整,逐步使行为更具有社会性和合理性。经过自组织调适与负反馈作用,道德认知系统保持新的平衡态。这种系统自组织性在鲍尔斯的感知控制论中被理解为"偏好状态"(Preferred State)。

系统的自组织属性使认知结构与外部环境保持一定的张力。道德认知过程并非表现为单纯的刺激—行为模式,也非单纯的主观建构过程。道德内化的认知途径既有主动的、有意识的成分,也有被动的、无意识的成分,是一个复杂的系统过程。

第二,道德认知过程具有层次性。层次是量的中断,质的飞跃。层次是区分简单系统与复杂系统的关键标准。如果系统的性质由同一层次的关系来决定,那么这是一个简单系统;如果系统的性质由多个不同层次间的相互关系来决定,那么这是一个复杂系统。道德认知系统是由许多个层次的共同组成的,它既不是一个简单的混合体,也不是只有一种质的规定性的集合体。这些结构不是研究者通过数据设定的外在秩序,而是系统自身内含的等级结构。这些相互作用的不同层次不可相互取替。它们或以这种形式出现,或以那种形式出现,共同构成了思维发展的多样性。层次间的运作不能以时间序列的方式来描述,即不能用阶段关系来取替。以思维复杂系统为例。(Goldberg Weinberge)通过给患有精神分裂症的病人服用典型抗精神病药和氯氮平进行测试,发现药物可明显改善病人的精神症状,但对注意、记忆和高级问题解决能力等没有产生影响。② 这说明了人类的思维具有层次结构。患精神分裂症的病人,其症结并非由于神经元或其他物理损伤,而在于思维的兴奋点无法从一个层次转移到另一个层次,从而产生神经机能的混乱。

正常人的思维形式可排列为七个层次,它们分别为直接感性、间接感性、理

① John Rawls. 1999. A Theory of Justice. The Belknap Press

② Goldberg T. Effect of neuroleptics on the cognition of patients with schizophrenia: a review of recent studies. Journal of Clinical Psychiatry,1996(57):62~65

性、世界观、明意识、潜意识和尚意识。相异的思维层次由表及里地构成了具有质的包含与被包含、制约与被制约的等级结构关系，它们既相对独立又处于跨层次的相互关系中。不同思维层次相互整合，使思维系统具有突变、约束、编码、组织等复杂性特征。① 根据思维系统层次结构原理，道德内化经由感性层次、理性层次上升到世界观层次。感性是个体把握客观外在道德规范和现象的首要通道。理解、编码和推理等是思维辨析道德现象背后的本质。借助语言对照、数理运算和逻辑推理等方式，个体不仅能了解道德现象或道德规范的表现形式，而且能深入明晰道德规范的内涵，进行道德选择和解决道德困境。经过加工，道德意识被贮存到认知结构中，形成深层的道德信仰。如果我们忽略了道德认知的层次结构，那么道德认知动态过程中的各种差异性无法得到合理解释。可见，在道德认知系统中，固化信息（信念）和流动信息（理解）都以层次结构方式被获取、储存、加工、利用和管理。

　　层次性是道德认知系统的根本属性，也是解决道德内化的认知途径问题的症结。笛卡尔和莱布尼茨等理性主义者认识到理性的普遍性与重要性，乔姆斯基看到了后天文化能力对先天生理机制的依赖，因此，强调了道德认知的先天性。培根和洛克等经验论者把道德认知的决定因素定位为社会环境的影响，功利主义者石里克等把道德认知归结为对快感的体验，进而强调道德认知的后天性。然而，他们却没有意识到，道德认知是由多层次共同组成的复杂系统过程，理性和经验（感知觉）只是道德认知过程中的其中一个层次。结果是，两者偏执一见，相持不下。康德似乎意识到思维并不局限于一个层次内，唯理论与经验论的争论并非在同一层次上。他提出了"先天综合判断"，试图调和唯理论与经验论、先天论与后天论的矛盾。但康德没有完全超越传统的认识论框架，没有很好地解决这一分歧。值得一提的是，思维层次性思想在毛泽东的认识论思想当中也有所体现。他认为，人的正确思想是在实践基础上，经由思维发展的两个飞跃而形成的。通过对感性认识和理性认识关系的分析，毛泽东从理论上融合了思维中的感性层次与理性层次。但由于毛泽东着眼于知识性认知，没有对涉及价值的道德认知做分

---

　　① 　王志康.1993. 突变与进化.广州：广东高等教育出版社,139～140

析,故而,其对思维层次的阐述没有拓展到信仰层次。也正是由于以往的认知心理学和认知科学忽视了思维的层次性,常常用线性思想对大脑的运作机制进行还原分析:或者把大脑运作还原为二进制数串,或者用硬件模拟大脑构造,结果导致了认知机制和人工智能等领域出现了一系列使研究举步维艰的难题。由此可见,层次结构是系统成为活有机的复杂系统的关键。

第三,作为动态的系统认知过程,道德认知同时具有阶段性。心理学家皮亚杰的建构主义理论和儿童道德观念形成与发展理论、柯尔伯格的道德发展阶段论、卢文格(Jane Loevinger)的道德认知阶段模型和吉利根(Carol Gilligan)的道德判断模型等经典理论或范式都从不同的角度阐述了道德认知的阶段性。上述关于道德认知阶段性的经典理论也可从道德认知的系统性的角度加以说明。当我们在道德认知模式中引入时间矢量时,道德认知是一个具有时空性的过程,具有不可逆性。认知功能的发挥包含了知识以及操纵知识的认知技能,它的功能发挥依赖于知识结构以及搜索相关信息的认知技能,借此转换信息与记忆表征,依据特定的目的对道德信息进行加工。个体技能的获得序列具有一定的次序,这就决定了个体道德认知能力的获得与发挥具有一定的阶段性。输入—输出—反馈使无数个相对独立的过程连接在一起,构成了螺旋式上升的整体道德认知过程。随着不断的循环和信息替换,道德信息的感知、加工能力得到提高,认知结构图式日趋丰富和成熟。

瑞弗金(Sternberg Rifkin)的一项研究结果表明,儿童在解决类比推理问题时,其操作的过程与成人区别不大,但由于分析过程中各步骤所采用的时间不同,两者最终解决问题的时间也不一样:成人用于编码的时间比较多,在此基础上可以很快地完成其他步骤,进而解决问题;但儿童用于编码的时间很少,只能有限地提取事物的某点特征,而后解决问题的时间就比较长。这说明了,儿童虽然初步具有与成人相似的大脑物质结构,但其对道德信息的感觉、理解、编码、推理和模式识别等的能力却存在很大差异。随着实践的增多和认知结构的完善,个体会根据道德实践的结果,不断调整认知的方式和加工的权重,从而更好地解决道德问题。而吉尔特的数学模型由于引入了加权因子等相关参数使认知的阶段性获得较好的系统性和整体性的说明。然而,值得注意的是,阶段论并不能抹杀同一年龄阶段的个体会有相异的道德判断这一事实。

自组织自适应能力、层次性与阶级性共同体现了道德认知系统的基本属性。作为动态的系统,当道德结构仍然有其存在的依据时,道德认同有助于该道德系统实现其价值;然而,当道德结构失去其存在的理由时,向新的形态转变便成为更合理的去向。无论是结构系统的强化还是替换,道德认识都是在生理层次和文化层次的相互作用中实现的,流动信息和固化信息的内容与形式表现出相对的阶段性。

第五节 从道德认知到道德内化

理性层次与信念层次之间关系的明晰,不仅有助于解决道德内化的认知途径问题,而且有助于解释"是"与"应该"之间的逻辑断裂,有助于解决知行脱节等难题。

理性层次在道德内化过程中具有举足轻重的地位。一方面,理性不仅推动新的道德规范内化于价值结构中,而且在一定的道德情境的激发下,能使原有的基本道德标准与结构对已有的道德经验进行重新组合,继而找到解决问题的新方法。这就是即便个体在遇到以往没有接触过的道德困境时,仍然能把原有的道德行为准则迁移到新的道德情境中,解决新的问题的原因。另一方面,通过理性层次途径获得或建立起来的道德信念,比其他方式进入的道德信念牢固、持久,使道德主体有更强的自信。因此,"理性进入"是我们在研究道德认知和道德教育过程中要强调的突出环节。对此,也许有反驳意见:个体的道德行为不一定完全经过理性思考,行为有可能是出于瞬间的道德感和义务感,也有可能是在冲动或无意识状态下做出的选择。但我认为,这一反驳不足以否认理性层次在道德内化过程中的作用和地位。

从个体发生学的角度来看,理性层次强调的是,在自我"道德立法"过程中,个体通过逻辑匹配、经验检验和现实对照等方式对新道德规范进行剖析和解释,从而不仅明确自身为什么要遵守这一道德规范,而且懂得应当如何按照道德规范行动。"道德立法"为新规范融入、调整和重组原有价值观奠定了合"法"性基础,这是外在的新道德规范形成内在的道德信仰的必要前提,同时也是责任感形成的重要条件。正如我们在道德认知机制中指出的,假如道德规范只是被动地复制下来,没有经过个体的思考、理解与管理,道德的自我调节机制难以被激活,那么,个体在按照这一规范行动时所表现的责任意识会受到削弱;人们便会采用多种借口,将道德的自我约束与其不人道行为分离。

缺乏理性层次,道德内化的认知途径将发生很大改变。以宗教信念的传播和道德规范的教育之间的区别为例。一般宗教教徒对教条的信奉是不经过理性加工,直接由感知跳跃到信仰层次。此时,信仰主要通过移情和通感等非理性的方式来维系。而道德认知之所以不提倡通过宗教的方式进行,是因为道德与宗教在本质上是不同的。宗教是对彼岸世界的信奉,是一种终极关怀。道德则是对社会关系的理解,是对现实行为的规导。由于道德一般表现为集体利益或整体利益对个人利益或局部利益的统摄与整合,因此,它通常表现为外在的道德律令,带有限制性和强制性。也就是说,如果个体没能理解道德存在的必要性与遵循道德规范的重要性,道德规范不经过理解与认同的途径进入信念库,那么,道德规范始终是一种他律性的束缚。当道德规范与个人利益严重脱离时,个体往往容易抛弃他律性的准则,按照自身的信念和标准来行动。通过个体对道德的理性认知,道德认知实现了由他律转向自律的转化,道德规范不再是强加于主体的外在手段,而是主体内在的需求。可见,经过理性层次上升到信仰的道德信念具有一定的持久性和稳固性。

从理性和非理性的关系来看,理性和非理性有着密切关系。不可否认,有些道德行为产生于非理性或无意识。但对于大部分心智成熟的个体而言,他们的道德判断是理性思考的结果。在表面看来,一些近乎不经思考、顿悟式的道德行为是受冲动和感情等非理性的要素所驱使。然而,从根本而言,这种表现为冲动和移情的非理性行为来源于理性,是理性思考或道德经验沉淀后的道德责任感与道德意识(这并不是否定非理性成分在道德认知和道德行为中的作用),是经过长期的理解而形成信念后的产物。即便是用良心、同情或习惯来解释道德行为,良心或同情感的产生也不是无水之源。正是由于道德情境与道德信念之间的差距勾起了个体的情感、内心谴责与道德行为等。因此,个体的道德选择、道德行为与理性紧密相连。

从价值观的历史发展来看,古希腊苏格拉底"德性就是知识"、柏拉图"理智支配生活"、亚里士多德"至善就是理性的训练"、笛卡尔的理性主义道德体系,以及康德的"道德立法"与"理性目的",都强调了理性在道德内化中的重要作用。即便是以欲望和快乐著称的快乐主义,其对快乐的定位也逐步趋向于理性化。从古希腊阿里斯提卜(Aristippos)把肉体和暂时的快乐作为行动动机,到德谟克利特和伊壁鸠鲁由理性来控制欲望;从洛克、佩利和边沁的快乐主义,到哈奇森(Hutcheson F.)、休谟、密尔和西季威克的族类幸福①都体现了理性化的趋向。

从人类社会演变来看,理性是道德形成和发展的趋势。在缺乏民主的专制社会,社会环境比较封闭,普通民众相对缺乏自主性、独立性和选择性;他们认识事物的途径主要是权威的言行。通过权威感染、榜样模仿等途径,人们确立了社会的道德规范。克里斯马型的权威信仰为道德提供了合法性。在这种环境下,他们往往容易接受灌输而形成非理性的道德观。随着社会的发展,社群与社群之间的隔阂逐步被打破。此时,个体的认识事物的途径转向了以理性主义、实用主义、怀疑主义为主导的认知方式。因此,如果对自主性增强的个体仍然经由非理性的通道进行道德教育,道德内化是难以实现的。

应当指出,对理解等理性层次的强调并不意味着否认理性以外的其他认知方式,无意于滑入唯理主义的窠臼。在理性分析后仍无法做出决策的空白地带,情感等非理性因素将发挥作用。但当道德主体经过进一步的认知与体验后,引入更深层的权衡因子,理解与分析将在道德困境的抉择中扮演重要角色。

经过理解的道德规范部分地被个体认同与相信,上升到信仰层次(世界观层次)。与智力型认知不同,由于道德认知的对象具有社会性、主观性和时空性,道德规范和道德行为受到习俗和文化的强有力的影响,其合理性检验往往是相对的。因此,价值判断和价值观等信仰层次的思维产物在道德认知中显得格外重要。没有上升到信仰层次而停留在理性或感性层次的道德信息只是一种工具性

---

① 梯利.F.2002.伦理学导论.何意译.桂林:广西师范大学出版社,115~116

知识,由于与主体信念和价值观脱离,难以成为主体道德判断和道德行为的依据或根基。班杜拉(Albert Bandura)也认为,个体所持的有关自身能力和努力结果的信念在很大程度上影响着个体将来的行为方式。① 从社会系统的角度来看,社会内在价值与其组成个体的价值不尽相同。社会的内在价值体现了社会发展的规律与目的,是客观绝对的;而同一规范与不同道德主体有着相对的价值。这决定了,道德观与价值观等信仰层次产物的形成在道德认知中格外重要。

被内化后的道德规范以信念形式影响个体,构成道德认识向道德实践转化的内在依据。它与经验知识、理性层次的知识不同,信念不仅表现为对道德规范与道德情境的赞同与相信,而且是一种相对稳定的精神定式。诚然,形成信念的途径有多种,宗教式的布道、强制灌输、情感渲染与自我理解等途径都有可能使个体相信某种道德规范。但正如我们在分析理性层次的重要性时所指出的,理解是形成稳定的道德信念的有效途径。在外在道德情境和自身行为需要的激发下,个体思维返回信念库中提取相关的道德规范,指导判断、选择与行为。道德信念的形成是道德内化的重要标志。没有上升为信念的道德规范难以在行动中被提取,没有经由理解环节而产生的信念,容易受到外界干扰而瓦解。

道德认知的模型、机制与特点分析从理论上阐述了个体认识与认同道德规范的普遍过程,使我们看到了道德感知与道德信念的逻辑裂缝,并且明确了系统性、层次性(特别是理性层次向信念层次的飞跃)在道德认知过程中的重要地位。从理解到信念的过程是理性个体道德认知的主要途径,同时也是现代高校开展思想政治教育的着眼点。在充分理解与把握大学生道德认知规律的基础上,高校思想政治教育应针对其认知特点,开展有针对性的教育,帮助其树立正确的义利观、人生观和价值观。

---

① Bandura A. 2006. Social Foundations of Thought and Action:A Social Cognitive Theory. INC:Prentice Hall

第二章

以文化人:个体提升的外部因素

观念的确立离不开文化的孕育。与课堂授课等直接教育相比,文化熏陶是一种间接教育,主要通过人文氛围与社会环境等来影响个体的思想和行为。尽管文化是隐性的,但它的作用却是置身其中的人无法回避的,它内在具有的润物无声的特点能潜移默化地影响个体。在某种意义上,文化在思想引导方面比直接教育更为深刻有力,其遇到的阻力也相对较小且收效更加显著且深远。鉴于此,习近平总书记在全国教育大会上指出,要把立德树人融入思想道德教育、文化知识教育、社会实践教育各环节。① 故而,高校应重视从文化的角度开展思想政治教育工作,强化文化营造应当是其重视的必要且重要环节。而要把握文化的价值,充分利用文化来实现育人目的,就应当掌握文化的基本理论,明确不同类型文化的特质,挖掘中国文化的底蕴,传承中华优秀传统文化,审视当代多元文化,取其精华,去其糟粕,从而在文化传承与创新中实现育人目的,增强文化自信。

第一节　优秀文化的功能及其当代价值

作为民族的血脉、人民的精神家园,文化是底蕴深厚的智慧宝库,是民族的独特标识,是凝聚民心与增强自信的核心资源。一直以来,党中央高度重视文化建

---

① 习近平出席全国教育大会并发表重要讲话 . 2018 – 09 – 10. http://www. gov. cn/xinwen/ 2018 – 09/10/content_5320835. htm

设。习近平总书记曾多次强调要牢固树立中国特色社会主义道路自信、理论自信、制度自信、文化自信,并明确指出文化自信是更基础、更广泛、更深厚的自信,是更基本、更深沉、更持久的力量。① 更具体而言,优秀文化所蕴含的宝贵财富不仅能为我国的建设与发展提供精神动力,有助于应对当今社会面临的新问题和新挑战,而且能对个体的发展产生相当深远的影响,具有不可忽视的育人作用。

首先,优秀文化能维护民族团结与稳定。随着民族的逐步形成,根植其中的文化展现出越来越强烈的凝聚力和向心力,从而成为维系民族的纽带。假如一个民族的文化正逐步衰落并走向消亡,那么该民族也终将退出历史舞台。相反,如若其文化尚存,那么该民族仍有可能得以重组与重生。就此而言,民族文化对民族存续有不可忽视的影响。随着社会的发展和科技的进步,以往被视为区分不同民族之特征的地域和血缘等因素,其表征意义日益模糊。相较之下,文化仍然具有不可替代的辨识性,在很大程度上标示了一个民族的独立性和特殊性。因此,民族概念的文化内涵在现当代社会尤为凸显。而作为民族标识的文化,不仅仅指民族成员现时的共同心理和价值追求,而且也包含民族赖以形成的传统文化。综观民族间的交往史,不难发现,不同民族之间相互接触与认知的直观印象,通常源于对对方历史上形成的传统文化及其特征的了解,而非源于现时的价值追求。在国际交往日益频繁的今天,保护与延传自身优秀传统文化,有助于维护民族团结,彰显民族特色,使之在世界文化激荡中站稳脚跟。

其次,优秀文化能彰显国家特色。不同国家蕴含不同文化,而不同文化体现了国家自身的独特性。正是由于中华民族独特的文化传统,以及在此基础上形成的价值追求、心理认同、行为规范等,决定了中国不能完全照搬西方的道路,应立足自身实际,探索一条符合中国国情、反映人民意愿的发展道路。可以说,中国特色在客观上立基于传统文化,只有充分认识优秀传统文化,才能更好地理解中国特色、中国精神和中国道路。与此同时,有着五千多年连绵不断历史的中华优秀传统文化博大精深、底蕴丰厚,是我国独有的优势,体现了强大的文化软实力。因此,它既是中国特色的文化根基,也能为坚持中国特色增添文化自信与文化自觉。

---

① 习近平 . 2017. 习近平谈治国理政(第二卷). 北京:外文出版社,349

再次,优秀文化能为社会发展提供动力。以治国理政为例,在推进国家治理体系和治理能力现代化的过程中,古代思想家曾提出的思想至今仍有一定借鉴意义。诸如"得天下有道:得其民,斯得天下矣。得其民有道:得其心,斯得民矣","知屋漏者在宇下,知政失者在草野",以及"天下何以治?得民心而已!天下何以乱?失民心而已"等,不同程度地反映了民心所向是国家长治久安的关键与保障。"治国无其法则乱,宗法而不变则衰,有法而行私谓之不法"等说明了法律是调整社会关系与处理国家事务中的重要准则,凸显出依法治国与完善法治体系的必要性和迫切性。"锄一害而众苗成,刑一恶而万民悦"则体现了有腐必惩、有贪必肃、正本清源是赢取民心的重要途径。

最后,优秀文化能塑造个体品格。尽管文化的作用是潜移默化的,但它却能从思想和信念上影响着一个人的道德素养与法制意识,同时也是培养其人格品格之不可忽略的关键因素。不论是对年幼的儿童抑或是经验丰富的成人,文化能通过无意识、感性或理性等多种方式,潜移默化地影响他们的思维判断与价值观念。通过耳濡目染,个体逐步培育起自身的素质与能力。以具备一定理性认知能力的大学生为例。如前所述,大学生道德观的形成在很大程度上要实现从理性层次向信念层次的跨越上升,要经历信息的输入、调整、存储、输出等过程。其间,每个信息处理环节都有可能受到文化因素的影响,从而改变信息的接收,使得他们认同或拒绝某一判断或观念。就此而言,要加强高校思想政治工作,帮助大学生树立正确的世界观、人生观和价值观,就应当懂得以文化人、以文育人。

除此以外,从价值维度、政治维度和历史维度来看,文化能为培育和践行社会主义核心价值观、坚持中国特色社会主义道路与构建国家治理体系和提升治国理政能力等提供精神动力与思想资源。就此而言,中华优秀传统文化的当代价值体现得尤为明显。

第一,从价值维度来看,传承中华优秀传统文化有助于培育和践行社会主义核心价值观。价值和文化往往是相互依存、互为表里的。价值是文化的深层内核,文化是价值的重要载体与外在呈现。因此,提炼价值观念与构建价值体系离不开对文化背景的把握。培育社会主义核心价值观,应结合中国独特的文化背景,全面把握当代中国的文化精神。唯有如此,核心价值观才能更加符合中国实际,才能在更大程度上得到人民的认同与支持,其培育和践行也才能真正落到实处。

文化的发展是动态的、延续的,而不是静止的、孤立的。当代的文化精神离不开传统,是传统基础上的继承与创新,其承载的价值观念与文化传统一脉相承。因此,要理解中国当前的文化精神,既要把握革命文化和社会主义先进文化,同时也要继承和弘扬中华优秀传统文化。实际上,中华优秀传统文化中凸显的讲仁爱、重民本、守诚信、崇正义、尚和合、求大同等价值诉求,能很好地涵养社会主义核心价值观。通过对传统的继承与创新,社会主义核心价值观能更好地发挥引领思想与凝聚共识的作用。因此,作为推动民族文明进步与国家发展壮大的最持久、最深沉的力量,核心价值观的培育既要着眼实际,融合当代思想精华,又要善于从传统文化中汲取养分,实现创造性转化、创新性发展。

第二,从政治维度来看,传承中华优秀传统文化有助于坚持中国特色社会主义道路。选择什么样的路、怎样走好这条路,在某种意义上取决于国家的具体情况。而这种具体情况既包含了经济和社会状况,也包含了长期以来形成的文化传统。我们强调走中国特色社会主义道路,其中一个重要因素,就是中国经历了5000多年的文明发展,早已积淀了有别于西方的深厚文化传统。习近平总书记指出:"独特的文化传统,独特的历史命运,独特的基本国情,注定了我们必然要走适合自己特点的发展道路。"①可以说,中华优秀传统文化已经构成了内蕴于中国道路的元素,展现了中国道路的独特魅力。

坚定不移地走中国特色社会主义道路,应植根于中华优秀传统文化和自身基本国情,不能照搬西方、妄自菲薄。中华文化源远流长、灿烂辉煌,继承传统文化中的精髓有助于坚定道路自信。博大精深的优秀传统文化是中华民族的智慧结晶,显示了强大的生命力和创造力。"中国智慧"能够强化中国特色的文化自觉,并为坚持走中国特色社会主义道路增添文化自信。

第三,从历史维度来看,传承中华优秀传统文化有助于构建国家治理体系与提升治国理政能力。大力推进国家治理体系和治理能力现代化是全面深化改革

① 习近平.2014.习近平谈治国理政.北京:外文出版社,156

的重要目标。要实现这一目标，同样需要重视与发挥中华优秀传统文化的推动作用。中华优秀传统文化所形成的丰富经验，可以为应对与处理当前遇到的各类复杂问题提供历史启示。对此，习近平总书记曾指出："每个国家和民族的历史传统、文化积淀、基本国情不同，其发展道路必然有着自己的特色。一个国家的治理体系和治理能力是与这个国家的历史传承和文化传统密切相关的。解决中国的问题只能在中国大地上探寻适合自己的道路和办法。""要治理好今天的中国，需要对我国历史和传统文化有深入了解，也需要对我国古代治国理政的探索和智慧进行积极总结。"①可以说，对于历史问题的深入把握，有助于对当代问题的梳理与剖析；历史上治国理政的经验，同样可以为当代提供参考与借鉴。忘记了历史的经验与教训，今天的探索就容易重蹈覆辙、事倍功半。

中国要实现国家治理体系和治理能力的现代化，在治国理政方面探索出适合自身的独特路径，就不能脱离自身的文化传统，就应当从优秀传统文化中获取资源。比如，强调天下为公、民惟邦本的民本思想，强调为政以德、德法相济的德治主张，强调正己修身、慎独慎微的廉洁品格，强调居安思危、革故鼎新的变革观念，都能为提升治国理政水平提供丰富的智慧滋养。从这个意义上讲，中华优秀传统文化奠定了我们提升治理能力的历史根基。中华优秀传统文化中关于治国理政的一系列经验与洞见，在当代仍有其现实意义，亟待我们进行深入梳理和挖掘。

回顾中华文化的发展历程，不难发现，文化无时无刻地以各种方式影响着中国人和中华民族的思想与实践。诚如 2017 年 1 月由中共中央办公厅、国务院办公厅印发的《关于实施中华优秀传统文化传承发展工程的意见》指出："在 5000 多年文明发展中孕育的中华优秀传统文化，积淀着中华民族最深沉的精神追求，代表着中华民族独特的精神标识，是中华民族生生不息、发展壮大的丰厚滋养，是中国特色社会主义植根的文化沃土，是当代中国发展的突出优势，对延续和发展中华文明、促进人类文明进步，发挥着重要作用。"②作为独一无二的理念、智慧、气

---

① 习近平:古代"礼法合治"有重要启示. http://politics. people. com. cn/n/2014/1014/c70731 - 25826451. html

② 中共中央办公厅 国务院办公厅印发《关于实施中华优秀传统文化传承发展工程的意见》. http://www. gov. cn/zhengce/2017 - 01/25/content_5163472. html

度、神韵,中华文化增添了中国人民和中华民族内心深处的自信和自豪,构成较之其他因素更基本、更深层、更持久的力量。

第二节　文化的普遍性与特殊性

文化是社会的思想内核。从美国文化人类学家怀特(Leslie White)与未来学家阿尔文·托夫勒(Alvin Toffler)对文化研究的必要性的高度评价,我们能在某种意义上体会到文化在生活中的重要作用及其不可忽视的影响。前者指出:"'对人类的真正研究'将被证明不是关于人的研究,而是关于文化的研究。"[①]而后者则在 20 世纪 80 年代已做出预言:"我们正进入一个文化比任何时候更重要的时期"。世界的发展正在验证着他的预言。特别是进入 21 世纪,以文化形态为主的软实力竞争已成为综合国力竞争的新趋势。[②]

[①]　怀特. L. 1988. 文化科学——人和文明的研究. 曹锦清等译. 杭州:浙江人民出版社,145

[②]　"软实力"这一概念是由美国哈佛大学教授约瑟夫·奈(Joseph Nye)提出来的,最初属于国际政治的研究范畴。他曾指出:"软实力是一国文化与意识形态的吸引力,是通过吸引而非强制的方式达到期望的结果的能力。它通过让他人信服地追随你,或让他人遵循某种将会促其采取你所期望的行为的规范和制度来发挥作用。软实力在很大程度上依赖于信息的说服力。如果一个国家可以使他的立场在其他人眼里具有吸引力,或者一个国家强化那种鼓励其他国家以寻求共存的方式来界定他们的利益的国际制度,那么他就无须扩展那些传统的经济实力或者军事实力。"而后,在其著作《软实力:国际政治的制胜之道》(Soft Power: The Means to Success in World Politics)中,他重申了软实力的意义,认为"软实力是一种能力,它能通过吸引而非威逼或利诱达到目的。这种吸引力来自一国的文化、政治价值观和外交政策"。而文化之所以是"软"的且应当受到重视,在很大程度上是因为它能"通过吸引而非强制(他人)的方式达到决策者意图的一种能力"。其外延涵盖文化渊源、思想意识、价值观念、民族凝聚力等领域,同时包含政治制度吸引力、价值观念感召力、文化感染力、外交说服力、国际信誉和领导人与国民形象魅力等内容。参见 Joseph S. Nye. 2004. Soft power: The Means to Success in World Politics. Public Affairs

正是意识到文化之于国家实力与国际战略的重要意义,①各国不仅重视发挥文化的积极作用,而且也懂得以文化的方式影响其他国家。在高校思想政治教育过程中,值得引起关注的是,一直以来,西方国家试图以各种方式,通过各种文化渠道,一方面向我国宣扬其价值观,把之美化与包装成放之四海而皆准的行动信条;另一方面贬损与之不同或相悖的意识形态。虽然这种文化宣扬是静悄悄而非大张旗鼓式的,但它却潜移默化地影响了大学生的思维方式和价值观念。有鉴于此,高校思想政治教育工作也应重视文化教育,帮助学生明确文化的普遍性与特殊性之间的辩证关系,引导他们正确看待西方文化价值观的输出与实质。

文化的普遍性与特殊性及其关系问题在全球化时代尤为凸显。全球化的逻辑前提是,所有人都认同一种普遍秩序、普遍法律,在包括所有人的政治、权力、法律和文化的框架内作为"世界公民"生活。因此,全球化与普遍性有着内在关联。借着经济全球化的趋势,西方国家不仅宣扬所谓的普适性,而且把自身的价值观念塑造成是一切国家都应当遵循的价值原则,并大力鼓吹之。然而,经济全球化是否就意味着文化的同质化?我们应如何看待文化的普遍性与特殊性问题?

针对文化的普遍性和特殊性问题,张旭东在其著作《全球化时代的文化认

---

①　文化软实力是人在创造生存发展过程中改变自己或他人的影响力,实质就是该国家或地区的文化实力、文化张力及其文化精神。正是基于文化的重要意义,党的十六大初步确立文化创新战略思路,"当今世界,文化与经济和政治相互交融,在综合国力竞争中的地位和作用越来越突出。文化的力量,深深熔铸在民族的生命力、创造力和凝聚力之中。"江泽民．全面建设小康社会,开创中国特色社会主义事业新局面．http://www.people.com.cn/GB/shizheng/16/20021117/868414.html而十七大报告则明确提出了我国在新时期的文化战略:"建设社会主义核心价值体系,增强社会主义意识形态的吸引力和凝聚力;建设和谐文化,培育文明风尚;弘扬中华文化,建设中华民族共有精神家园;推进文化创新,强文化发展活力。"参见胡锦涛同志在党的十七大上的报告．http://politics.people.com.cn/GB/1024/6429094.html在2010年两会报告中,温家宝同志再次强调加强文化建设。"文化力是软实力的核心。""文化战略是国家崛起的根本。"同样,以习近平同志为核心的党中央也充分重视文化的作用。他曾在主持中共中央政治局第十二次集体学习时强调,提高国家文化软实力,关系"两个一百年"奋斗目标和中华民族伟大复兴中国梦的实现。要弘扬社会主义先进文化,深化文化体制改革,推动社会主义文化大发展大繁荣,增强全民族文化创造活力,推动文化事业全面繁荣、文化产业快速发展,不断丰富人民精神世界、增强人民精神力量,不断增强文化整体实力和竞争力,朝着建设社会主义文化强国的目标不断前进。参见习近平:建设社会主义文化强国 着力提高国家文化软力．http://www.xinhuanet.com//politics/2013-12/31/c_118788013.htm

同——西方普遍主义话语的历史批判》中,从文化政治学的角度,提出了三点颇具启发性的看法。第一,每种原初文化都是普遍性文化。由于具体的文化或价值体系在于其他文化或价值体系相遇和冲突之前,没有经过辩证思考和对比考验,因此,无法辩证地把握自身的特殊性,而只有抽象的、形而上意义上的普遍性。在这种意义上,我们可以说,"每一种文化,在其原初的自我认识上,都是普遍性文化",反映出天真的自我中心主义基调。① 第二,普遍性与特殊性的辩证关系。普遍性涉及根本的物质和历史特殊性,它植根于特殊性当中,是特殊的东西的理想化的自我形象和自我表现。而特殊性的内在逻辑要求超越自身,"把特殊的东西作为普遍的来表达"。第三,把普遍性放在文化自强的高度,利用"普遍性"来张扬文化特殊性。普遍性或普世主义的话语要求任何文化和文化意识、任何社会存在、任何生活世界和自我认识都必须在"一个超越了自身抽象的普遍性幻觉的基础上,在具体的历史的现实关系中,将自己作为一种普遍的东西再一次表述出来"②。也就是说,一种文化要冲破强势文化的压制,它应当把自身从自我期许、自我定义的层面拓展到更为普遍的层面上,而不仅仅局限于作为一种特殊的和局部的东西。在历史动力学的场域里面,如果一种文化不是有意识地、批判地参与界定"普遍性"的新含义,那么,它俨然是在放弃为自身作为文化和生活世界的正当性或合法性做辩护。可见,对普遍性的追求出于文化自强的姿态,文化应当为自身预留一个关于普遍性的空间,一个意义上的和价值论上的制高点。

普遍性和特殊性的辩证关系表明,普遍性与特殊性密切相连。特殊性的特殊展现表现为普遍性,普遍性是特殊性的过度陈述。从文化政治的角度来看,普遍性是对特殊的社会主体在价值论上的自我肯定。但这种逻辑关系无法倒退。换言之,自我肯定意义上的文化并不必然是一种具有普遍性的文化。相反,它更多的是适用于本土的具有相对普遍性的文化,而不是适用于全人类的泛化意义上的普遍文化。

---

① 张旭东.2005.全球化时代的文化认同——西方普遍主义话语的历史批判.北京:北京大学出版社,1~2

② 张旭东.2005.全球化时代的文化认同——西方普遍主义话语的历史批判.北京:北京大学出版社,5

而当代普遍主义话语背后实际上隐藏的私密性主张,可通过康德、黑格尔、尼采和韦伯等哲学家的相关思想得以揭示。通过审视西方价值体系从私有财产、主体性、法制、市民社会、公共空间、宪政国家到国际法、世界历史转变的思想历程,张旭东在人物思想分析的基础上,论证了具有私密性的主张如何在特殊的历史和政治逻辑中,以一种追求普遍性的诉求的形式被表达出来。借此,我们能更好地理解文化中所谓的普遍性及其与特殊性之间的内在关联。

我们先以康德为例。理性、自由意志和上帝是康德伦理学体系的核心概念。借助理性和自由意志,康德阐述一种客观普遍的道德律令何以可能。而在政治领域,康德同样也是通过理性、自由意志来为市民社会、永久和平和世界公民提供理论依据。这反映了他对德国当时社会状况的不满。面对德国资本主义发展的早期,封建残余的复辟、外族势力的入侵和国内势力的混战,新兴的市民阶级期盼建立一种统一的社会秩序。在这种社会背景下,康德试图以理性来创设一种理想社会。一方面,他反对用浪漫主义和主观主义的方式来阐述普遍性,主张用具体的理性来维护市民社会秩序的统一性。在张旭东看来,正是由于他专注于市民阶级与贵族和僧侣阶级的历史冲突,所以不自觉地把市民阶级的政治理想作为道德形而上学的普遍原则来阐述。可见,康德的理性概念实际上是用一种普遍的范畴和律令来曲折地表达一种特殊的社会理想和政治理想。另一方面,康德把财产及其所有权看作永久和平和世界性交往的基点。依康德之见,追逐财物和保护财产是社会制度得以建构的根本原因,是个人幸福和他人幸福发生关系的接洽点,因此,财产构成了理性的起点。由此,张旭东做出判断,认为康德“整个关于国家、永久和平、历史理性的看法都基于一种理想化的自然状态,即作为私有财产的社会单位的个人及其内在的理性”①。把这种自然理性从市民社会拓展到国家以外,延伸至世界性的公共领域,则可以解决国家间的分歧,维护永久和平。

而黑格尔批判地继承了康德的思想,在绝对理性的基础上构筑庞大的哲学体系。与康德相比,黑格尔所处的时代显得更加稳定。资产阶级早已走出那种抽象

---

① 张旭东.2005.全球化时代的文化认同——西方普遍主义话语的历史批判.北京:北京大学出版社,22

的、理论的必然性,试图在现实中寻求普遍性的话语权。在这种背景下,黑格尔对世界历史持有乐观态度,认为西方必将在具体的经济、社会、政治和文化冲突中确立自身的先进性和普遍性。因此,他对康德抽象地理解普遍性表示不满,坚持在具体的、实在的层面探讨普遍性问题。在理性问题上,他认为康德"理性的绝对性"是不彻底的,它只不过是一个历史概念和道德概念,是社会意识和阶级意识的主观表达;这种意义上的理性不能被看作绝对的。由这种不彻底的理性建立起来的普遍性建立在一种"一个人的任性和另一人的任性的符合一致"的"形式的同一性"和主观愿望上。与此不同的是,黑格尔把理性看作一个不断变化上升的辩证过程,它包含了一与多、你与我的相互转换。在这一过程中,人意识到自己是特殊的、有限的,同时又是自由的,因而能把自己的历史理解为普遍性的呈现。而这种普遍性包容了个体间的差异和冲突,是建立在具体的社会关系和历史阶段之间的矛盾的基础上的。与不成熟的国家相比,现代国家的本质在于,"普遍物是同特殊性的完全自由和私人福利相结合得来",而且普遍性不能脱离"特殊性自己的知识和意志"。① 这种特殊性使民族作为实存的个体具有了客观"现实性和自我意识",而"民族精神的原则因为这种特殊性就完全受到了限制"。而普遍精神正是从这种民族精神有限性的辩证发展中产生出来的。可见,黑格尔从绝对理念出发,着力于为普遍性和世界历史寻求一个客观的依据,然而,他的观点仍然植根于当时的市民社会,普遍性的概念下隐藏着市民社会对外扩张和殖民的欲望。因此,作者指出,黑格尔所展现的世界历史是以当时市民社会不可遏制的贸易、扩张、殖民和战争为现实起点的。②

通过庞大的辩证法理论,黑格尔试图把市民社会的问题囊括到其理论解释体系当中。但随着近代社会层出不穷的新矛盾的出现,这种统一的理论并不能很好地解决各种问题。加之马克思与克尔凯郭尔从政治经济学和神学的角度指出,黑格尔市民—基督教世界的体系中的统一性是虚幻的、主观的。康德和黑格尔所追

---

① 黑格尔.1961.法哲学原理:或自然法和国家学纲要.范扬、张企泰译.北京:商务印书馆:290~291

② 张旭东.2005.全球化时代的文化认同——西方普遍主义话语的历史批判.北京:北京大学出版社,75~94

求的普遍性论述被一种深刻而急迫的危机感打破了。尼采认为,康德的普遍理性和普遍自由概念,黑格尔世界历史的观念所透露出的普遍性是现代社会的意识形态幻觉。这些普遍性的实质是具体的、特殊的、局部的利益。他唾弃现代社会所推崇的线性发展观和病态的历史主义思想,抨击欧洲市民阶层在文化上的颓废,因此,他致力于一种理论内部的颠覆,尽力促使一切颓废和装饰性文化的加速灭亡,呼唤着西方文化人格的"永恒的复归"。他认为,"危险"和"混沌"始终处于生活的第一位,生活应当被理解为一场不息的坚持和战斗。在德国民族问题上,尼采一方面批评德国人对自身文化缺乏信心和信仰,另一方面指出,特殊的德国生活方式、德意志精神的普遍性应当建立在对英美法所代表的普遍性话语的批判性超越的基础上。推倒传统偶像、"重新估计一切价值",建立权力意志,都不同程度地反映了尼采对现代普遍主义和现有秩序的拒斥。尼采对现代普遍主义和传统连续性的批判为德里达、德勒兹、福柯等人所强化,形成了消解"中心"和连续性,破坏现有规则,推崇无中心、无意义的多元。如果说,现代社会沉迷于普遍的客观性,那么,后现代社会则倾向于残缺的断裂。①

　　韦伯吸收了尼采关于德国市民阶级意识形态的批判的思想,对市民社会和现代资本主义进行了深刻反思。他对德国市民阶级的缺点存有深深的忧虑,致力于为本国市民阶级的世俗道德提供一种自我认同和自我实现的路径。因此,他对自身的政治立场和道德立场直言不讳,认为自己是站在市民阶级的立场,为这个阶级服务的。他看到德国在政治和文化上落后于英法等国,同时又认识到现代社会已经陷入困境。在祛魅后的世界里,人们对社会价值和权力的中心失掉了神秘感和敬畏感。现代价值系统和制度安排赋予人们达到目的的手段,却消除了目的本身的意义、价值、神秘性或神圣性。如何使德国避免现代性的怪圈,确立自身独特的世界地位,这是韦伯所关注的问题。他认为,德国民族的振兴与发展植根于内部的发展,必须与民族的自我认同和国家意志联系起来。而各种社会科学研究同样也应当服从于民族利益。在《民族国家与经济政策》一文中,他明确指出,经济

---

① 张旭东.2005. 全球化时代的文化认同——西方普遍主义话语的历史批判. 北京:北京大学出版社,34～37

学并非客观的"国际科学",而是一门国民经济学,它立足于民族的经济组织和价值系统,是生活世界和文化认同的现实保证,是民族存在的载体。在谈到经济政策时,韦伯是把它作为一个整体性概念,而不仅仅是技术层面上的考虑。"说到底,经济发展的过程同样是权力的斗争,因此,经济政策必须为之服务的最终决定利益乃是民族权力的利益。政治经济学乃是一门政治的科学。政治经济学是政治的仆人!这里所说的政治并不是那种某人或某阶级在某一个时期碰巧执政的日常政治,而是整个民族长远的权力政治利益。"①虽然,韦伯在政治上主张效仿英美法的民主制度,但其思想同样是植根于德国民族国家和文化价值系统,立足于民族主义立场的。德国要摆脱对英法国家的屈从,就要加入西方国家的普遍性体系当中,通过显现自身的特殊性来获得普遍性话语权。也就是说,要通过自身的独特性将本民族"集体性此在"彰显出来。

与韦伯着力于从英法政治形式的角度推动德国民族发展的路径不同,施米特看到了现代议会民主制中存在的缺陷,因而更强调的是用一条与英法不同的符合本民族利益的道路来扭转本民族的困境。如果说,韦伯崇尚的是英法民族的政治形式,并赋予这种形式自由主义的价值意义;那么,施米特推崇的则是英法民族的政治形式内在的"同质"的内核,即统治的坚实基础、坚定的主体性和对国家机器的熟练运用。施米特重新审视了"认同""同质性""政治意志""公意"和"主权"等概念在现代国家形式中的重要地位及核心地位。在施米特看来,政治上的敌友关系和冲突不是纯思辨的,而是具体的、性命攸关的事情。而自由主义的缺点在于,它相信或幻想政治上的敌人是可以转化或化解的,因此,和平、理性、自由讨论和互利交换可以在交往过程中实现。这是一种把政治矛盾和冲突抽象化的理解。事实上,当今世界的民族国家都是按照"敌友"标准来组成不同的国际团体,以维护和巩固自身的利益。在这里,施米特继承了尼采价值形而上学的颠覆性,把权力意志的思想贯彻到对现代政治、法律和国家形式的批判性思考当中,批判了自由主义试图通过"人性的最后一战"来消灭政治的幻想。施米特对自由民主制度

---

① 韦伯 . M. 1997. 韦伯文选(第一卷). 甘阳编选 . 甘阳、李强等译 . 上海:上海三联书店;香港:牛津大学出版社,93

的批评反映出当代西方文化主体性内在的政治强度,同时也体现了他从政治角度对普遍性话语的质疑。①

通观康德、黑格尔、尼采、韦伯和施米特的理论,不难发现,这些思想家都怀有强烈的民族责任感,在浓重的社会危机感当中激发出社会使命感。他们都致力于解决这样一个问题:德国人的生活世界的根本的价值认同和政治合法性何在? 而这些德国思想家对普遍性话语的推崇或驳斥,在一定程度上能为我们理解文化的普便性、特殊性及其两者关系提供提示。

尽管经济全球化也已成为趋势,但不可否认,当今世界是一个充满差异和不平等的世界。诚如张旭东指出,西方资本主义的主体性不仅在理念上认为自己是普遍的,而且企图把其他历史和主体性作为个别的、特殊的东西吸纳进自己的统治形式和生活形式当中。当罗伯逊在谈到普遍主义和特殊主义的相互影响时,他指出,人类的理念存在着一种特殊主义的普遍化,它是理念的扩散,即地方认同出现的社会背景被作为知识的或认知的全球化来处理。② 正是这种特殊主义普遍化的理念使西方从来没有放弃一种强势的自我理解、自我认同、由自我否定而达到自我肯定的过程,并且试图让其他民族国家也认同它们的文化,进入它们的文化共同圈。

由此可见,西方宣称的普遍主义暗含着独特的政治本体论,它所借用的是一种抽象的、割裂的、个人主义—原子式的反本质、反文化的思维。而后现代和全球性的论述在哲学上是普遍主义的,在政治上是自由主义的,在文化上是个人主义的。而实际上,在现代社会,每个人都是独立的原子,而政治上的隔阂和民族主权的问题也同样使普遍文化的认同变得十分困难。虽然康德和黑格尔致力于建立一种具有普遍性的公共领域或世界历史,但他们的立足点是让德国参与到普遍性语系当中,使德国民族摆脱当时被压制的国际状况;尼采和韦伯希望德国能在自我的政治认同和文化认同的基础上,走出英法意志的阴影;而施米特更是一针见血地指出,政治上的普遍性话语只是一种幼稚的空想。当代社会所倡导的全球化

---

① 张旭东 . 2005. 全球化时代的文化认同——西方普遍主义话语的历史批判 . 北京:北京大学出版社,294～320
② 弗里德曼 . J. 2003. 文化认同与全球性过程 . 郭建如译 . 北京:商务印书馆,295

实质上是多样化和地域化。全球化背后隐含着主权和主体性的问题。全球化更多的是西方强势国家按照它们的法权和法律制定规则的跨社会、跨文化活动。这种假普遍之名行特殊之实使全球化趋向单一性和压抑性。

透过对康德等德国思想家相关主张的分析,不难发现,从文化政治的角度来看,所谓的普遍并不能脱离具体与特殊,从特殊性向普遍性的过渡,糅入了不少意识形态的因素。而意识形态本身是具体的,具有政治倾向性的。如果把普遍性理解为"一",把特殊性理解为"多",那么,在"一"的背后实质上是形式各异的"多"对自身观念的推崇。而在"多"当中寻求"一"的愿望背后事实上隐含了强烈的政治诉求。

当学生明晰上述原理,理解政治维度下的文化普遍性的实质以及普遍性与特殊性之间的内在联系,他们便能更好地认清所谓的普世价值的真面目,不容易被西方宣扬的价值观念所迷惑。进一步地,借助对适合本国国情的特殊文化的传承、弘扬与创新,我们也能让学生感受到中华文化的独特魅力,强化他们的民族自豪感,从而增强他们的自信心。

第三节　理想型文化与实用型文化

文化是一个相对抽象的概念。根据不同的判别标准,可区分出不同类型的文化,①从而更好地把握文化的具体精义。在多种文化类型当中,理想型文化和实用型文化是我们特别应当值得注意的。这是因为,它们是文化的基本类型。理解

---

① 在抽象意义上,从文化评价的角度来看,它有好坏、优劣之分;在具体层面上,从文化与人的关系来看,它又可划分为自然文化和社会文化;从区域来讲,它可划分出东方文化和西方文化;从国别来看,它可划分出中国文化、美国文化、英国文化,等等;从历史角度来看,它可以划分出传统文化与当代文化;从与实践的距离来看,它可划分为理想型文化与实用型文化,等等。判别标准之多,使得文化类型多元化。本书无意探讨各种文化类型,而希望通过对理想型文化与实用型文化的区分与阐释,一方面阐释类型相对的文化有着各自的独特性,另一方面说明高校思想政治教育应立足于理想型文化与实用型文化的特质,根据学生理解能力与接纳程度的不同,多角度、多方位地推进文化建设,以此搭建文化平台,

与把握两者的内涵、表现形式与特质,有助于高校丰富文化的内容,拓宽文化建设的途径,从而编织起细密相间、异彩纷呈的文化网。

美国人类学、文化人格学派的重要代表人物之一林顿(Ralph Linton)曾指出:"文化是所有社会的全部生活方式,它不仅指那些被公认为高雅、更令人心旷神怡的生活方式……整个文化还涵盖了洗碗、开汽车等世俗行为。"①换言之,从层次结构来看,文化可划分为理想型文化和实用型文化。两种文化在文化特质、深度和表现方式上都有各自的特殊性。

究其实质,文化是思维的产物。根据思维系统的层次结构理论,正常人具有不同的思维形式,它们分别是直接感性、间接感性、理性、世界观、明意识、潜意识和尚意识。感性和理性是人们把握周遭事物、规范行为的思维方式。反映这些行为准则和价值判断的文化表现出极大的实用性。鉴于此,与经济、政治和社会制度等现实生活直接相关的文化在某种意义上可被称为实用型文化,这主要表现为器物文化和制度文化。由于实用型文化与具体实践紧密关联,因此它容易随着社会生产力与生产关系的变化而发生变化,同时它也在很大程度上表现出工具性,强调实效性。经济发展水平的提高、政治民主化进程的加快、军事力量的增强和教育事业的普及与深入等,体现了实用型文化发展的趋向。②

与此同时,思维系统的层次结构理论还表明了,除具备与感性和理性层面相对应的知识以外,人有与世界观层面相对应的理想和信仰。它们主要由价值判断构成,与现实经验不直接相关,被称为理想型文化。理想型文化依赖于世界观、人生观和价值观,涵盖了语言、风俗习惯、宗教信仰和终极关怀。可见,理想型文化不仅是深层思维结构和模式的反映,同时也是文化结构的内核。这一内核有相对宽泛的保护带,形成"文化质点—文化结丛—文化地带"的文化模式。

---

① Linton R. 1936. The Study of Man. New York ：Appleton

② 作为思想产物,文化的发生和发展应具备两个条件,即得到某个或某些社会群体的认同,并对群体成员的行为产生影响。主体的认同是文化产生和沿革的前提。对于强调工具实效性的实用型文化而言,主体对文化的认同与文化对主体获得幸福的能力的影响密切相关。而幸福力的增强主要通过经济、政治和制度的完善来体现。这可部分地解释,缘何经济发展水平的提高、政治民主化进程的加快、军事力量的增强和教育事业的普及与深入等往往会成为实用型文化的指向。

由于理想型文化是深层思维结构的反映、处于文化结构的内核,因此,与实用型文化相比,它具有一定的稳定性。但值得注意的是,相对的稳定性并不意味着不变性。理想型文化的保护带作为内核和外界的中介,一方面与外界接触,影响或被外界影响;另一方面与内核相互作用,对内收集和渗透外界信息、对外传递内核信息。当外界的信息和能量超过保护带所能承受的阈值,文化内核会受到异质文化的冲击,其结果是同化异质文化或被异质文化同化。理想型文化的转变意味着人们所认同的常规文化范式已经发生转变,传统的信仰或深层思维模式被抛弃,取而代之的是新的文化范式。而这一文化结构和内容的转变过程是非常缓慢的。

理想型文化和实用型文化的划分不仅具有生理结构的依据,同时也因此而能帮助我们在把握大学生的观念习得规律的基础上,更好地创新高校思想政治教育的文化环境,使思想育人更有效果。

从文化感知与影响的角度来看,实用型文化往往容易被人们所洞悉、理解,并明显能感受到受其影响。这是因为它反映了经济、政治和社会制度等现实生活,具有直观性,处于较浅层的位置。而理想型文化则因其处于较深层次,需要经由时间的洗练、个体的选择以及观念的积淀才能形成,因此其影响虽然深刻,但并不容易被人们所注意,也不容易被重视。与此相应,对高校学生而言,他们容易接触到日常生活中以互联网、消费、游戏等形式表现出来的实用型文化,并受其影响。而包括高校思想政治理论课教师、团委及学生工作处等各个职能部门也更重视这个层面的文化培育与引导。相比之下,理想型文化的培育与引导却容易被忽视。然而,正是这种经过积累与沉淀的文化类型对大学生的影响更加稳定、更加深刻。

明乎于此,高校思想政治教育工作者应在充分重视实用型文化的培育的同时,注重理想型文化的利用,通过对这一不容易被把握的文化类型的研究,选择出优秀的理想型文化,并借助布告栏、课堂教学、专家讲座、课外主题活动等多种途径,让学生有所了解,从而引导他们树立正确的价值观念。

第四节　文化:从传统到现代

传统与现代是文化的两个重要维度。要充分发挥文化的育人功能,就要合理审视传统文化,并在此基础上正确处理传统与现代之间的关系,做好文化的创造性转化和创新性发展。

一、传承与弘扬中华优秀传统文化的逻辑进路

作为理想型文化的集中体现,中华优秀传统文化是高校思想政治教育工作的重要文化资源。高校应做好中华优秀传统文化的传承与弘扬,充分利用该资源来营造美好的校园环境,提升学生的精神风貌。而要做到这一点,首先应了解中华优秀传统文化的特质,明确传承与弘扬中华优秀传统文化的逻辑进路。

传承弘扬中华优秀传统文化符合新时代文化建设发展的历史逻辑、理论逻辑和实践逻辑。从历史逻辑来看,中华优秀传统文化是一个民族区别于其他民族的根本标识,是增强民族凝聚力和向心力的重要资源。就人在本质上是一种文化动物而言,文化除了在狭义上是与经济、政治相对的人生活的重要维度以外,在广义上还塑造并代表了每一个民族的精神特质。正如习近平总书记所指出:"中国优秀传统思想文化体现着中华民族世世代代在生产生活中形成和传承的世界观、人生观、价值观、审美观等,其中最核心的内容已经成为中华民族最基本的文化基因,是中华民族和中国人民在修齐治平、尊时守位、知常达变、开物成务、建功立业过程中逐渐形成的有别于其他民族的独特标识。"①从民族形成与发展的历史过程来看,血缘、地缘、种群等是一个民族建立之初最容易被把握的、表征民族之独特性的因素。当基于这些客观因素而生成的各种生活习惯和习俗对共同体成员的影响越来越大时,他们"极度依赖于超出遗传的、在其皮肤之外的控制机制和文

---

① 习近平．习近平在纪念孔子诞辰 2565 周年国际学术研讨会讲话．http://www.gov.cn/xinwen/2014 - 09/24/content_2755592.htm

化程序来控制自己的行为"①。文化在此间正不断强化民族共同体成员的身份意识与身份认同,它既有可能是维系民族团结的精神纽带,也有可能加剧不同民族之间的分歧与冲突。② 换言之,民族不仅仅是一个与血脉、地缘和种群密切相关的概念,同时更是一个具有文化意蕴的概念。而文化之于民族的重要意义在现代社会更为明显。在科学技术日新月异的今天,民族间的交往越发便捷与频繁,以往区分民族的地域和种群等特征逐渐趋于模糊,相比之下,内植于民族根基的文化仍具有不可替代的辨识性,成为民族独立性和特殊性的重要体现。可以说,彰显民族特色的优秀传统文化既是中华民族提升内部凝聚力和向心力的思想基础,也是在国际上提升文化软实力、增强中华文化感染力和影响力的坚实支撑。

从理论逻辑而言,中华优秀传统文化凸显中国特色,是中国特色社会主义理论体系的有力支撑,为习近平新时代中国特色社会主义思想提供丰沃的土壤。要理解与讲清楚何谓中国特色,就要正视与重视传统文化精神和民族文化基因。中华民族独特的文化传统,以及在此基础上形成的价值追求、心理认同、行为规范等,决定了中国不能完全照搬西方的道路,而要立足自身实际,探索一条符合中国国情、反映人民意愿的发展道路。"独特的文化传统,独特的历史命运,独特的基本国情,注定了我们必然要走适合自己特点的发展道路。"③"我们开辟了中国特色社会主义道路不是偶然的,是我国历史传承和文化传统决定的。"④由此可见,中国特色被赋予了与众不同的内涵,要在纵横双向梳理中华民族的历史文化发展脉络的基础上加以把握。"宣传阐释中国特色,要讲清楚每个国家和民族的历史传统、文化积淀,基本国情不同,其发展道路必然有着自己的特色;讲清楚中华文化积淀着中华民族最深沉的精神追求,是中华民族生生不息、发展壮大的丰厚滋养;讲清楚中华优秀传统文化是中华民族的突出优势,是我们最深厚的文化软实力;讲清楚中国特色社会主义植根于中华文化沃土、反映中国人民意愿、适应中国

---

① 格尔茨. C. 1999. 文化的解释. 韩莉译,南京:译林出版社. 56~57
② 亨廷顿. S. 2013. 文明的冲突. 周琪、刘绯、张立平等译,北京:新华出版社,4
③ 习近平. 2014. 习近平谈治国理政. 北京:外文出版社,156
④ 习近平. 习近平在中共中央政治局第十八次集体学习的讲话. http://www.gov.cn/xin-wen/2014-10/13/content_2764226.htm

和时代发展进步要求,有着深厚历史渊源和广泛现实基础。"①不难看出,这改变了以往主要从经济资源、政治架构、社会总体发展水平等来界定中国特色之内涵的做法,把文化传统作为中国特色社会主义的思想根基和现实依据,充分体现了对文化之社会作用的高度重视,既是中国特色社会主义理论的创新,也是对传统文化功能意义的拓展,为我们正确认识与发展优秀传统文化指明了方向、提供了遵循。另一方面,中华优秀传统文化体现出中华民族的创造力和生命力,是坚定不移地走中国特色社会主义道路的重要信心来源。这意味着,对中华优秀传统文化与中国特色关系的把握,不仅应着眼过去,同时也应蕴含对未来的前瞻。"中华民族是具有非凡创造力的民族,我们创造了伟大的中华文明,我们也能够继续拓展和走好适合中国国情的发展道路。"②故而,中华优秀传统文化既是中国特色的文化根基,也为坚持中国特色增添文化自信。从这个意义上讲,传承弘扬优秀传统文化是坚持发展中国特色社会主义道路的理论要求。

从实践逻辑来看,中华优秀传统文化是智慧的结晶,是当代社会发展的具体镜鉴。文化不仅表现为观念、知识、信仰、规范、价值等,而且还涉及行为模式和具体行动等。它从人们的思想和行动上得以提炼出来,同时又能以经验教训等形式反向地影响人的行为和社会的运作。尽管传统文化是在历史中形成的,但巴格比(Philip Bagby)对文化概念的理解——不应单纯从差异性的角度言说文化,而应兼顾文化的相似性和共通性③——表明了,人们可在相互借鉴中寻求解决问题的有效途径。"中华文明源远流长,孕育了中华民族的宝贵精神品格,培育了中国人民的崇高价值追求。自强不息、厚德载物的思想,支撑着中华民族生生不息、薪火相传,今天依然是我们推进改革开放和社会主义现代化建设的强大精神力量。"④由此可见,中华优秀传统文化不仅在一定程度上有助于缓解或解决西方社会中存在

---

① 习近平. 2014. 习近平谈治国理政. 北京:外文出版社,155~156
② 习近平. 2013-03-17. 在第十二届全国人民代表大会第一次会议上的讲话. http://www. xinhuanet. com//2013lh/2013-03/17/c_115055434. htm
③ 巴格比. P. 2018. 文化与历史:文明比较研究导论. 夏克、李天纲、陈江岚译. 北京:商务印书馆,117
④ 习近平会见全国道德模范. 2013-09-27. http://paper. people. com. cn/rmrbhwb/html/2013-09/27/content_1304364. htm

的诸如疏离和异化等问题,而且为当代中国的发展和中华民族的复兴提供了不竭的智慧源泉。具体而言,它一方面有助于培育和践行社会主义核心价值观,另一方面有助于构建国家治理体系与提升治国理政能力。价值观念的提炼与价值体系的构建依赖于一定的文化背景。唯有结合中国独特的文化背景,全面把握当代中国的文化精神,才能使由此而凝练出来的核心价值观更加符合中国实际,在更大程度上得到人民的认同与支持。进一步地,中华优秀传统文化中凸显的讲仁爱、重民本、守诚信、崇正义、尚和合、求大同等价值诉求,也能很好地涵养社会主义核心价值观。通过对传统的继承与创新,社会主义核心价值观能更好地发挥引领思想与凝聚共识的作用。与此同时,中国要实现国家治理体系和治理能力的现代化,在治国理政方面探索出适合自身的独特路径,也需要从优秀传统文化中获取资源。比如,强调天下为公、民惟邦本的民本思想,强调为政以德、德法相济的德治主张,强调正己修身、慎独慎微的廉洁品格,强调居安思危、革故鼎新的变革观念,等等。"在漫长的历史进程中,中华民族创造了独树一帜的灿烂文化,积累了丰富的治国理政经验……要治理好今天的中国,需要对我国历史和传统文化有深入了解,也需要对我国古代治国理政的探索和智慧进行积极总结。"①从这个意义上讲,中华优秀传统文化为提升治国理政水平提供了丰富的智慧滋养。

二、创造性转化和创造性发展的理论方向

作为社会发展的内核,文化的发展与国家和民族的发展休戚相关。在现代化的背景下,如何发展一国文化,并使之适应社会和时代的要求一直是学术界共同关注的论题。在比较传统文化和现代文化、中国文化和西方文化的基础上,学者们对中国如何实现文化现代化问题提出了不少真知灼见。根据国内学者沿用的划分标准,这些思想观点可归类为马克思主义、自由主义和保守主义三大学派。如张岱年认为:"纵观整个 20 世纪,在中国文化向何处去的问题上,始终存在着三种主张,即,自由主义的全盘西化论,保守主义的儒学复归论和马克思主义的综合

---

① 习近平:古代"礼法合治"有重要启示. http://politics. people. com. cn/n/2014/1014/c70731 − 25826451. html

创新论。"①三大学派在相互比较、相互吸收中得到融会贯通,思想逐渐趋向统一。鉴于此,有必要以文化立场为划分标准,分别把握这三种走向。

一是马克思主义。马克思主义是中国的指导思想,它不仅是我国经济建设和政治发展的导航,而且是我国文化向现代化迈进的思想基础。在文化现代化的进程中,以张岱年为首的马克思主义学派采用了历史唯物主义和辩证唯物主义的研究方法,提出了"综合创新论"的文化观和中国新文化建设的构想。张岱年认为,"综合创新论"是指在马克思主义原理的指导下,"古为今用,洋为中用,批判继承,综合创新"②。此外,他还对中国文化的发展方向提出了构想:中国文化将以建设中国特色社会主义新型文明为主题,做出具有历史意义的十大创新,其中包括开创改革开放—经济起飞—国家统一—文化复兴四大潮流有机统一的中国主潮;创造现代革新的中华民族精神;创造中国特色社会主义的新型价值体系;创造富有时代精神与东方神韵的新方法论体系;创造大器晚成、现代复兴的中华文明新形态;创造现代新型主体性,以熔铸21世纪新型世界文明等文化现代化理念。③

对张岱年提出的"综合创新论",在文化哲学领域有卓越贡献的方克立深表赞赏,"因为它既坚持了马克思主义的文化观,又最符合中国的国情,适应了建设中国特色的社会主义文化的需求。"他认为,综合创新文化观的四大特点——开放性、主体性、辩证性和创新性,体现了综合和创新的文化特质。④本着综合创新的原则,他认为,现代中国文化的最重要特征是,"传统与现代相结合,中西文化相结合"⑤。通过多元互补、文化整合,中国文化将在"和而不同"的文化态势下实现现代化。而这要求中华文化秉承兼容并包的精神,吸收传统文化和西方文化的精髓。

对现代化背景下的中国文化何去何从问题,著名哲学家冯契也在其理论体系中勾画了中国文化的未来。除了提出"转识成智说"和"化理论为方法、化理论为

① 张岱年,王东. 中华文明的现代复兴和综合创新. 教育与研究,1997(5):9~14
② 张岱年. 1988. 文化与哲学. 北京:教育科学出版社,79
③ 张岱年,王东. 中华文明的现代复兴和综合创新. 教育与研究,1997(5):9~14
④ 方克立. 1997. 现代新儒家与中国现代化. 天津:天津人民出版社,498~499
⑤ 方克立. 二十一世纪与东西方文化. 中国文化研究,1997冬之卷(18),1~3

德性"方法论,他的贡献还表现为对中国文化发展的人文关怀。他预言:"随着中国现代化经济的发展,政治民主会有所进步,民族精神将会高昂,与世界各国文化上的联系将不断扩大,要求对二十世纪做出系统的批判和反思的社会力量与学术力量将会增强,到世纪之交,中国可能进入一个自我批判阶段。"①

除了上述三位有代表性的学者以外,国内还有不少从马克思主义的理论体系内对文化现代化进行阐释的研究者。如罗荣渠从世界史研究的新视角——一元多线历史发展观出发,提出现代文化应当是沿着多线的方向发展的,因而我们摈弃过去多偏重于哲学思辨,且运用单因素或单线因果分析等方法的不足,正确处理传统和现代的关系,重新评估儒家文化中有利于现代化发展的合理因素。② 正如方克立所总结的,马克思主义者的基本观点是"综合创新"。马克思主义学派始终以马列主义为指导思想,坚持历史唯物主义和辩证唯物主义的立场,对传统文化采取批判地继承、创造地转化的态度,主张建设符合现代化要求的有中国特色的社会主义文化体系。

二是自由主义文化观。自由主义是西方沿袭下来的思想传统,原意核心为尊重个人自由。中国自由主义的思想渊源来自西方,却深深地带有中国文化的烙印。从文化发展史来看,近十年来,自由主义学派的代表人物主要包括李敖、柏杨、傅伟勋和张灏。

以"足以风世而为百世师"自称的李敖是台湾文化界最负盛名的学者之一,也是"全盘西化"的倡导者。他曾多次在其著作中一针见血地指出了传统文化的弊端。早在1962年,李敖在《给谈中西文化的人看看病》和《我要继续给人看病》两文中就猛烈抨击带"滤过性病毒"的传统文化。他认为,传统文化,特别是传统伦理"不能把咱们国家带到现代化"。要实现现代化,就必须"一剪剪掉传统的脐带,而向那些现代化国家直接学,亦步亦趋地学、惟妙惟肖地学","除了死心塌地地学洋鬼子外,其他一切都是不切实际的"。③ 而这种西体中用的观点是以西方的民

① 冯契.1994.智慧的探索.上海:华东师范大学出版社,561
② 罗荣渠.1993.现代化新论——世界与中国的现代化进程.北京:北京大学出版社,222,219
③ 余杰.1998.冰与火.北京:经济日报出版社,56

主、自由和科学为依托的。

与李敖对中国传统的反叛相似,台湾当代著名的历史学家和作家柏杨以其"酱缸文化论"批判了传统文化。"夫酱缸者,侵蚀力极强的混沌而封建的社会也。也就是一种奴才政治、畸形道德、个体人生观和势利眼主义。"要脱离"酱缸文化"的污染,国人不仅要靠自身的改造,而且应当"崇洋而不媚外",接受外国人的文化援助。柏杨认为,"崇洋"是有条件的崇洋。"好就是好,祖宗的优点,洋人的优点,同样优点。我们每个人事实上都在崇洋,但是崇洋与媚外不应连在一起。"①相比之下,柏杨更多地强调选择在文化发展领域的重要性和必要性,是有选择的西化论者。

从文化观和方法论的角度来看,李敖和柏杨是自由主义者中比较激进的学者。相比之下,另一台湾学者傅伟勋的观点带有更多的调和性。他认为,"中国文化重建课题的重大关键是在,我们能否与愿否培养多元开放的文化胸襟,大量吸纳优良的西学之'体'到我们的文化传统"。"只要有助于中国传统思想与文化之批判地继承与创造的发展,西学西潮不论体用,皆可吸纳来,而与中学融为一体。"②这一思想被概括为"中国本位的中西互为体用论"。他还指出,儒家应当协调自身偏向"行动中心的处境伦理"与西方"规律中心的公正效益伦理"的关系,构建中国本位的现代化综合体系。

面对中国传统文化和现代化的冲突,对儒家的"忧患意识"表示十分赞赏的张灏认为,近现代的历史变化虽然在19世纪初已经开始,但以后的变化却长久停滞在文化的边缘。"变化提升到文明核心的层次是1895年以后,20世纪初才广泛地展开。因此,20世纪一开始便笼罩在由文明核心巨变所造成的危机之下。"③

李敖、柏杨、傅伟勋、张灏等海外学者的思想反映了20世纪末自由主义学派对文化现代化的看法。他们沿袭了西方自由主义的传统,批判中国传统文化,力图在西方文化的框架内重建中国文化,实现中国文化的现代化。而从自由主义学派自身发展的理路来看,自由主义学派的全盘西化观虽然曾掀起很大的争论,但

①　柏杨.2000.柏杨经典文集.兰州:兰州大学出版社,177,292.

②　傅伟勋.1986.批判的继承与创造的诠释.台湾:东大图书公司,58~59

③　张灏.世纪末的危机意识.二十一世纪(香港),1999(55):35

如今已逐渐式微；主张选择性地推崇西方化的自由主义学者的思想则至今仍有着一定的影响力。

三是保守主义文化观。文化保守主义是力图在文化领域找到传统文化和民族文化的，力图通过文化脉络融合古今的学术流派。但值得一提的是，文化保守主义学派并非墨守成规，它在一定范围内有选择地接受外来文化，以适应时代需求。在国内，近十年的文化保守主义学者以新儒家学者为主，代表人物主要是牟宗三、刘述先、余英时、杜维明、成中英和李泽厚。他们在处理和协调儒家文化和现代文化的关系，寻求中国现代化道路上做出了很大的努力。

牟宗三是当代新儒家的集大成者，被誉为中国近代以来最富有原创性和思辨性的哲学家之一。他强调，"中国文化的核心内容是儒家为主"。中国人要实现现代化的唯一途径是运用正确的方法挖掘儒家思想的精髓。① 在传统与现代的关系上，他在《从儒家的当前使命说中国文化的现代意义》一书中指出："儒家与现代化并不冲突，儒家不是消极地去'适应''凑合'现代化。它更要在此中积极地负起责任。我们说儒家这个学问能在现代化的进程中积极地负起它的责任，是表明从儒家内部的生命中既积极地要求这个东西，而且能促进、实现这个东西。所以儒家之于现代化，不能看成'适应'问题，而应看成'实现'问题。"②

牟宗三从文化观的角度客观地论述了儒家文化和西化、现代化的关系。而作为第三代新儒家的中坚，刘述先更多的是借助整体思维方法来寻找中国文化现代化的出路。"中国文化将如何应付现代西方的挑战而重建其智慧与价值"是他最关心的问题。他倡导："往自己的传统之内去觅取资源，加以现代的解释，以面对现代性之挑战，而寄望于未来。"③因此，反思中西历史、解决传统与现代化的冲突是中国文化现代化的出路。

作为现代新儒家学派的重要代表人物，杜维明提出了"文化中国"的理念，强

---

① 杨春梅. 略论牟宗三对儒家王道的虚化. 人文杂志,2002(3):48

② 牟宗三,郑家栋. 1992. 道德理想主义的重建——牟宗三新儒家论著辑要. 北京:中国广播电视出版社,4

③ 刘述先,景海峰编. 1992. 儒家思想与现代化——刘述先新儒家学论著辑要. 北京:中国广播电视出版社,119

调了文化在新世纪社会发展中举足轻重的重要作用,着重考究文化的精神资源与现代化。在他看来,现代化是多元的,传统与现代不能被理解为单线的进程。我们应当正确把握传统和现代、东方文化和西方文化、大众文化和精英文化、全球化和地域化之间相互影响的互动关系,①而不能用现代化去否认传统。在儒家文化和中国文化的发展问题上,他一方面希望儒家文化能秉承"沟通理性"的原则,做到不卑不亢、不屈不挠、不偏不倚,②另一方面也希望实现中国文化的现代化和世界化。

随着新儒家和马克思主义学派、自由主义学派的互动交流,三个学派逐渐在某些观点上达成了一致,甚至有些学者立场发生了转变,如徘徊于保守和激进之间的余英时和后期的李泽厚。从个别具体的文化与普遍抽象的文化相区别出发,他指出,文化和现代化有着天然的不可分割的密切联系。现实生活并不是与中国文化相脱离的,它是中国文化的具体化。③ 而要重建中国文化,就必须正确处理好"中国传统的基本价值与中心观念在现代化的要求之下如何调整与转化的问题"④。在处理中国传统文化和西方文化的关系上,余英时批判了那种用"西方文化"打倒"中国传统",或主张用"中国传统"打倒"西方文化"的观点。在此基础上,他乐观地指出,中国的价值系统是不会因现代化而瓦解的。

曾在20世纪80年代的"文化热"中提出"救亡压倒启蒙"说和"西体中用"论而被归为自由主义的拥护者的李泽厚在90年代发生了思想转变,其逻辑思路由文化激进主义转向了新文化保守主义。与林毓生的"创造性的转换"不同,李泽厚提出了"转化性的创造"的理路,"因为'创造性的转换'是以一个既定的模式为转换对象的,也就是说以西方的模式为转换对象的。"⑤在"转化性的创造"的基础上,中国应建立以儒为主,儒道互补文化体系,以群体价值本位的乌托邦解决现代

① 杜维明.2016.文化中国.北京大学出版社,234～266
② 杜维明.为儒学发展不懈陈词.读书.1995(10):42～43.
③ 余英时.现代儒学的回顾与展望——从明清思想基调的转换看儒学的现代发展.中国文化,1995(11):1～25.
④ 余英时.1995.中国思想传统的现代诠释.南京:江苏人民出版社,52
⑤ 李泽厚.谈世纪之交的中西文化和艺术.文化研究.2000(2):24～31

人个体意识膨胀引起的精神冲突。①

在 20 世纪后半期再次崛起的文化保守主义,以维护中国优秀文化传统为己任,反思和吸纳马克思主义和自由主义的思想,更加客观地审视儒家传统的优劣。如以"本体诠释学"著称的成中英也认为,文化存在着整体性、共生性和互动性。新儒家文化应做到兼并包容,在现代社会中实现自我转化,从而在现代化和经济建设中发挥创造力和协同力。可见,在当代新儒家看来,现代化和儒家文化是相辅相成的对立统一体。

回顾中国文化发展史,文化现代化是此前一个时期学术界关注的热点。在错综复杂的文化语境和历史背景下,在不同的文化时期,中国文化的发展呈现出相异的特征。从三大学派的关系来看,马克思主义、自由主义和保守主义的关系在这一时期发生转变,由三足鼎立、互相争鸣逐渐演化为相互渗透、相互融合。如张岱年曾在论述中国传统文化与现代化的关系时强调,传统文化与现代化的冲突虽然极为明显,但传统文化也有不少积极、健康的思想,如民本思想、革新思想等。而马克思主义者方克立则早在 20 世纪 80 年代就分别发表了《要重视对现代新儒家的研究》《关于现代新儒家研究的几个问题》等卓有见解的学术论文。这表明了马克思主义学者真正地本着批判继承、转化创新的理念,为中国文化现代化的发展做出了不懈努力。

从方法论的角度来看,马克思主义、自由主义和保守主义三大学派不仅在文化观上得到了进一步的交流和相互了解,而且在方法论上实现了结合。从自由主义西化派新生代的观点可以看出,他们超越了胡适、殷海光等的思想,表现出与马克思主义文化方法论的契合。在文化保守主义内部,海外学者傅伟勋提出了"批判地继承、创造地发展"等符合马克思主义的方法论原则,是马克思主义"吸取其精华,剔除其糟粕"的文化态度的延伸;新儒家学派也改变其过去的态度,主张区分作为社会历史科学理论层面的马克思主义和作为政治意识形态层面的马克思主义,主张在与马克思主义对话的过程中吸取其积极意义上的方法,把对话看作"儒家在现代世界逐渐壮大深入的一个重要起点"。此外,在维护其保守主义立场

---

① 李泽厚. 1998. 世纪新梦. 合肥:安徽文艺出版社,138

的同时,新儒家学者宣扬自由的价值,产生了"儒家自由主义"这一居中思想。

从分歧的着眼点来看,马克思主义、自由主义和保守主义三大学派在超越西化、实现现代化上基本达成共识,其分歧转化为如何建设有中国特色的现代化文化等具体方略的、非根本性问题。体用问题是五四运动掀起的文化论争,"中体西用"还是"西体中用"是文化学者各持一端的观点。在新的历史条件下,这一争鸣逐渐消解,三派学者超越了"现代化等于西化"的文化模式,关注的焦点由"要不要现代化"转向"如何实现现代化"。学者们都认为"现代化不等于西化",儒家文化也是构筑中国现代文化的重要资源;西方文化中也存在着糟粕,如科学主义、实用主义等的流行助长了工具理性的过度膨胀,功利主义的偏向使伦理道德产生了危机。因此,对于西方的现代化模式要采取批判的眼光、审慎的态度进行筛选。

从现当代文化研究的理路可以看出,马克思主义、自由主义和保守主义三大学派的互动是20世纪末中国文化发展的突出特点,同时也从客观文化史发展的角度明证了中国文化发展的进路。

三、创造性转化和创造性发展的视域选择

视域选择在很大程度上决定分析框架,影响理论立场。在探讨如何传承弘扬中华优秀传统文化时,采用不同的视域,往往会推断出相异的甚或是相悖的结论。面对纷繁复杂、形态各异的文化观点和学说,要在传承弘扬中华优秀传统文化的过程中坚持正确方向,就应立足时代性视域与主体性视域。

一是时代性视域。理论学说的合理性与影响力通常要在特定时代背景下才得以彰显,而对它们的审视与评判也需要依据特定的历史条件。事实上,人们对中华传统文化的不同态度及由此形成的各种文化理论都带有鲜明的时代特征。透过文化领域的中西之辩便不难发现这一点。近代中西文化的交流、碰撞与交锋使中西文化的比较、中西文化之间的关系等问题得以凸显,它们关乎中华文化之出路与方向,构成文化发展中不可回避的核心问题。而对这些问题的理解,既是基于对中国与西方硬实力之对比的认识,但又不仅仅囿限于此。确切来说,它们更多地是由国家自身所处的发展阶段所决定。具体而言,近代以前的中国国力并不逊于西方,而在包括文化等在内的领域,中西交流的机会相对较少,中华文化主

要沿着自身原有的脉络发展,其根基并没有受到西方文化的干扰与冲击。可以说,在这一阶段,人们并不关注西方文明,不注重中西对话,因此中西文化之关系问题也自然无法构成社会探讨的热点。及至近代,工业革命推动西方从传统农业社会逐步转向现代工业社会,西方国家实力不断增强,而中国因其故步自封、闭关锁国而国力衰弱,因此,当国门被打开、中西文化发生碰撞时,思想界从器物、制度到文化等方面开始反思国力衰弱的原因,并一度出现西化风潮。尽管其间有思想家和学者一再强调中华文化的意义,希望通过中华传统文化的自我改进与创新实现中华文化的现代化,但这些主张大多是一种被动的、应激性的反应,它们对中华文化意义的强调大多是历史的、感性的,而缺乏社会现实层面的支撑。这种被动的文化姿态在新中国成立以后才有所改观。随着经济的复苏与新政权的巩固,人们的自信心、自豪感空前高涨,对中华文化的信心也重新得以确立。在比较传统文化和现代文化、中国文化和西方文化的基础上,海内外许多华人学者对中国如何实现文化现代化问题提出了不少真知灼见。① 在某种意义上,对中西文化之交融的正视、对自身文化之反思与批判正体现了中华文化的自信。由此可见,人们对中西文化之关系的理解具有时代性。立基于时代性视域,我们对传统文化的审视也不应脱离经济社会飞速发展、中华民族伟大复兴成为中华民族共同追求的中国梦这一背景,从而更大限度地发挥中华优秀传统文化的积极作用。

二是主体性视域。主体性问题关乎文化发展的核心与方向。与中西文化相似,古今文化的比较及两者之间的关系同样是人们关注与存在争议的论题。基于不同的历史观,思想家们做出了各自的回应。当中,既有强调古胜于今的经学家,同样也有强调"祖宗不足法"的改革家。但在西方文化进入国人视野以前,不论是经学家还是改革家,他们对古今文化之关系的讨论,并没有超出中华文化的范畴。如秦代淳于越关于"事不师古而能长久也,非所闻也"的主张与李斯关于"诸生不师今而学古,以非当世,惑乱黔首"的非难所形成的鲜明对比,正体现了其时人们对以中华文化为主体的不同发展路径的探索。② 而在中西文化碰撞的过程中,西

---

① 相关讨论见本章第四节第二目。
② 司马迁 . 2014. 史记·秦始皇本纪 . 北京:北京时代华文书局,18~19

方在器物和制度等层面所表现出的强势容易使其文化被看作先进文化的代表。至此,对古今文化之关系的探讨在一定程度上演变为对中西文化之关系的争辩。"在纵向的古今之辩,即历时性的传统与现代之争外,又发生了横向的中西之辩,即共时性的传统与现代之争,以及西学为新学,中学为旧学的性质层面的新旧之辩。"①不难理解,此时人们对古今关系的把握已不仅仅局限于中华文化自身如何发展的问题,而进一步深入是否要传承中华传统文化的问题。对一些持有文化全盘西化论观点的学者而言,西方文化代表现代文化,而中华文化则属于传统文化;因此,要实现文化现代化,其根本举措便是以现代文化取代传统文化。在这一阶段,中华文化的主体性受到冲击,中西文化何者才是文化发展的主体等问题成为学者们争论的焦点。近年来,随着对现代化概念的理解与对文化发展规律的把握不断深入与全面,人们逐步形成了两个共识:一是西方文化具有现代化的特征,但现代化不等同于西方化;二是中华传统文化所蕴含的精神已成为中华民族内在的文化基因,因此文化的发展应重视而非否认甚或是抛弃这种基因。那些忽视自身基因,或是采取历史虚无主义和文化虚无主义的姿态,或是以西方文化为标准全盘否定民族文化、进而在文化领域提倡全盘西化的做法都是不正确的。正是因为认识到这一点,对古今文化关系的讨论重新回归本意,其探讨的着眼点也重新回到中华文化自身如何在当代传承发展这一具根本性的问题,以中华文化为主体的文化发展视域再次成为问题分析与理论实践的立足点。在此意义上,季羡林的观点颇具启发性。依他之见,"关键的问题是正确地实事求是地认识中国文化的真正价值,扩而大之,认识以中国文化为基础的东方文化的真正价值,中国文化与东方文化的真正价值认识了,有比较才能有借鉴。"②而中华文化主体性这一视域也为理解中西文化之间的关系等问题提供了逻辑起点。

可以说,时代性和主体性构成了当代文化阐释的基本视域,它们为传承弘扬中华优秀传统文化的实践提供了理论基点和分析框架。

---

① 张立文.2016.和合学:21世纪文化战略的构想(上卷).北京:中国人民大学出版社,19
② 季羡林.2017.东西方文化沉思录.中国时政经济出版社,158

四、创造性转化和创造性发展的实践原则

当前社会各界在传承弘扬中华优秀传统文化方面开展了积极探索,取得了显著成效。但不应忽视的是,当中个别的、具体的做法偏离了本意,其原因既有理念上的模糊,也有实践操作层面的失误。因此,对传承弘扬中华优秀传统文化的重点和原则进行实践探索显得尤为必要且重要。在实践中,至少要抓住一个重点,处理好两项关系。

首先,重点构建与完善评价体系。正确有效的评价体系是引导文化发展和文化繁荣的基础和前提。通过构建具有中国特色、符合时代发展的评价体系,旗帜鲜明地展现支持什么、鼓励什么、提倡什么,并在此基础上以合理的方式予以支持与鼓励,才能确保中华优秀传统文化的传承弘扬沿着正确方向行进。一方面,构建具有中国特色的评价体系。以往在文化领域曾出现一些错误倾向,如忽视、贬低中国精神,或完全崇尚西方、西方至上。以文艺这一文化重要组成部分为例。在评价中国文化艺术时,个别文化文艺评论简单地把西方理论或西方价值作为唯一的评价标准,生搬硬套。而该倾向的产生除了与西方有意识地进行文化输出等外部因素相关以外,在根本上是源于缺乏自身的文化文艺评价体系。这在一定程度上导致人们在渴望引进与吸收西方文化的同时,却忽略了一旦借鉴变为依赖、引进变为取代就会导致本民族文化的迷失。对此,习近平总书记明确指出:"如果'以洋为尊''以洋为美''唯洋是从',把作品在国外获奖作为最高追求,跟在别人后面亦步亦趋、东施效颦,热衷于'去思想化''去价值化''去历史化''去中国化''去主流化'那一套,绝对是没有前途的!"[①]鉴于此,在传承与弘扬中华优秀传统文化过程中,应深入研究中国文化的思想内涵、人文追求、审美情趣,在此基础上探索建立真正符合中华民族特点、具有中华文化特征的评价体系,鼓励、提倡与引导体现中国精神、中国特质的优秀文化,真正打造具有中国特色的文化艺术精品。另一方面,要构建符合时代发展的评价体系。对于中华优秀传统文化的传承弘扬,既不是对传统文化的全盘继承,也不是文化层面的复古。传统文化产生于特

---

① 习近平.2017.习近平关于社会主义文化建设论述摘编.北京:中央文献出版社,9

定的历史条件,带有特定时代的烙印。尽管传统文化蕴含了一些经久不衰的思想精髓,但不可否认,随着社会不断进步,一些观念因跟不上时代步伐而相对滞后,延缓或阻碍了发展。故而,应以动态的眼光深入分析研究中华传统文化,继承与吸收其优秀成分,扬弃与改进其落后成分,而不能抱残守缺、全盘照搬。

其次,正确处理常与变的关系。动态的、具有生命力的文化必然包含常与变两个方面。常是变的基础,变是常的展现,二者相互作用,确保文化始终焕发强大的生机活力。这里所说的"常",指的是传承弘扬中华优秀传统文化的精神内涵,它是经历史检验而逐渐积淀下来的、具有相对稳定性的价值观念、传统美德和人文精神等,是最深层的观念性基因,是中华文化哲学层面凝练出来的"道",同时也是中华民族的"根"和"魂"。实际上,要保持文化的生命力,不能仅仅靠不断变化。"文化最重要的不是更新而是更好,即更真、更善、更美。……文化创造的要义不在于创新,而在于创优。……新的文化成果之所以有价值,不是因为它'新',而是因为它'优'。"①因此,在传承与弘扬中华优秀传统文化的过程中,要真正体会其"道"和"常",才能更好地延传中华文化血脉,夯实中华民族的文化根基,才能在国际竞争中凝聚中国力量,在解决现实问题中展现中华智慧。而这里所说的"变",指的是文化在历史演进中的自我丰富与发展。实际上,中华文化具有很强的包容性和革新力。正是因为中华文化能够不断吸收优秀思想成果,不断进行自我丰富与完善,推陈出新,才使得中华文化能够延续几千年而不断绝。当前,中华传统文化要展现自身魅力,不断提升吸引力、感召力和凝聚力,就不能不加辨析地完全接纳传统文化,而应在把握优秀思想内涵的基础上,针对新的形势、新的问题,通过与革命文化和社会主义先进文化的有机结合,实现自身的创造性转化和创新性发展,从而为自身赋予新的活力,真正成为中华民族复兴的精神源泉和不竭动力。

再次,正确处理名与实的关系。在推动中华优秀传统文化传承弘扬的具体实践中,尤其要注意处理好名与实的关系。当前,社会各界对文化传播与传承表现出极大热情,有力地推动了传统文化的弘扬,但与此同时也应看到,在具体实践中

---

① 郭湛.2016.社会的文化程序.黑龙江教育出版社,9

出现了一些值得注意的倾向,存在认识上的误区,亟待改进与完善。这集中表现为,传承与弘扬传统文化时过于注重形式而忽视内容本身的凝练与宣传教育,又或者只关注旁枝末节而没有抓住思想的核心内涵甚或是背离优秀传统文化的真实要义。例如,个别地区热衷于搞公祭活动,把它作为出政绩、造品牌的手段,搞仪式、走过场、造声势;又如,有些活动满足于穿汉服、行跪拜礼或诵读经典等形式,而没能帮助参与者真正领会这些礼节、仪式和经典思想背后蕴含的、具根本性的价值观念与精神思想,更没有研究如何让他们内化于心与外化于行;再如,一些缺乏教育教学经验的机构借助"国学热"与利用大众对传统文化的热爱,假借弘扬传统文化之名行牟取私利之实,以不正规的方式进行所谓的国学培训,甚至在教学中戏说历史,从而导致大众对传统文化的理解碎片化、片面化和娱乐化,甚至是存在误解。表面上,这是对传统文化的宣传和推广,但从长远角度来看,它们会导致人们对传统文化认知的偏差,造成对传统文化价值内核的消解,最终成为优秀传统文化传承和弘扬的阻碍。因此,在传承弘扬优秀传统文化过程中,要正确处理好名与实之间的关系,使各项工作落到实处,做到名实相副。

最后,充分利用各种优秀传统文化资源。中华优秀传统文化在内容层面,包括思想文化、文学艺术、文化遗产以及非物质文化遗产等。作为传统文化的有机组成部分,思想文化体现了社会理想、价值追求与民族精神,引领文化的发展方向。而经典古籍是思想文化的重要物质载体。就此而言,传承思想文化的重点在于,加强经典古籍的保护、整理与研究。目前,这项工作已被纳入"十三五"规划,从国家发展的长远角度得到制度性保障。而诸如古代典籍文献的整理与出版、修史修志以及国家典籍资源数字化等也将稳步推进。传承思想文化还应重视对经典的深入研究,解读、甄别与还原思想文化的精髓。诚如陈先达指出:"作为中华民族文化基本精神之文字符号载体的典籍,不是可以任意解读的单纯文本,而是实实在在与中华民族的生存和发展的实践融为一体的精神承载。"因此,以合理的标准开展甄别性研究,是进行思想文化的传播与普及的前提。鉴于不同的评价标准往往得出彼此迥异甚或截然相反的结论,建立既符合中国精神又适应时代特征的评价标准是传承思想文化的关键。

文学、戏剧、书法、绘画、民间艺术等植根于中华文化沃土、经受历史检验、为群众普遍接受的艺术形式,反映中华民族的生存状态和生活方式,代表当时社会的审美情趣与艺术标准,是文化血脉的重要方面。然而,一直以来,学界对于传统文化的研究更多地聚焦于经典文献,而对文学艺术等领域缺乏足够关注。尽管两者的表现形式各异且受众范围不同,但它们之间具有不可割裂的内在联系。学者田青曾将中华传统文化比喻为"三根柱子两层楼"。"儒、释、道是中华传统文化的'三根柱子','两层楼'上面一层的文化是由文人创造的精英文化,包括孔、孟、老庄,唐诗、宋词、元曲……其共同载体是汉字,是借汉字传承的中华文化。一提传统文化我们首先想到的是这些,但是很多人常常忽略了楼下还有一层。这个底层不是低下的意思,其广大,其高远,其丰富,其精彩,都超出许多人的想象。这部分文化的载体是语言,即主要由口头传承的文化,其特点就是口口相传,与以文字为载体的精英文化不同,包括传统戏剧,传统音乐,传统舞蹈,传统美术、手工技艺,民俗、节日等等都是。"①对广大民众而言,下一个层面较之上一层面更贴近现实生活,具有更明显的引导教化作用,是他们认识、理解、践行文化精神的重要途径。但即便如此,两种不同层面的文化仍密切关联。离开思想文化,文学艺术就变得精神贫乏而难以升华;离开文学艺术,思想文化就缺少基层土壤与联系群众的桥梁,从而加大其普及传播的难度。

文化遗产既包括文物等物质形态的文化遗产,也包括非物质文化遗产。物质文化遗产的外延不难被把握,它常以器物为载体,主要表现为文物古迹。文物是历史文化的真实展现,保护与利用文物不仅有助于后人直观上认识本民族的历史,而且有助于维系民族精神,激发民族自豪感和自信心。因此,在传承中华优秀传统文化的过程中,以下四方面工作是重要且必要的。首先,做好统计工作,对可移动文物和不可移动文物进行全面核查统计,摸清家底,以便做好保护利用的前提性工作。其次,加快立法,通过制定出台更为具体的、可操作的规章制度,为文物保护工作创造条件、提供保障。再次,转变文物保护理念,由以往的抢救性保护转变为预防性保护,提升保护工作的前瞻性与主动性。最后,采用开发文化创意产品、增强博物馆展陈感染力等方式,更好地展现文物的魅力,提升文物服务社

---

① 田青. 2015 - 12 - 04. 全面认识传统文化的内涵. 光明日报

会、引领教育的效能。

相较于物质文化遗产而言，非物质文化遗产的边界则较为模糊。根据联合国教育、科学及文化组织颁布的《保护非物质文化遗产公约》，非物质文化遗产主要指，"被各社区、群体，有时是个人，视为其文化遗产组成部分的各种社会实践、观念表述、表现形式、知识、技能以及相关的工具、实物、手工艺品和文化场所。"①具体来看，它包括了口头传统和表现形式，包括作为非物质文化遗产媒介的语言；表演艺术；社会实践、仪式、节庆活动；有关自然界和宇宙的知识和实践；传统手工艺。而我国也结合实际，对非物质文化遗产做出了界定。《中华人民共和国非物质文化遗产法》第二条规定："本法所称非物质文化遗产，是指各族人民世代相传并视为其文化遗产组成部分的各种传统文化表现形式，以及与传统文化表现形式相关的实物和场所。包括：（一）传统口头文学以及作为其载体的语言；（二）传统美术、书法、音乐、舞蹈、戏剧、曲艺和杂技；（三）传统技艺、医药和历法；（四）传统礼仪、节庆等民俗；（五）传统体育和游艺；（六）其他非物质文化遗产。"②相关规定为我们理解什么是非物质文化遗产提供了重要依据。

事实上，非物质文化遗产的保护与传承也应当引起足够重视。加强非物质文化遗产的保护传承，关键在"人才"，重点在"活力"。具体而言，要把非物质文化遗产传承人作为传承保护工作的关键环节，在确定传承人名录的基础上通过提供相应的物质保障、资金扶持、宣传推广等，调动传承人传帮带的积极性和主动性，拓宽传道渠道与扩大授业范围，尽可能地避免传统技艺的失传。进一步地，技艺传承固然需要政府扶持，但还需借助社会力量。而社会力量的融入则要求从根本上增强非物质文化遗产本身的活力，即一方面以产业化的形式，在不改变其文化精神和文化本源的基础上，对非遗产品进行适度包装、展示与营销，在市场上创造需求，为非遗产品的生产和非遗技艺的传承创造更大空间；另一方面加大展示展演的力度，由政府扶持与推广一些珍贵但不宜走向市场的非遗文化类型，激发民

① 保护非物质文化遗产公约 . 2006 – 05 – 17. http://www. npc. gov. cn/wxzl/wxzl/2006 – 05/17/content_350157. htm

② 中华人民共和国非物质文化遗产法 . 2011 – 02 – 25. http://www. gov. cn/flfg/2011 – 02/25/content_1857449. htm

众的认知兴趣,吸引志愿者参与其中。除此以外,与相关研究教育机构进行合作,从人类学、文化学、社会学的角度深挖非遗文化的底蕴,并面向社会开设课程等,也将有助于非物质文化遗产的保护与传承。

在构建传统文化传承体系时,不应只择其一二而不及其余。要实现文化的创造性转化和创造性发展,既要研究记载于经典古籍当中的思想家们的学术成果,又要重视蕴含了人们普遍接纳与认同的生活方式、道德规范、审美标准、价值取向的艺术作品和文化遗产。只有这样,才能理解传统文化的本源和精髓,才能为发挥优秀传统文化的作用奠定坚实的基础。

02

方法篇

第三章

提升道德内化的认知水平,推进高校思想政治教育的理念创新

随着改革开放的不断深入与人们认识的不断深化,以往单一和封闭的社会环境和发展模式已被打破。如今,世界范围内不同思想文化之间的交流、交融与交锋更加频繁,社会上充斥着各种思潮和复杂现象,这使得社会思想意识也相应地变得越发多元、多样和多变。多元的选择与相对统一的社会规范之间似乎产生了难以调和的矛盾,构成了社会转型的双重效应。在多元中确立思想主导,如何让业已具备一定理性认知能力的大学生主动认同社会主义核心价值观,帮助其树立正确的理性信念,对思想政治理论课的内容入耳、入脑、入心,这是课程要解决的重大问题。而透过道德教育这一素质教育的缩影,我们能从中更清晰地理解如何在高校开展思想政治教育工作。

第一节 大学生道德内化的认知诉求

就个体而言,其道德认知途径既取决于所处的环境,更取决于其自身认知结构(层次)与认知方式。前者是外在条件,后者是内在机制。外在条件的作用通过内在机制而促进个体道德认知途径的发展。因而,要提高大学生道德素质和高校道德教育的成效,应当把握大学生道德认知途径的特殊性。

一些社会调查结果表明,当代高校学生具有自主、务实、自信和开放等特征,他们的自组织倾向明显、成就动机较强、敢于表达自我,并希望赢得尊重与承认,体现出有别于传统思维方式和价值诉求的新异性和两重性。而这些具有时代性

的特征不可避免会影响他们接纳包括道德在内的社会规范的方式。这意味着,对于当代大学生而言,道德内化的认知途径正随着社会的发展而悄然改变。

正如我们在分析道德内化的认知途径原理时指出,个体道德认知具有阶段性。处于少年与成年之间的高校大学生在生理上基本发展成熟,心智上逐步由成型转向定型。随着实践交往范围的扩大,大学生的科学文化和素质文化得到丰富与提高,道德认知层次不断延展和健全:由儿童阶段以感性层次和意识层次运转为主,扩充至两层次之间的理性、世界观、明意识和潜意识等思维层次的相继成熟。特别是理性层次和世界观层次在道德判断和选择中发挥重要作用。实质上,理性环节和信仰环节是道德认知的首要环节。

道德认知层次的丰富推动着大学生道德认知方式和途径的演变。理性层次和世界观层次的形成和发展使个体的自主性增强。对道德规范或道德经验的理解和认同成了大学生道德认知的必要前提。理解倾向和实用倾向正取代权威倾向构成大学生道德规范意识的主要方式。这就意味着,大学生在道德认知过程中掌握的不再是儿童阶段形成的一系列道德交往符号,因而也有别于字面上的道德实在论。相反,他们希望真正明晰道德规范的内涵及其精神,真正懂得遵守道德规范的原因和意义。因而,对道德规范的加工和信仰环节在大学生道德认知过程中尤为重要。如果大学生对道德的认知只是一种简单的、不稳定的工具性认识和记忆性认识,那就难以升华为价值性认知和观念性认知。而缺乏了个体认同和内化的道德规范也难以内慑于原有的道德认知结构。当道德规范与个人利益相违背时,主体必然会在规范和利益之间摇摆不定,很可能为了个人利益而违反道德守则。可见,理解和信仰统一是大学生道德知行合一的症结所在。强化灌输的方式漠视大学生的主体性和自主性,也忽视了他们认知方式的特殊性,使大学生的道德观念和意识未能由他律转化为自律,也未能自觉履行道德规范。

理性—信念的方式构成了大多数高校学生道德内化的认知途径。不论是从目的论、义务论,还是从功利主义的角度出发,他们往往根据自身需要、个人利益与社会利益的权衡来理解道德规范,判别道德情境,从而做出相应的道德选择。以往的道德滑坡论与道德虚无主义之所以流行,除了关涉社会转型时期的道德空白或道德缺失的社会原因以外,同时也与大学生缺乏道德理性、欠缺认知能力和解决能力等因素相关。这造成了他们面对新的道德困惑的挑战,难以创新地正确处理个人利益、集体利益和国家利益的关系。因此,理性能力的培养是当代高校对学生开展道德教育的方向。

第二节　高校道德教育的现存问题

要全面把握高校道德教育的现状,针对其现有问题进行改进,就需要从理论研究与具体实践两个方面加以审视。

在理论研究方面。受哲学与认知心理学研究的启发,学者们和教育者逐步看到并且承认道德认知在道德内化与道德教育过程中的重要性。高校道德教育的研究向道德认知延展。从 20 世纪 90 年代中期开始,专门探讨道德认知与高校道德教育关系,以道德认知能力培养推动高校道德教育的论文数量递增,形成了一定的研究氛围,以至于有些学者在后期指出,我国道德教育过分强调道德认知,忽视情感等要素的作用,高校道德教育的研究方向发生了转移。随着道德教育理论的增多,道德认知的地位实际上已被看作道德内化的前期环节,而非道德内化的完整途径。这与人们对道德认知内涵的理解不无相关。不管道德认知被看作道德教育的关键途径,还是被视为道德教育的环节之一,学界依然认为,道德认知与高校道德教育具有密切联系,道德认知能力的培养在教育中具有重要意义。

然而,值得注意的是,在获得了进展与成果的同时,围绕认知问题,高校道德教育研究也陷入了一些困境。这主要表现为,一些逻辑上表现完美的道德认知模型或体系只描述了某些个别现象,它们或者无法提供可检验的形式和被应用到道德行为预测中去;或者在实践过程中与个体抉择存在较大的偏离,而且潜藏着对人类作为社会主体的主观能动性的忽视。具体而言,道德认知与道德行为之间的逻辑空隙,使人们无法由道德知识的获得推导出道德规范的践行;高校道德教育虽然已承认了道德认知能力培养的必要性,但还没找到把这一教学理念具体化到教学实践中的途径。具有高学历的知识分子的道德素养受到质疑,道德教育的可能性和有效性常被列入讨论范围。

从学科研究状况来看,高校道德教育研究遭遇困难的原因主要有两点。一是,道德认知与道德教育研究缺乏相应的生理学与认知科学成果的支撑,这使理论对心理因素较强的人群的解释力具有一定限度,造成了道德认知研究与教育实践的脱节。中国期刊网中以道德认知为内容的论文多着眼于从社会背景等角度探讨道德认知与高校道德教育之间的关系,从个体道德认知发生学的角度研究两者的关系的文献则相对缺乏。道德认知是涉及生理学、心理学与认知科学等学科的综合性论题。而一旦缺乏对这些领域成果的关注,以道德认知理论推进高校道德教育研究便缺乏坚实的理论基础。加之过去道德认知在生理学与认知科学领域的研究比较薄弱,没有从个体道德认知机制与特点的角度给高校道德教育提供操作性的构想。二是,大学生道德内化的认知途径的系统性与层次性等关键问题没有被揭示。道德认知研究遇到的困难促使哲学家与科学家重新审视原有的研究范式与研究方法。当我们深入考察各学科对道德认知的研究的发展史,不难发现,近年来哲学与科学领域正悄然地发生变化,系统复杂性正逐步成为研究的新范式。如果现今仍然采用以往机械的、线性的范式,道德认知研究仍然不会取得很大突破。只有认识到道德认知的复杂性与层次性,真正把它看作一个从理解向信念发展的系统过程,道德认知与高校道德教育研究才能有新的进展。与此同时,唯有注意到这些新进展,并把系统论意义上的道德认知机理自觉运用于指导高校思想政治教育,才能真正提升教育成效。

在具体实践方面。目前社会转型的双重效应表现为,对外开放与体制创新在吸收国外先进技术、管理经验与思想文化的同时,也使一些文化糟粕随之影响学生的价值观与道德观:市场经济强调的杠杆调节原理与自主经营策略不仅激发了大学生自主意识与务实精神,而且助长了个人主义、拜金主义等不良风气的形成。这具体表现在以下三方面:第一,无政府主义思潮不同程度地冲击着大学生的思想,甚至导致了政治动荡,阻碍社会主义建设正常开展;第二,实用主义、怀疑主义思潮,以及个人主义、利己主义等思想影响着大学生的认知方式和道德观念,使权威主义认知模式和教学模式受到挑战;第三,"道德虚无主义""道德滑坡论"曾一度盛行,引致大学生逃避崇高、精神萎靡的现象。在加强物质文明与精神文明的建设中,第一种矛盾已得到缓解。然而,道德虚无等思想仍受到一部分学生的推崇。传统人的道德水平是否高于现代人,文化素质与道德素养是否成正比,这些问题引起人们的反思,多次激起争论。人们对高素质人才必定具有高道德情操的论断产生了质疑,也对现代社会应遵循何种道德规范感到迷茫。

恩格斯曾指出:"每一个时代的理论思维,包括我们时代的理论思想,都是一种历史的产物,它在不同的时代具有完全不同的形式,同时具有完全不同的内容。"①社会转型时期的道德教育既保存了传统的民族精髓,又被赋予了新的时代内涵。新旧体制的更替反映了现代高校大学生道德观念和认知方式所处的时代背景,也彰显了高校道德教育发展的必要性和艰巨性。

高校道德教育的目的是,启发大学生认识与认同道德规范,树立正确的道德观,使他们自觉地遵循规范而实践。在这一目的的统率下,高校德育一方面要关注社会的发展状况,另一方面要重视受教育者的道德认知规律。那么,高校是否已建立起有针对性的、与时俱进的道德教育模式,有效地实现了高校道德教育的目的呢?

高校道德教育的有效性问题是学术界和教育界共同关注的论题。一直以来,学校课堂讲授都被看作道德教育的重要方式。然而,也有学者对此表示怀疑。总体而言,人们对高校道德教育有效性的质疑,或者出于道德教育的内在功能的理解,即认为道德无法通过教育而获得;或者出于对道德教育的方式不满,认为以往和现行的道德教育未能适应社会要求和大学生道德认知规律。如在黑格尔看来,道德是永恒的、自在自为的东西。从道德的本质出发,他指出,"善是不能教的",它被包含在精神的本性之中。② 美国教育家杜威也曾主张道德品格是在日常生活和体验中形成的观点,认为正规的课堂道德教育无助于道德修养的培养。国内学者张康之从教育局限性的角度论证其对道德教育有效性的质疑。他认为,教育只在科学文化的传授时才发挥作用;虽然道德教育可起到"唤醒人的道德存在的作用,可以使人更为准确地找到与社会理性、群体理性或职业理性的契合点",但由于人格根源于人道德地存在,因而是不能通过教育与学习而直接确立道德素养

---

① 中共中央马克思恩格斯列宁斯大林著作编译局编. 1995. 马克思恩格斯选集(第4卷). 北京:人民出版社,284

② 黑格尔. 1959. 哲学史讲演录(2卷). 贺麟、王太庆等译. 北京:商务印书馆,63

的;更甚的是,目前的道德教育实质上是一种教化,仅仅是人们学会了"如何顺从权力"①。学者们从道德的本质、道德教育的效果等角度论述了道德观形成的独立性。然而,他们忽略了人是社会地存在的,道德观念不可避免地也是在社会交往中逐步确立起来的。德行的培养是不仅内在地表现为复杂的系统过程,而且也外在地展现为内在潜能与社会规范的契合,是个体社会化的重要体现。这种契合可通过课堂教育、家庭影响或社会交际等方式实现,但都脱离不开个体的学习体验与社会的教育熏陶。因此,道德教育成效不显著的问题不能直接推导出道德教育没有存在的必要性这一论断。问题引导的方向是,高校应如何适应新时期的要求,发展高校道德教育,实现道德教育的目的。

从具体实践来看,目前的道德教育中要让学生参与课堂教学和实践教学已成为学界的共识。但与此同时,令许多从事一线教学的教育者感到困惑的是,高校学生在思想政治理论课教学过程中并没有表现出很高的参与热情。因此,如何提高学生上课的到座率、抬头率和点头率,以及怎样调动他们参与社会实践的积极性,是高校德育和思想教育需要迫切解决的难题。

实践证明,参与是理性个体了解和理解道德规范、认同和固化道德价值观的有效途径。首先,从心理体验的规律来看,参与本身所蕴含的主人翁精神能让大学生感到自身的价值和诉求获得了尊重和重视,进而更容易接受教育者的引导。其次,从行为效果来看,各种形式的实践参与能让参与者更深刻地体悟到在公共生活中践行道德规范的必要性和重要性,并在参与中反思和比照自身行为与社会所接纳的行为之间的差距,主动且及时地纠正不合理的行为。再者,从参与对象的社会特征来看,高校学子具备自觉参与课堂教学与社会实践的思想条件。当代大学生成长于我国改革开放向纵深发展的社会历史阶段。在这一阶段,社会的开放格局渐趋成熟,经济稳步快速发展,人们的人际交往空间拓宽,资讯更新日益频繁。在此背景下成长起来的高校学生,往往具有较强的独立自主和务实求新的精神,有张扬个性的自觉,对自身的发展规划有较为明确的意识。与此相应的是,他们对新鲜事物抱有积极心态,并更愿意以理性的方式而非借助权威来审视和接纳

---

① 张康之. 对道德教育有效性的怀疑. 学术界. 2003(5):125~135

新信息。而这些特征在 20 世纪 90 年代出生的大学生当中表现得尤为明显。他们对"说教式、灌输式的思想政治教育形式抱有明显的反感和不接受的态度",而倾向于通过实践参与等方式形成自身的判断。① 这说明了,激发大学生参与教学与实践的积极性具有现实可能性与可操作性。

在高校德育研究领域,学者们对主体参与式的教学理论已有了较深入的探讨,但与此形成对比的是,在实际运作过程中,学生的参与度不高依然是悬而未解的难题。这导致了理论研究与实践操作之间的脱节。究其原因,主要是因为高校德育的内容及方式在某种程度上跟大学生道德内化的认知特点产生错位,造成教育没能激发起对象足够的兴趣与重视。因此,高校思想政治理论课教学应在明晰教育对象认知特点的基础上,有针对性地完善教育模式。

如前所述,道德规范要得到大学生的接纳和认同,教育者应在教育内容和引导方式等方面考虑学生的"前结构"(接受教育前已形成的"认知结构、情感结构、价值结构、道德结构等"②),同时以新颖的内容和形式吸引他们的注意力。当道德教育激发起学生的好奇心和求知欲时,他们将进一步对内容进行加工和筛选,在比较中寻求令自身信服的理论与实践依据。当新的道德信息与原有的价值观念相一致时,信息被顺利地统摄到道德结构中,为原有的道德结构提供合理性证明,从而强化既有的道德信念。当新的道德信息与原有的观念大相径庭时,他们或者遗忘这些信息、维持原有的认知结构,或者把新的信息暂时搁置。待新的实践给予新道德观念以充分的支持时,新的价值观将瓦解与替换原有的道德观念,形成新的道德结构和新的道德思维定式。初步形成的新道德观念将在社会参与和社会实践中接受检验。通过肯定式或挫折式的外界反馈,道德价值系统或者在道德体认中得到确证,或者面临着怀疑、修正甚或重构。在实践检验的基础上,理性的大学生确立起较为稳定的道德信念,并以此规导自身的行为。

虽然认识上的错位导致道德教育的合理性受到质疑,但许多大学生认为,道

---

① 张晓京,文书锋,金添. "90 后"大学新生思想行为能力特点的调查研究. 思想理论教育导刊. 2009(9):114~117

② 陈秉公. 试论思想政治理论课教材体系向教学体系转化的规律性. 思想理论教育导刊. 2008(9):42~47

德教育是高校素质教育必不可少的组成部分。他们认为,德育和智育在高校教育中均具有不可忽视的作用。他们对道德教育的批评更多地针对传统道德教育所运用的手段和方式等具体操作方面,即传统高校道德教育采用德目主义的模式,忽视了大学生道德认知的规律,故而产生了高校德育与学生需求之间的差距。由于道德教育没有使大学生理解道德规范的内涵与意义,因此,知行脱节的现象常有发生。实质上,部分受教育者没有掌握课堂传授的道德观念,只是停留于工具性的规条,是通过死记硬背或反复灌输而形成的道德教条,并非是真正意义上的道德认知和道德内化,知行合一也就难以实现。知行脱节的现象给我们提供了一个重要信息:道德感知和道德内化之间没有直接的、必然的生理通道和逻辑通道。在道德教育过程中,道德规范是以形如一般智力型知识的形式被传播的。这种规范知识能否上升为信念并影响行动,与个体的道德认知过程密切相关,而不单单取决于教育者的讲授。要实现大学生道德的知行合一,提高学生道德水平和高校德育效果,应当针对当代大学生道德认知的途径和特征对症下药,采取相应的、有效的形式。

开放多元的社会环境与受教育对象道德认知的特殊性要求高校要确立与之相适应的现代道德教育制度与模式。传统的道德教育模式的缺陷与大学生对道德教育的需求之间的矛盾彰显了高校道德教育的必要性与重要性,并对其教育的有效性提出了更高的要求。

第三节　高校道德教育的改进

社会的变迁和演进要求建立与之相适应的现代道德教育体系。大学生道德认知的特点及其与传统道德教育之间的差距也推动着高校道德教育的发展。道德认知机理的分析从受教育者的视域为道德教育提供了进路。总体而言,高校道德教育可以从教育理念、教育方式、教育内容与教育环境等方面加以改进。

一、道德教育理念

道德教育理念是道德教育开展的基础,在一定程度上决定了道德教育的方式与内容。从理念的构成来看,它主要涉及道德教育的目的与目标、定位与原则、方向与功能,以及如何处理道德教育过程中各要素之间的关系等问题。从产生的根基来看,道德教育理念植根于社会现实与教育实践,是道德教育规律的客观反映。

我国高校道德教育发展史表明,传统的道德教育理念曾经在革命与建设过程中发挥了重要的指导作用,有利于激发大学生的爱国主义情怀与集体主义思想,有利于团结大学生到社会需要的各条战线奉献青春。然而,随着社会主义现代化建设的深入与个体自主性的增强,传统道德教育的不足也日益暴露出来。一方面以应试教育为方向的道德教育,不仅忽视了大学生道德认知的特点,漠视受教育者的主体性与能动性,而且刺激了教条主义、形式主义等倾向的产生,违背了德、智、体、美、劳全面发展的道德教育目的。另一方面,深受以往建设初期强调的以阶级斗争为纲的思想、道德至上的价值观念的影响,道德教育的定位出现了偏离。物质文明建设与精神文明建设相对立导致了人们脱离实际地盲目追求抽象的道德价值,"两张皮"现象严重。当这种盲目夸大道德地位的现象有所遏制时,有人又走向了另一极端,认为道德教育从属于经济规则,一些被歪曲的道德教育理念左右了正常的发展。

从传统道德教育理念的缺陷不难看出,要发展高校道德教育应当合理看待"德"与"智"、传道与启蒙、教师与学生之间的关系。

第一,正确把握道德教育与智力教育之间的张力,使两者相互推进。公民道德教育的主要内容是以为人民服务为核心,以集体主义为原则,以爱祖国、爱人民、爱劳动、爱科学、爱社会主义为基本要求,以社会公德、职业道德、家庭美德为着力点。智力教育则以提高科学文化素质为主要目标的教学过程。两者既有共同之处,也有相异之处,是相互依存的对立体。这与我们从受教育者的角度剖析道德认知与一般知识性认知的关系时获得的结论是一致的。一般而言,大学生道德观的树立是由"是什么"的事实判断向"应该怎样"的价值判断跨越的过程,它离不开感知与理解等认知环节。可见,智力教育从知识学习的角度为道德教育搭建价值通道。然而,有些人看到了智力教育与道德教育之间相互推进的关系,却又过分强调了两者的一致性,把两者等同起来。他们认为,科学文化素质较高的个体必然具有较高的道德修养,因此,只要提高个人的智力水平就能使道德水平得到相应提高。这种思想曾在改革开放初期盛行,造成了道德教育从属于智力教育,教育资源配置不合理。从道德认知的机理与特点分析可以看出,虽然道德教育以智力教育为桥梁,但是两者又不能混淆,两者的发展没有正比关系。大学生的道德认知不仅包括理性理解的环节,同时也离不开道德信念的形成。道德规范与道德情境从感知整合到价值观,需要构筑理性、信仰等多个层次。

道德教育与智力教育的对立统一关系可部分解释学生高智育低德育的现象。一些学生专业课程优秀,甚至在《思想道德修养与法律基础》《马克思主义哲学原理》等学科考试中取得优异成绩,但是,他们在日常生活中却做出种种与道德规范相背离的行为。产生这一反差的原因有两个。一是,学生虽然通过课堂知悉了一些道德规范,但是他们却未能真正理解道德规范存在的意义,以及遵守这些道德规范的必要性,因此,道德规范只是停留在感知阶段,没有经过理解、编码等加工环节,更谈不上融入信念库、确立道德观。二是,学生虽然理解单个道德规范的含义,但由于课堂教授未能从更高的角度把这些规范融入以往的体系当中,使学生在价值对比过程中难以把新规范整合到原有的信念库。故而,在遇到相应的道德情境时,新规范难以从信念库中解码和指导个体行为。以上两种原因导致学生在道德教育过程中只是"接听",而非"接受"。把道德规范的认识看作工具性认识与记忆性认识的教育理念使学生们能够通过死记硬背在德育考核中获得高分数,而在实际行为中却阳奉阴违。要改变这种现象,必须正确把握德育与智育的关系,确立合理的道德教育理念,合理配置教学资源。只有这样,两者才能相互促进,相得益彰。

第二,转变道德教育的培养方向,从教会如何接受发展至教会如何发现,着眼于培育道德认知能力。传统道德教育的目标之一,是要求大学生在课堂讲授、家庭熏陶与社会交往过程中直接地或间接地吸纳某一社会规范与道德规条。这种培养方向把大学生看作被动的接收者,通过教师在讲台上高高在上地讲授,自上而下地灌输教育观念。不可否认,强灌输的方式在新中国成立初期起到凝聚民心的效果,列宁也曾高度评价了灌输在提高工人无产阶级意识中的重要作用。但这种道德教育理念是否具有恒久性呢? 马克斯·韦伯在分析社会组成模式时指出,随着社会的发展,克里斯马型的社会模式将向法理型的社会模式演进,权威主义与个人英雄主义的管理模式被民主管理模式取替。这意味着,社会将推动社会理性的确立。个体不再是社会观念与规范的接收者,而是创立者。对于具有一定科学文化素养和理性评价、选择能力的大学生而言,以强制灌输的形式认识道德规范,是事半功倍的。部分大学生虽然听取了道德课程,但当他们与社会接触,受到家庭、媒体、朋友等氛围的影响,便容易忽略课堂灌输的道德规范,沿用原有的道德判断标准来规导行为。这说明了,没有经过大学生理解、认同与信仰的道德规范难以在实践中被激活,难以被用以指导个体实践。被动向主动、他律向自律的角色转变,要求大学生真正参与到道德活动与实践当中,通过观察、分析、判断等自主性学习发现社会生活中蕴含的美德。高校道德教育也应当适应受教育对象的道德认知特点,改变说教的方式,注重培养道德理性能力,使他们在理性判断和具体实践中挖掘道德。美国教育学家威尔逊更是把道德看作处理道德问题的过程,认为道德的实质是思维。因此,他把道德教育的目的定位于培养学生的道德思维能力,倾向于把道德教育课称作道德思维课。我国学者鲁洁也指出:"道德教育的目的就不应是让学生无条件地服从某些规则,而是要鼓励学生接受理性的指导和自我决定。"①这种现代道德教育的培养方向不仅符合马克思人的自由全面地发展的思想,也体现了道德的社会性与实践性。

第三,协调师生关系,转变教师职业角色。一直以来,教师扮演着传道授业解惑的角色。教师如何在道德教育中"传道"呢? 在传统的道德教育模式中,老师往往是高高在上地站在讲台上,采用自上而下的指令性的教授方式,这导致了课堂沉闷、教育内容与现实脱节等现象,学生无法从课堂中获取所需知识与提升道德认知能力。学生被看作教育的收集信息的容器、单向接收者,简单地通过笔录、机械地死记硬背等方式记忆道德规范。学生觉得课程不"解渴"的现象较为严重,从而也影响了思想政治理论课到座率、抬头率和点头率。作为道德教育的落脚点,

---

① 王啸,鲁洁. 德育理论:走向科学化和人性化的整合. 中国教育学刊. 1999(3):17

道德的实践性被遮盖。欠缺互动性和主体性的德目主义道德教育模式与具备理性判断能力的大学生的需求相背离。高校道德教育的发展必然要求道德教育者做出相应的转变。一方面,道德教育者应平等看待师生关系,创建教师与学生之间的对话环境与桥梁,重视大学生的独立性、自主性和个性。"通过对话,学生的教师和教师的学生都将消失。取而代之的是一个新的术语:'教师—学生'和'学生—教师'。教师不再仅仅是施教者,在与学生的对话中,他也是受教者。反之,学生在受教的同时也在施教。他们对共同发展的过程负责,在这一过程中基于'权威'的那些论点不再是天经地义的。"①另一方面,加强和提升道德教育者的素质,包括专业知识与道德品格等综合素质。只有真正了解大学生道德认知规律与特点,了解授课对象的不足与需要,才能有针对性地、有效地开展教学活动。同时,也只有教育者具有良好的思想道德修养,以身作则,才能充分发挥课堂讲授的引导魅力与有效性。另外,社会的发展要求教育者在遵循基本指导思想与教学精神的基础上,从诠释者转变为研究者,拓展道德教育课程的实施空间,利用多途径的教学方式培养学生道德认知能力。

德育与智育的互补、师生关系的互动与培养方向的转变从教学理念上体现了大学生道德认知的特点。高校道德教育应当注重提高学生发现道德问题和分析道德问题的能力,从"理"的角度提升学生的道德观和价值观,使"感知—理解—信念"三个教学环节紧密相连。

二、道德教育内容

道德教育内容的探讨是为了解决教什么的问题,从而达到启发学生与提升他们的道德认知能力的效果。道德教育目的与教育对象的特殊性,要求高校道德教育在坚持正确指导思想的前提下,结合大学生道德认知特点与现状,拓展道德教育的内容。

第一,坚持以马列主义、毛泽东思想、邓小平理论与"三个代表"重要思想为指

---

① Beck C. 1991. A model of dialogue for democratic moral education: theory and practice. Presented at the Annual Meeting of the A. M. E. , Athens Georgia,6

导。我国的指导思想是党和国家领导人马克思主义与中国具体实践相结合的产物,它是社会发展规律的客观反映,为我国的革命与建设提供了理论指导。作为我国建设的重要推动力,高校道德教育必须贯彻党与国家的指导思想、教育方针与政策,提高大学生对"道德虚无主义"与"无政府主义"等不良思潮的抵制能力,引导他们树立正确的道德观、价值观与社会主义信念。这正是我国高校道德教育的基本点与理论落脚点,同时也是高校在借鉴我国港台及西方道德教育理念、内容与方式时的判断标准。因此,高校教师在讲述道德情境或事例时,不仅应当剖析道德现象背后的本质,同时也应当深入挖掘其中隐含的道德或哲学原理,从而反向丰富与发展指导思想的现实意义。

第二,高校道德教育应反映优良传统与时代精神的契合。我们在不同的时代倡导不同的时代精神。如今,战争年代和艰苦奋斗的岁月已经成为过去,以前所倡导的为国捐躯、刻苦耐劳的精神已经不合时宜。因此,学生们不禁产生了迷茫:20世纪六七十年代的榜样是雷锋,80年代的榜样是张海迪和赖宁,90年代和今天的榜样又是谁呢? 不可否认,社会的转型会对伦理道德规范产生很大的冲击,社会所崇尚与强调的精神也在不断更新。然而,传统精神与现代精神并非完全对立。我国从古代就延续下来的精神,如尊师爱长、团结友爱、诚实守信等都是社会主义市场经济体制下值得提倡的优秀品格。在社会转型产生的道德灰色地带,优良传统的发扬能弥补道德空缺,有效地维持国家与社会的长治久安。除了继续倡导传统优良品德以外,高校道德教育的内容也应当与时代发展相结合。调查结果表明,部分大学生认为道德教育缺乏现实指导意义。

第三,高校道德教育内容应体现大学生道德认知特点与需求。首先,注重元伦理思想教育。"元"指称"根"。与规范伦理相比,元伦理主要是从形而上学的角度对伦理道德的根源与确立、内涵与意义等问题进行探讨。正如我们在分析道德认知机理时指出,具有理性认知能力的大学生在认识道德规范、建构道德体系过程中往往会追问:道德是怎样形成的? 为什么要遵守道德规范? 遵守哪些道德规范? 这一系列问题都涉及元伦理领域。虽然一些大学生通过课堂知道社会要求遵守道德规范,但是他们却不理解遵守道德规范对个人与社会发展的必要性与重要性,进而没有合理看待个人利益、集体利益与国家利益之间的关系。元伦理知识的教授不仅有助于提升学生的道德认知能力,为道德规范的认同与遵守提供合理性与合法性基础,同时也有助于他们建立完整的道德观与价值观,使道德认识更加深入、道德信仰更加持久。因此,高校道德教育应从伦理发展史、伦理原理等方面充实道德教育的内容。其次,注重教育内容的发展。从上文对道德认知特点的剖析不难看出,不同年龄阶段的个体把握道德规范的着重点有所不同。以人际关系的认识为例。小学生的交往圈子主要是在学校与家庭,对尊师爱长、关心同学、团结友爱等日常生活的具体道德规范比较容易把握。中学生除了遵守基本道德规范以外,往往需要思考诸如团结与竞争、个人利于与集体利益等相对抽象的道德两难困境,对抽象的关系的把握构成了道德认知的着眼点。随着交际圈子的扩大与社会角色的延伸,大学生交往的对象不仅仅限于学校与家庭,社会交往比例日益增大;他们除了作为学生与家庭成员,也可能在兼职岗位上充当不同的社会角色。职业道德自然而然成了他们关注的问题。理性层次的不断丰富也促使他们陷入世界观与人生观的思考当中:在各种形式的道德观与价值观的相互碰撞与影响下,应当怎样树立正确的观念呢?以往的道德教育忽视了个体道德认知的阶段性,造成内容阶梯性不强,甚或内容重复设计。这使低年级学生无法消化与吸收教育内容,高年级学生认为内容过于浅显,逐渐产生厌学和抵制心理。个体道德认知的阶段性要求教育内容遵循这一特性做出相应的规划。高校道德教育不仅要从横向拓展教育内容,添加与大学生学习、生活息息相关的问题,同时要纵向延展内容的深度,形成阶梯性的道德教育。最后,注重教育内容的针对性。除了从整体上把握教学内容的阶段性与层次性以外,教师还应当结合对象专业等加强授课内容的针对性,必要时,需与个别同学进行单独交流与辅导。

以"思想道德修养与法律基础"课为例。"基础"课教材涉及的主题跟学生在初高中政治教育课和文化素质课所学内容具有一定的延续性。如学生应追求远大的理想,树立科学的信念,继承爱国传统,弘扬民族精神,培养爱国主义情操,并在公共生活中遵守社会公德等,都与基础教育阶段之素质培育的关注点一脉相承。应当指出,这并不是因教材内容编排不合理而导致的问题,而是因为这些主题与受教育对象整个成长阶段息息相关,是各个阶段都应当关注的论题。由于两个阶段的教材内容相一致,甚或在某种程度上出现重合,因此,照本宣科式的课堂教育并不能引起学生的兴趣。外部信息能否引起理性主体的关注并被接纳,不仅取决于他们对信息内容的熟悉程度,而且与信息的新颖程度密切相关。假如"基础"课不能以有别于初高中素质教育的方式开展,无法使学生从感性认识上升为理性认知,那么,他们有可能误解课程的定位,误以为只是简单地重复以往政治课内容,从而产生厌学甚至排斥心理。大学生道德认知的特殊性要求"基础"课教学应该在以教材为依据的基础上向纵深拓展,结合当前时事、大事来深度分析基本原理,把教材内容讲深讲透。

三、道德教育方式

道德教育理念的突破与内容的拓展要求高校道德教育的方式相应地发展。这具体体现在,专业课程与德育课程的融会贯通、直接德育与间接德育的整合、教学方法与考核机制的创新等方面。

第一,道德教育在专业课程与德育课程中融会贯通。德育与智育之间相辅相成的关系表明,知识性认知与德育认知并不是截然分开的,个体对道德的把握并不能与其知识背景完全断裂。如果道德教育的内容与专业课所隐含的德行精神相违背,那么,个体在道德认知过程中把外在规范内化为道德信念的可能性便会大大削弱。传统的道德教育由于方式过于单一,针对性不强,造成"教"与"学"、专业课与德育课两张皮的现象。部分专业课教师责怪德育课课时过多,造成学生精力的浪费;也有部分教师在专业课时由于各种原因而产生了一些反道德教育的宣泄情绪。这些做法误导了学生,使他们片面地理解道德课程,进而影响了道德教育的成效。美国一些高校充分意识到专业课与德育课教学精神一致的重要性。卡耐基教学促进基金会主席博耶(Ernest L. Boyer)曾指出,任何一门充实的专业课程的学习都要解决三个问题:这个领域的历史与传统、它所涉及的社会与经济问题、它所面对的伦理与道德问题。① 另外,德育课程的老师也没有对不同专业学生的特殊性给予关注,造成了道德教育缺乏针对性,使不少学生认为德育课对专业学习的拓展没有帮助。可见,高校道德教育要提高有效性,就应当正视知识

---

① 陈立思.1998. 当代世界各国思想政治教育.北京:青年政治学院出版社,101

性认知与道德认知在理解、判断环节的统一性,使专业课传递的信息与德育精神相吻合。比如,对于医科专业的学生而言,高校教师在讲授医学原理的同时,可以通过插入医学伦理、职业道德方面的知识拓宽学生的思路,使学生具备更加丰厚的知识底蕴与人格。而在理科与工科学生当中,适当地讲授科技伦理思想及其研究状况,也能有效地提高学生的道德认知能力。再比如,对航天航空专业的学生而言,教师可以通过诠释航天精神的丰富意蕴来让他们体悟国防事业对国家的重要战略意义,从而增强国防观念,把对爱国主义的理解与认同提升到更高的层次。就此而言,菲律宾政府在实施公民教育中形成的经验值得借鉴。为深化爱国主义教育、公民责任教育和道德价值教育,菲律宾教育改革委员会于 2002 年推进教育课程改革,整合公民教育、自然科学课程和社会科学课程,要求"不同学科的老师,特别是教授公民课程的老师必须与其他学科老师进行学术知识交流与探讨"①。这不仅为加强公民道德建设、推进公民素质教育提供了良好的平台,而且增强了教育合力与影响力。故而,高校思想政治理论课教学应结合学生专业,有的放矢地拓展道德教育的空间,使之更能激发学生参与意识,并在教师的引导下产生道德共鸣。与此相应地,教研室在集体备课时应有多套教案,结合学生专业特点有针对性地开展教学,避免一套课件统辖整个年级的学生。鉴于教师在课件准备过程中时间与精力有限,教务系统应以专业相关系数的大小为标准对学生进行分班,或者在学生自主选课时加以适当引导。因此,高校思想政治教育应充分利用专业课的渠道,有的放矢地拓展道德教育的空间,使之更加具有针对性。

第二,改进直接德育方式,充分发挥间接德育的功能。开设专门的道德课程是高校进行直接道德教育的主要方式。美国 20 世纪四五十年代出现的道德危机使人们意识到,正规的道德课程在树立社会风尚、维系社会秩序过程中有着重要作用。也如我们在论述道德教育的必要性时指出:道德教育有效性不能等同于可能性,我们不能因课堂教育存在问题就否认与取消它,而应当着力于改进直接道德教育的方式。如教师在课堂讲授的同时,通过情境创设等方法让真正学生参与到课堂当中。情境创设是利用真实的或虚构的道德情境,让学生有如身临其境,

---

① 徐静,王传军.2009 – 05 – 23.菲改革公民教育课程深化爱国主义教育.光明日报

设身处地思考道德困境,并对此做出理性的道德判断。这一教学法在形式上与路易斯·拉斯等人的价值澄清理论相似,但在方法预设上却有所区别。价值澄清理论认为,多元化的社会必然导致绝对相对的道德原则与价值观,教师的职责旨在帮助学生澄清自身的价值观。而我国的情境创设不仅要重视学生树立参与意识与独立思考意识,同时也要帮助学生理解与认同社会规范。学生自我选择并不意味着放任自流。教师应在此过程中担任启发、指导的角色,使学生在对照过程中确立合理的道德观。与直接道德教育相对应的是间接道德教育。间接德育是指利用非课程化的手段开展道德教育。它主要包括生活指导、校园或校外活动、心理辅导、环境熏陶,可通过成立学生社团与俱乐部、心理咨询队伍等展开。在20世纪上半叶,这种方式在美国得到广泛认同,居于主流的教学地位①。间接道德德育的形式灵活多样,它有利于学生自主地选择适合自己的道德认知方式,加强德育的针对性;也有利于学生多途径地接受道德影响与熏陶,弥补直接道德教育的缺陷。然而,间接道德教育也因其隐蔽性等特点,加大了道德引导的难度。可见,两种教育方式优劣并存。直接道德教育与间接道德教育的整合不仅能使两者形成互补优势,同时符合现代社会的要求与大学生道德认知特点,促进道德教育的发展。

第三,拓宽道德教育的思路,综合运用各种教育方法。从直接教育与间接教育的角度来看。间接德育与直接教育相对应,是指利用非课程化的手段开展道德教育。从特征来看,间接德育具有潜移默化的隐性特点,能减少学生对理论灌输的逆反心理,符合其独立的精神特质,加之教育的形式灵活多样,因此,它既有利于学生自主地选择适合自己的道德认知方式,加强德育的针对性;也有利于他们多途径地接受道德影响与熏陶,在实践中反省行为的道德合理性与合法性,从而弥补直接德育的缺陷。以当代的大学生为例。由于这一群体的自主意识和个性凸显意识增强,他们更多地愿意借助社会实践和校园文化等形式,而不是课堂讲授或讲座报告方式来体悟公共生活中道德规范的社会意义。而经由学生自身的参与、体验、比照、反思和纠错而形成的道德理性判断和价值观更为稳定和牢固。

---

① 张孝宜.2000.新世纪高校政治理论教育途径与方法探索.广州:中山大学出版社,112.

故而,间接德育是学生参与实践和实施挫折教育的重要途径。假如配以合理的环境熏陶与教育引导,便能有效地让他们确立正确的价值观和端正行为方向,达到知行合一的效果。就此而言,高校在把好课堂教学关的同时,也应通过生活化的体验式实践活动拓宽学生参与的空间。如北京航空航天大学思想道德修养与法律基础课教研室每年都与学校团委、学工部等单位,联合举办新生优秀班集体答辩赛和新生演讲比赛,并把之纳入"基础"课考评体系当中。这些活动不仅构成了"基础"课课下实践教学的重要环节之一,是课堂德育的延伸,而且让学生从中体验到团结、奋进等集体主义精神,感受到道德生活的重要意义。

　　事实上,实现道德教育的方法有多种。郑永廷教授在《现代思想道德》一书中,就从社会动员的引导对策、自教自律与环境优化①等角度为道德教育提供了渠道。具体而言,道德教育的方法可分为课堂讲授、情境创设、认知刺激等直接方式,以及榜样效应、校园活动等间接方式。以榜样教育为例。榜样教育是利用先进人物的思想、事迹及正面形象,为大学生的行为提供行动参照。它不仅是发挥先进典型的激励作用的一种行之有效的方法,使落后的个体能控制、调节和矫正自身的言行,而且能使先进的个体激励和鞭策自己,产生你追我赶的双向效应。亚里士多德也以公正与节制为例对榜样教育的功能做了阐释:行为者"并不是仅仅由于他做了这些事情而成为公正的和节制的,而是因为他像公正和节制的人那样做这些事情"②。而香港特别行政区与美国、日本等国家在道德教育上也有不少值得借鉴的方法。比如,香港为进行德育而设计的"才能展翅计划""摘星计划"及"开放日"③等有利于学生培养道德认知能力。另外,柯尔伯格也提出了"认知刺激"法作为道德教育的重要方式。认知刺激方法与前述的情境创设有所相似,它是对"苏格拉底"辩论式启发的继承。认知刺激的核心在于借助教师从旁引导,启发学生积极思考与自主解决两难困境。这能够使学生参加到道德判断当中,而非决断地给出唯一的解决方法,从而提高道德认知能力。

　　第四,完善道德教育考核体系。考核是对道德教育效果的反馈与反映。采取

---

　　①　郑永廷.2000.现代思想道德教育理论与方法.广州:广东高等教育出版社,198~297

　　②　亚里士多德.1990.尼各马科伦理学.苗力田译.北京:中国社会科学出版社,30

　　③　郑永廷,李萍,钟明华等.2001.粤港澳台高校德育比较研究.广州:中山大学出版社,71

何种评估制度和量化机制,将会影响到教育的方式与成效。传统的道德教育考核主要采用单一的卷面测验形式,借助填空题、选择题、判断题与问答题等题型来要求学生给出与规范相一致的答案。这种测评方式一方面导致了教师沿用应试教育的授课模式,另一方面也使学生以背诵、默写等工具性的学习形式来认识伦理规范,而没有真正透彻理解道德规范的意义。表面看来,学生似乎习得了某种道德规范,实际上,高分背后隐藏着大学生合理的道德观的缺失,潜藏着道德判断力低下的危机。现代高校道德教育应当改变这种应试教育与德目教育的评估方式,不能仅止于一两次的中(终)期考核就贸然断定学生的道德素质。在课堂考核过程中,我们可以扩大道德分析题的比例,这不仅可以考查学生的道德认知与分析能力,同时,学生的判断标准也为教育者了解受教育者的道德状况,从而有针对性地开展教育提供了内容。除了卷面考核以外,大学生在课堂表现、活动参与和实践生活中的表现,辅导员与同学之间的评价也有助于教育者给出更加客观的评价。通过期末考试和平时考核双轨制等形式来评价学生道德素质水平,才会更客观全面地评价学生的学习情况。

高校道德教育是一个全方位的过程,应通过立体式的方式提高教育成效。比如,如何使学生深入领会"爱国守法、明礼诚信、团结友善、勤俭自强、敬业奉献"的基本道德规范呢? 显然,单靠课堂上抽象地逐字解释很难使学生把这些道德规范内化于心。教师在课堂讲授过程中,不仅应结合各专业学生的不同特点,把职业道德、诚信素质、团队精神等具体化到每个行业当中,而且应把德育课与专业课所体现的精神贯通起来;不仅采用直接授课的方式,而且借助教师言传身教、社团活动、知识竞赛等间接方式;不仅从理性的角度阐述公民道德规范基本守则的内涵、规范确定的历史发展、现实意义,而且应当从受教育者的认知特点出发,有针对性地设计道德情境或两难困境,让学生真正参与道德判断与道德选择。道德教育理念的转变要求方式上相应地加以改进。只有合理整合专业课程与德育课程、直接德育与间接德育,灵活采用教学方式与考核方式,才能有效地提高学生道德认知能力,实现高校道德教育的目标。

第四章

加强宣传思想工作,强化高校思想政治教育的方向引领

思想宣传关系到党和国家的前途命运、中华民族的向心力与凝聚力,以及中国特色社会主义事业的发展进程。做好新形势下的宣传思想工作,有助于从理想信念、价值理念、道德观念等方面把人民紧紧团结在一起,为服务党和国家事业全局做出更大贡献。作为中国特色社会主义高校,高校应充分认识到宣传思想工作的作用,把它摆在具全局性的位置上加以重视,坚持以马克思主义为指导,全面贯彻党的教育方针,要坚持不懈传播马克思主义科学理论,抓好马克思主义理论教育。另一方面,纵观世界各国发展历程,实际上,绝大部分国家都重视且在很大程度上注重利用高等教育等环节来强化与推进意识形态宣传工作。对此,布热津斯基(Brzezinski Z.)曾一针见血地指出:"美国已经成为那些寻求高等教育者的圣地,有近五十万的外国学生拥向美国,其中很多最有能力的学生永不再回故国。在世界各大洲几乎每一个国家的内阁中都能找到美国大学的毕业生。"换而言之,高等教育中的意识形态渗透"为美国发挥行使间接的和似乎是经双方同意的霸权创造了一个更加适宜的环境"①。因此,在宣传思想工作上增强主动性、掌握主动权变得尤为必要且重要。唯此,才能积极应对改革创新发展过程中出现的新问题,认清西方意识形态的渗透,并采取积极有效的应对措施。

鉴于此,高校需深刻理解宣传思想工作的重要意义,在思想政治教育过程中,以创新理念,运用多种途径,把好思想宣传关,做好思想宣传工作,提升思想宣传

---

① 布热津斯基 . Z 2007. 大棋局——美国的首要地位及其地缘战略 . 中国国际问题研究所译 . 上海:上海世纪出版集团,35

水平。

第一节　宣传思想工作的重要意义及经验启示

一直以来,中国共产党极为明确宣传思想工作的必要性和重要性,着力于做好宣传思想工作。对此,毛泽东同志曾具有概括性地指出:"掌握思想领导是掌握一切领导的第一位。"①这不仅反映了思想引领的重要意义,而且体现了党对宣传思想工作的高度重视。而思想领导之所以重要,在很大程度上是因为,"主义譬如一面旗子,旗子立起了,大家才有所指望,才知所趋赴。"②

围绕宣传思想工作中存在的问题,邓小平同志也曾多次强调要做好宣传思想工作。例如,针对其时的宣传工作缺乏积极性与主动性,没有"理直气壮而又有说服力地宣传四项基本原则"的问题,他要求,"加强思想政治工作,改进宣传工作,已经作为保证这次调整的顺利实现、巩固安定团结的政治局面的一项极端重要的任务,摆在全党同志面前。"③而后,在1980年1月16日发表的题为《目前的形势和任务》的讲话中,他再次指出:"要使我们党的报刊成为全国安定团结的思想上的中心。报刊、广播、电视都要把促进安定团结,提高青年的社会主义觉悟,作为自己的一项经常性的、基本的任务。"④

与之相似,以江泽民为核心的第三代中央领导集体也十分重视宣传思想工作。在1996年1月24日发表的《宣传思想战线的主要任务》讲话中,江泽民同志指出:"宣传思想工作在全党工作中具有特殊重要的地位和作用。党的理论、路线、方针、政策,国家的法律、法规,都要通过宣传思想工作灌输到群众中去。宣传思想工作部门担负着宣传群众、动员群众、教育群众、提高群众的责任。我们要集中精力把经济建设搞上去,促进社会全面进步,需要宣传思想工作提供有力的保

---

① 毛泽东.1993.毛泽东文集(第2卷).北京:人民出版社,435
② 毛泽东.2008.毛泽东早期文稿.长沙:湖南人民出版社,554
③ 新华社新闻研究所.1998.邓小平论新闻宣传.北京:新华出版社,132
④ 新华社新闻研究所.1998.邓小平论新闻宣传.北京:新华出版社,3

障。只有全党全国人民目标明确、思想统一、精神振奋、行动一致,建设中国特色社会主义事业才能顺利前进。"①由此,他提出要以科学的理论武装人,以正确的舆论引导人,以高尚的精神塑造人,以优秀的作品鼓舞人。

以胡锦涛为核心的领导集体同样也强调了宣传思想工作的意义。在2003年召开的全国宣传思想工作会议中,他明确指出:"切实做好新形势下的宣传思想工作,是坚持和巩固马克思主义在意识形态领域指导地位的需要,是全面建设小康社会,促进社会主义物质文明、政治文明和精神文明协调发展的需要,是加强党的执政能力建设、提高党的领导水平和执政水平的需要。在全面建设小康社会的伟大进程中,宣传思想工作任务很重。要用时代的要求来审视宣传思想工作,用发展的眼光来研究宣传思想工作,以改革的精神来推动宣传思想工作,努力使宣传思想工作更好地体现时代性、把握规律性、富于创造性。"②而在2008年与全国宣传思想工作会议代表座谈时,胡锦涛同志又一次强调:"要牢牢掌握宣传思想工作的领导权和主动权,高举伟大旗帜,唱响奋进凯歌,振奋民族精神,服务人民大众,以更深刻的认识、更开阔的思路、更有效的政策、更得力的措施,着力建设社会主义核心价值体系,着力巩固壮大主流思想舆论,着力推进改革创新,推动社会主义文化大发展大繁荣,提高国家文化软实力,为继续解放思想、坚持改革开放、推动科学发展、促进社会和谐营造良好氛围,为夺取全面建设小康社会新胜利、开创中国特色社会主义事业新局面提供强大思想文化保证。"③

如今,以习近平同志为核心的新一届中央领导集体更是把宣传思想工作摆在全局工作的重要位置,把统一思想、凝聚力量作为宣传思想工作的中心环节。在2013年的全国宣传思想工作会议上,习近平总书记指出了该项工作的重要意义,把意识形态工作看作党的一项极端重要的工作。他站在党和国家全局的高度,围绕宣传思想工作问题做出了重大部署,明确了新形势下宣传思想工作的方向目

---

① 全国宣传部长会议(1996年1月22—26日). http://dangshi.people.com.cn/GB/151935/176588/176597/10556532.html

② 2003年12月5日至7日中共中央召开全国宣传思想工作会议. http://www.scio.gov.cn/zhzc/6/2/Document/1058240/1058240.htm

③ 胡锦涛在同全国宣传思想工作会议代表座谈时发表讲话(2008年). http://www.wenming.cn/ziliao/zhongyaolunshu/hujintao/201204/t20120409_600423.shtml

标、重点任务和基本遵循。他指出,宣传思想工作就是要巩固马克思主义在意识形态领域的指导地位,巩固全党全国人民团结奋斗的共同思想基础。具体而言,宣传思想工作要把围绕中心、服务大局作为基本职责,胸怀大局、把握大势、着眼大事,找准工作切入点和着力点;坚持团结稳定鼓劲、正面宣传为主,巩固壮大主流思想舆论;坚持来之不易的宝贵经验,抓好理念创新、手段创新、基层工作创新,"努力以思想认识新飞跃打开工作新局面,积极探索有利于破解工作难题的新举措新办法,把创新的重心放在基层一线";宣传阐释好中国特色,讲好中国故事,传播好中国声音。而要做好这些工作,就应采用恰当的方法。"坚持团结稳定鼓劲、正面宣传为主,是宣传思想工作必须遵循的重要方针。我们正在进行具有许多新的历史特点的伟大斗争,面临的挑战和困难前所未有,必须坚持巩固壮大主流思想舆论,弘扬主旋律,传播正能量,激发全社会团结奋进的强大力量。"与此同时,在全面对外开放的条件下做宣传思想工作,一项重要任务是引导人们更加全面客观地认识当代中国、看待外部世界。这要求做到"宣传阐释中国特色,要讲清楚每个国家和民族的历史传统、文化积淀、基本国情不同,其发展道路必然有着自己的特色;讲清楚中华文化积淀着中华民族最深沉的精神追求,是中华民族生生不息、发展壮大的丰厚滋养;讲清楚中华优秀传统文化是中华民族的突出优势,是我们最深厚的文化软实力;讲清楚中国特色社会主义植根于中华文化沃土、反映中国人民意愿、适应中国和时代发展进步要求,有着深厚历史渊源和广泛现实基础。中华民族创造了源远流长的中华文化,中华民族也一定能够创造出中华文化新的辉煌。独特的文化传统,独特的历史命运,独特的基本国情,注定了我们必然要走适合自己特点的发展道路。对我国传统文化,对国外的东西,要坚持古为今用、洋为中用、去粗取精、去伪存真,经过科学的扬弃后使之为我所用。"①

同样,在2018年全国宣传思想工作会议上,习近平总书记再次强调了意识形态工作的重要意义,认为"建设具有强大凝聚力和引领力的社会主义意识形态,是全党特别是宣传思想战线必须担负起的一个战略任务"。在此基础上,他高屋建瓴地指出,"要把坚定'四个自信'作为建设社会主义意识形态的关键,坚持马克思

① 习近平.2014.习近平谈治国理政.北京:外文出版社,155~156

主义在我国哲学社会科学领域的指导地位,建设具有中国特色、中国风格、中国气派的哲学社会科学。""完成新形势下宣传思想工作的使命任务,必须以新时代中国特色社会主义思想和党的十九大精神为指导,增强'四个意识'、坚定'四个自信',自觉承担起举旗帜、聚民心、育新人、兴文化、展形象的使命任务,坚持正确政治方向,在基础性、战略性工作上下功夫,在关键处、要害处下功夫,在工作质量和水平上下功夫,推动宣传思想工作不断强起来,促进全体人民在理想信念、价值理念、道德观念上紧紧团结在一起,为服务党和国家事业全局做出更大贡献。"这要求我们"自觉承担起举旗帜、聚民心、育新人、兴文化、展形象的使命任务。举旗帜,就是要高举马克思主义、中国特色社会主义的旗帜,坚持不懈用新时代中国特色社会主义思想武装全党、教育人民、推动工作,在学懂弄通做实上下功夫,推动当代中国马克思主义、21 世纪马克思主义深入人心、落地生根。聚民心,就是要牢牢把握正确舆论导向,唱响主旋律,壮大正能量,做大做强主流思想舆论,把全党全国人民士气鼓舞起来、精神振奋起来,朝着党中央确定的宏伟目标团结一心向前进。育新人,就是要坚持立德树人、以文化人,建设社会主义精神文明、培育和践行社会主义核心价值观,提高人民思想觉悟、道德水准、文明素养,培养能够担当民族复兴大任的时代新人。兴文化,就是要坚持中国特色社会主义文化发展道路,推动中华优秀传统文化创造性转化、创新性发展,继承革命文化,发展社会主义先进文化,激发全民族文化创新创造活力,建设社会主义文化强国。展形象,就是要推进国际传播能力建设,讲好中国故事、传播好中国声音,向世界展现真实、立体、全面的中国,提高国家文化软实力和中华文化影响力"①。不难看出,这是继 2013 年 8 月 19 日的全国宣传思想工作会议重要讲话后的又一次战略部署,为指导新形势下党的宣传思想工作提供了纲领性文件。

通过上述分析不难看出,宣传思想工作是关系全局的重要工作。不管在革命时期、新中国成立初期抑或国家发展与不断壮大的时期,中国共产党始终重视做好宣传思想工作,并不断把工作向纵深推进。

---

① 习近平出席全国宣传思想工作会议并发表重要讲话. http://www.gov.cn/xinwen/2018 - 08/22/content_5315723.htm

而党在宣传思想工作方面积累的经验,为高校开展相关工作提供了政策指导和经验指导。① 这集中体现在以下几个方面。首先,服务大局,围绕中心开展宣传工作。作为党的工作的重要组成部分,思想宣传工作应服务于党的总的路线、方针、政策,在政治上与发展路线相一致,为党的政治路线服务。当然,各个时期党的工作中心不同。因此,针对具体工作,应该采取相应的宣传思想策略。其次,走群众路线,教育群众更要学习群众。联系群众、发动群众、一切工作为了群众是党的一贯工作路线。坚持群众路线是党的事业取得胜利的关键环节。由于群众路线是指导党一切工作的基本工作方法,因此,宣传思想工作尤其应该受到重视。最后,宣传思想工作应重视效果,要有灵活性和策略性。宣传思想工作从来不是为了宣传而去宣传,而是以最终效果作为成功的标准。要做到重视宣传的效果,就要坚持理论与实际相结合。重视理论学习,更要将知识付诸实践环节。

在中国特色社会主义理论体系稳步发展的过程中,中央高度重视党的宣传思想工作建设,走出了一条马克思主义中国化的发展道路。在新形势下,党的领导核心对宣传思想工作提出了新要求。这就要求我们要认真学习中国化的马克思主义宣传思想理论,结合实际开展宣传工作,创新宣传思想工作理论,切实提高高校思想宣传水平。在这一实践过程中,我们可以借鉴党的宣传思想理念,以围绕中心、贴近群众、注重宣传效果与创新等方式,丰富当前高校宣传工作的核心内涵。

第一,围绕中心,创设多种途径营造宣传气氛。要全面推进高校师生精神层面的发展,就要从多方面开展工作。首先,要在高校大力加强、改进党的理论宣传和舆论导向,加强中国特色社会主义和中国梦的宣传教育。中国梦是每一个国人实现全民族伟大复兴的梦想,更是追求发展进步的现实诉求。要实现经济的全面发展,就应使宣传思想工作深入每个国人心中,让高校师生明确自己的社会角色与历史使命。其次,要为改革发展稳定大局营造良好的思想舆论环境。良好的思想舆论环境能为改革发展提供良性氛围,让改革发展的步伐更加稳健。营造良好

---

① 本人指导的研究生杨帅撰写了本小节中关于党的宣传思想工作经验及其对高校的引导作用部分。

的思想舆论环境,就是要加强高校信息传播的透明度和全面性,要重视学生的心声。借助微信、微博等网络平台,高校可加强与学生之间的信息互动,引导他们理性、客观、全面地对各种社会事件进行分析与判断,从而促进社会的和谐与稳定。最后,要重视校园文化建设,增强校园文化软实力,促进教育事业的稳定发展。针对高校当中教师、学生群体存在的校园文化自信缺失、大学品牌概念模糊等一系列问题,要着力打造校园品牌,凝练校园精神。通过重视高校的精神文明与物质文化建设,拓宽宣传渠道,增强师生对校园的认同感,从而卓有成效地完成思想政治工作。

第二,创新调查,及时行动健全舆情机制。"从群众中来,到群众中去"的工作理念,要求高校做到以调查促进宣传,以宣传促进调查,能动、发展地建立自身的宣传机制。作为科学研究的前沿阵地,当前高校思潮涌动,舆情复杂。到学生群众中去做调查,就是要亲自去调查、收集舆情,充分倾听学生群体中的不同声音。而建立健全高校舆情搜集机制,将有助于高校管理者客观地分析学生和教师的社会心理,从而更为及时有效地加以应对。这要求高校在实际宣传思想工作中,要把预防作为首要工作。物必先腐,而后虫生。高校要通过心理健康辅导中心、辅导员心理辅导机制等多种方式,防微杜渐,及时引导教师、学生舆论走向。与此同时,高校应通过学生动员等方式,健全舆情收集机制。在日常的教学生活中,通过师生之间、学生之间无障碍的交流,教师可以及时关注学生群体的思想动态,了解他们对社会焦点事件或校园突发事件等问题的看法;此外,舆情搜集要全面、具体、及时,只有全面客观地反映舆情,才能透过校园这个"小社会"分析"大社会"。另一方面,随着人们对微媒体等新兴传媒关注度的不断提升,网络舆情表达的手段也在不断创新;同时,表达手段的微型化使得对舆情的监管变得越发困难。随着网络媒体影响力越发广泛,高校的相关部门须及时应对,并加以引导。例如,2013 年 12 月 3 日,一则"外国青年扶摔倒女士遭索赔"的消息在网络各大媒体中迅速传播。尽管对普通市民而言,舆情复杂,实情难辨,但事发后,北京市公安局迅速展开调查行动,跟进调查,并通过官方微博"@平安北京"及时通报实情,澄清谣言。这一做法使得不利舆情迅速化解,成为官方舆情运作机制的成功范例。因此,高校应从中借鉴经验,通过健全高校舆情机制,切实提升高校思想政治工作的水平。

第三,重视创新,两手抓兼顾理论实践。注重创新一直是党建工作的特色与亮点。针对毛泽东同志反对本本主义理论,邓小平同志做了深刻诠释,强调了解放思想、敢于创新的优良作风。他曾深入指出:"思想不解放,思想僵化……条条框框就多起来了……随风倒的现象就多起来了……不从实际出发的本本主义也就严重起来了。"①而在全国宣传思想工作会议上,习近平总书记强调,宣传思想工作的创新重点要抓好理念创新、手段创新、基层工作创新,努力以思想认识新飞跃打开工作新局面,把创新的重心放在基层一线。作为教育事业的基层一线,高校应该重视创新在高校宣传思想工作中的重要性。自 21 世纪以来,蓬勃生长的互联网,作为继报纸、广播、电视之后的"第四媒体",互联网的信息呈几何式增长态势。针对当代舆论传播方式的改变,宣传工作方式的创新变得尤为重要。在微博、微信、"人人网"等师生聚集的虚拟环境中,宣传工作要紧随其后展开,这也符合"到群众中去"的理论思想。具体到高校宣传思想工作方式上,可以从以下两个方面把握工作重心。一方面,高校应创新展示方式。比如,把文字、图片、电影、话剧等宣传方式融入互联网当中,让教师、学生可以足不出户接受宣传思想教育。这种宣传方式的优势在于,节省聚集教育对象的时间,提高了宣传教育的效率。与此同时,在校园内利用新兴的电子广告牌及时播发校内校外新闻,也可在师生身边及时传递"正能量"。另一方面,高校应创新交流方式。如今,互联网的多媒体宣传方式不仅传播来自管理者的声音,而且有助于师生群体中不同的声音直接交流思想。以探讨、辩论的方式进行宣传教育,有利于推进思想宣传工作的多样性、灵活性、全面性。而在思想政治理论课的传统的授课方式基础上,也可通过创建校内 SNS 门户网站,为师生探讨理论知识、新闻话题等营造互动启发式的教学环境。

---

① 邓小平.解放思想,实事求是,团结一致向前看.2008 – 10 – 06. http://news.ifeng.com/mainland/special/zgsqjszqh/others/200810/1006_4778_818636.shtml

第二节　以话语体系的建构推动高校宣传思想工作

　　话语是思想文化和价值观念的重要载体。合宜的话语有助于人们理解思想理论,形成观念认同,达成价值共识。而话语体系的建构则是深入且全面把握话语的核心要义,理清话语与思想的关系,并多角度地打造话语的品牌、优化话语内容、创新话语方式的有力体现。而之所以要重视话语及话语体系的建构,在很大程度上是因为,"话语体系是一个国家软实力和巧实力的集中体现,蕴含着一个国家的文化密码、价值取向、核心理论,决定其主流意识形态的地位和国际话语权的强弱。话语和话语体系为话语权服务,是话语权的基础。话语权的巩固与提升,既取决于国家的硬实力,又直接体现为话语的成熟和话语体系的完善。"① 而要建构与完善话语体系,就应当在话语方式上下功夫。诚如习近平总书记在 2018 年全国宣传思想工作会议上指出,要让党的创新理论为人们所知悉与接纳,就要创新话语方式。② 因此,高校思想理论的有效传播离不开话语方式的创新与话语体系的建构。相关工作要取得成效,就应注重以动态、体系化的方式统合政治话语、中国话语、学术话语、民众话语,充分发挥其作用,从而帮助学生理解与认同课程内容,让他们真懂、真信、真服、真用,真正做到入耳、入脑、入心。

---

① 韩庆祥,陈远章.2017 - 05 - 16.建构当代中国话语体系的核心要义.光明日报.围绕话语体系的内涵与作用问题,不同学者从不同角度进行了阐释。与韩庆祥等的观点相似,有学者认为:"话语体系承载着一个民族国家特定的思想文化、价值观念,是国家软实力的重要组成部分,中国话语体系是中国的特定文化基因密码。"也有学者认为,话语体系是思想理论体系与知识体系的外在表达形式,它以工具性构架承载着特定的思想。参见杨鲜兰.构建当代中国话语体系的难点与对策.马克思主义研究,2015(2):59 - 65;王永贵、刘泰来.打造中国特色的对外话语体系——学习习近平关于构建中国特色对外话语体系的重要论述.马克思主义研究,2015(11):5 ~ 14

② 习近平出席全国宣传思想工作会议并发表重要讲话.http://www.gov.cn/xinwen/2018 - 08/22/content_5315723.htm

一、高校思想政治教育工作话语表达的现实困境

尽管话语方式与话语体系在思想传播过程中发挥着重要作用,但高校以往的思想政治教育工作并没有把它作为课程建设重点,政治话语、中国话语、学术话语与民众话语并没有得到足够重视。这不同程度地导致了教育方向的不明晰、教育内容的不明确、教育效果的不明显等问题。

一是政治话语淡化。引导学生牢固树立社会主义理想信念和价值追求既是高校思想政治教育的重要目标,也是其本质要求。实际上,理想信念的树立在很大程度上立足于特定的政治理念、政治信仰和政治认同。就此而言,理想信念以政治信念为载体,并通过个体对政治信念的践行得以展现。而政治信念的树立离不开特定政治话语的支撑与助力。唯有在特定的政治话语中,政治信念才能获得正当性说明,其合理性才能得到系统全面的表达,进而增强自身的说服力、感染力和影响力。然而,在原有的思想政治教育中,政治话语并没有得到应有的重视,甚或被漠视或淡化。除此以外,受西方不良思潮影响,部分教育者过于强调包括思想政治教育作为社会科学规律性的一面,而忽略其内在蕴含的价值判断、意义阐释、意识形态等方面的特性。这造成教育过程中有部分工作者有意或无意地对政治话语避而不谈或一带而过,或者混淆思想政治教育与自然科学的区分而过于强调所谓科学化、实证性,又或者忽视理论对实践的升华和指引,片面追求经验化、通俗化,甚至是娱乐化、碎片化,最终导致教育方向的模糊,思想政治教育效果被大大削弱。

二是中国话语缺失。人文社会科学有别于自然科学。前者对社会结构、公共制度和发展规律等的把握并非仅仅依靠方法、框架和思维逻辑,更重要的是,它与研究的视角密切相关,取决于特定的价值观照。诚如马克斯·韦伯指出的,社会事实是在特定价值视野中得以呈现并成为研究对象的,价值观念影响人们对事实的关注。① "意义—价值之于社会行动犹如时间—空间之于自然现象,它们都参

---

① 韦伯. M. 1998. 社会科学方法论. 韩水法等译. 北京:中央编译出版社

与了对象—事实的构成。"①换言之,针对同一现象,从不同的立场或视角出发,往往会得出相异的甚或是大相径庭的结论。应当承认,当前我国在自身话语体系的建构方面仍有待加强。相比之下,西方的社会科学起步较早,已形成了一套相对系统的概念、范畴、观点和理论,为人们理解与研究社会问题提供了有益参考。但如果以西方的概念、范畴、观点、理论为基础来看待中国实际、思考中国问题与制定相关政策,却缺乏对这些理论框架和分析工具之内在价值预设的审视与反思,没有深刻理解其方法论产生的背景与适用的范围,就容易出现"水土不服"。这部分地表现为,所得结论与当前实践或大众认知存在较大偏差和分歧;对现行政策制度的态度仍停留于破坏性批判甚至全盘否定,注重"破"而不谈"立"。由此可见,假如没有形成中国特色的理论和话语体系,缺乏分析自身问题的视角和框架,缺乏对实践的观照并且没能充分重视其价值意义,教育的内容就变得难以自圆其说,而学生也容易在思想上模糊不清、在信念上摇摆不定。

三是学术话语缺位。如今,信息传播和知识获取渠道更加多样,社会思潮和价值诉求越发多元。在这种时代背景下,以知识灌输为主的单向度的传统教学方式难以满足学生的需求,容易造成教学内容"不解渴",教学方式不到位。这倒逼着教育要尊重学生认知规律与认知程度,以师—生交互主体、双向互动的教育模式,使学生不仅知其然,更要知其所以然。唯此,才能真正有效地帮助他们在理解的基础上把教育内容和价值观念内化为自身的价值追求。要做到这一点,就要通过学术话语的支撑,借助学术最新成果,从理性分析的角度解答学生的问题。而这恰恰是以往高校思想政治教育所欠缺的。由于思想政治教育曾一度被认为只要求传播中央文件和精神,因此,一些原本具有学术意味与思想底蕴的理论从学术话语中被剥离出来,其精髓和价值没有被充分重视、缺乏必要研究。其结果是,科研与教学无法形成良性对接——研究者日益远离现实、闭门造车,而教师则在课堂或是空喊口号、满堂灌,或是用西方学术话语强制阐释中国问题——高校思想政治教育中"理不亏而词穷"的现象较为严重,而学生对教学内容的把握停留于

---

① 姚俊廷. 在"事实"与"价值"之间——马克斯·韦伯学术方法的法理学启示. 北方法学. 2009
(5).

死记硬背阶段而难以入脑入心,学与信、知与行存在割裂。显然,这并不利于有效树立正确的理想信念。

四是与民众话语的疏离。思想源于实践,也应在解释实践与指导实践中体现自身的现实意义。在信息技术不断更新发展、互联网应用越发普及广泛的今天,民众话语具有传播更便捷、主体更多元、表达更多样等特点,其影响也日益扩大,逐渐成为高校学生认识社会与了解现实的重要载体。鉴于此,教育应关注社会关心的热点,具有问题意识与现实观照,拉近教育者与受教育者的距离。然而,以往的高校思想政治教育对民众话语缺乏足够关注。这部分地表现为,教育者或者难以对民众话语中具批判性的内容进行理性且深刻分析,难以给出令人信服的回应与回击;或者漠视民众话语中的利益诉求,难以从理论上给出符合实际情况的建议。这导致高校思想政治教育的关注点常常局限于象牙塔内或停留于陈年旧事,无法对当下发生的问题做出阐释,难以吸引学生的注意力,更难以取信于人。

二、高校思想政治教育工作话语创新的理论进路

要充分发挥高校思想政治教育的育人功能,就应以动态、体系化的方式统合政治话语、中国话语、学术话语、民众话语,使之成为核心突出、特色鲜明、支撑有力、视域广阔的有机整体,从而提升高校思想政治课的质量。

首先,进一步突出政治话语的核心地位。鉴于政治话语与政治认同、理想信念密切关联,高校思想政治教育在内容、方式和效果评估等方面都应加强对它的建设。在教育内容方面,要旗帜鲜明地坚持以马克思主义为指导,坚持以人民为中心。这既在本质上区别于西方教育,又在特色上体现我国教育的优势,是我们分析问题、研究问题、看待问题的价值基础和理论框架,也是高校思想政治教育的核心要求和根本遵循。因此,应切实把马克思主义以及马克思主义中国化的一系列重要成果讲清讲透,坚决防止与避免"对马克思主义理解不深、理解不透,在运用马克思主义立场、观点、方法上功力不足、高水平成果不多,在建设以马克思主义为指导的学科体系、学术体系、话语体系上功力不足、高水平成果不多";避免"模糊甚至错误的认识";避免"马克思主义被边缘化、空泛化、标签化,在一些学科

中'失语'、教材中'失踪'、论坛上'失声'"的状况。① 另一方面,教育者应充分发挥引领带动作用。"学为人师,行为世范。"教育者不仅仅承担知识传播与授业解惑的重任,他们的行为对受教育者有着潜移默化的感染与影响,具有示范效应——在某种意义上,后者对学生的影响更大、更深远。因此,教育者自身应明确政治方向,增强政治认同,站稳政治立场,敢于运用政治话语,善于运用话语体系,坚决避免在政治问题上遮遮掩掩、态度暧昧。这将有助于学生在感同身受的基础上实现由认知到认同、由知识到信念的转化。

其次,进一步体现中国话语的鲜明特色。高校思想政治教育要卓有成效地引导学生树立正确的理想信念、明确价值原则与培养理性思维,就应当建立符合自身特色的中国话语,植根于中国的社会现实和文化传统,立足于中国的价值追求和国家利益,探索符合中国实际的理论框架和分析工具。唯此,才能使知识符合于现实经验,使理论得到具体的支撑,使观点能够有效地表达,从而在引导影响学生方面发挥更大的作用。

要做到这一点,可从三个方面着力。第一,关注中国的问题。中国问题是学生最为关心、最能直观把握的现实。能否客观描述现象、准确分析原因并在此基础上合理论证现有政策措施及未来发展路径,将直接影响学生对教育内容的接受程度。可以说,对学生关心的现实问题予以有说服力的回应,是学生理解、接受与认同教育内容的前提,反之,在中国问题上的失声会使教育效果被大大削弱。第二,立足中国价值。如前所述,价值立场是解释现象与剖析问题的原点。在开展思想政治教育时,应站稳中国立场,明确中国价值,以此为基础对现实问题进行分析、研判与解读。这要求高校思想政治教育者在价值判断层面具有清醒认识,在选择阐释实践问题的框架和工具时,理性地审视、剖析与扬弃一些社会流行的观点或思潮(西方学界的观点所隐含的价值预设和伦理原则)。在价值契合的层面上有说服力地解析现实问题,有效引导学生。第三,善用中国表达。以学生乐于接受、易于接受的方式表达中国理念,是高校思想政治教育取得成效的重要因素。对此,习近平总书记曾指出:"在解读中国实践、构建中国理论上,我们应该最有发

---

① 习近平. 2016 – 05 – 19. 在哲学社会科学工作座谈会上的讲话. 人民日报(第2版)

言权……要善于提炼标识性概念,打造易于为国际社会所理解和接受的新概念、新范畴、新表述……"①因此,高校思想政治教育应改变以往"有生活无概念""有实践无理论"的局面,挖掘中国优秀传统文化的理论资源,展现中国现实和中国逻辑,研究探索既符合认知科学和传播规律,又具有中国特色、植根中国实践的原创性概念和表述,以中国故事、中国声音为核心,以中国概念、中国表达为框架,切实打造高校思想政治教育的中国话语体系。

再次,进一步完善学术话语的思想支撑。作为具有一定知识基础和理性思维的高校学生,其观念的生成与信念的内化不仅需要情感上的共鸣,更需要认知层面的理解;不仅来源于知识的灌输,更取决于自身的理性认同。而学术话语的特点在于,它不仅回答"是什么"的问题,而且注重解释"为什么"和"怎么办"等,不仅呈现言说的结论,而且强调严谨且有逻辑的推导分析过程。因此,它能从理性思维的层面把问题讲得更清楚、更透彻,能使诠释方式更客观、更全面,能让观点更具信服力与内渗力。而从受教育者的角度来看,它可以使价值、理念、观点更为符合理性认知的需要,使被教育者从被动灌输转变为主动认同,从而更大程度上避免被教育者的逆反心理,因而也更容易实现从知识到信念的升华。

要完善学术话语,就应正确看待它与政治话语、中国话语之间的关系。一方面,学术话语应与政治话语有机结合。在人文社会科学领域,学术思想在某种程度上蕴含了政治立场,是研究者从一定的视角和逻辑出发表达特定政治观念的重要方式。因此,高校思想政治教育应避免所谓的价值中立陷阱,正确认识学术与政治的关系,在此基础上实现教学与科研的良性对接,通过及时引入最新学术成果、完善创新学术话语,推动高校思想政治教育更为立体化、系统化,更具时代性和创新性。另一方面,学术话语应与中国话语紧密交融,而不能照搬西方话语体系。在创新运用学术话语过程中,固然离不开对包括西方学术界在内的世界优秀学术成果的吸收借鉴,但更根本、更基础的还是应立足于中国的历史逻辑和实践逻辑,总结中国的实践成就和理论创新,形成具有自身特色的新概念、新范畴、新命题、新表述等。从根本上来说,这些新载体背后离不开丰厚的思想资源。"话语

---

① 习近平 . 2016 - 05 - 19. 在哲学社会科学工作座谈会上的讲话 . 人民日报(第 2 版)

背后是思想、是'道'。"①因此,创新学术话语体系要恰当把握器与道之关联,正确处理古与今、中与外的关系,从中国的具体实践、中国特色社会主义理论体系、中华优秀传统文化与西方中汲取养分,从而增强自身话语权,焕发出勃勃生机。由此,我们构筑起具有中国特色的原创性学术话语体系,避免在阐释重大问题、特别是中国社会现实问题时"失语",为讲述中国故事与阐明中国道路提供强有力的学理支撑。

最后,进一步关注民众话语的现实诉求。针对"民间舆论场"已构成高校学生了解社会之重要渠道的现状,高校思想政治教育要取得实效,就应当对民众话语给予足够关照,以更接地气的视角和方式,在与现实互动的基础上赋予自身生命力和生长点。而对民众话语的关顾,既要求充实内容,又要求拓展方法。在内容层面,要关注民众话语所反映的群众诉求,既分析其产生的背景原因,又澄清问题解决的前景、理念、路径,同时还应梳理和阐释与问题相关的已有政策,从而通过"点—线—面"相结合的方式,增强学生对中国特色社会主义的信心。另一方面,对民众话语中具批判性、负面的内容也应有针对性地予以回应,而不能视而不见、置之不理。对暗藏西方意识形态输出的刻意歪曲、误导民众的观点和思潮,应揭示其理论预设,并通过明晰我国的发展成就和理论成果,实现正本清源。对现存的社会问题,应在全面分析我国发展阶段、客观实际和社会基础等因素的基础上,通过纵向横向的比较,引导学生理解问题存在的客观原因,并在增强发展信心的基础上共同正向地探讨解决问题的路径,从而在树立正确理想信念的同时,培养学生的责任感和使命感。在方法层面,教育者要把握民众话语的内在逻辑和表述特点,以学生愿意听、听得懂的方式,拉近与学生的距离,在积极互动中提高教育成效。

与此同时,我们还应当重视话语的表达技巧。面对学生,在理论讲授的同时,还应善用叙事方式表达思想,讲好中国故事。"'讲故事'是人际沟通的基本形式,也是国际传播的重要方式。讲故事不同于概念对概念的解释、定义对定义的介绍,而是要用受众可参照、可比较、听得懂的方式与内容,用他们习惯的方式介绍

---

① 习近平. 2016－05－19. 在哲学社会科学工作座谈会上的讲话. 人民日报(第2版)

中国,有情节、有情感地娓娓道来,让读者如沐春风、身临其境,进而收到春风化雨、润物无声的上佳效果。事实证明,'讲故事'的影响力、吸引力、感染力要远胜于概念的简单化传播。以'中国梦'为例,当新一届中央领导集体提出'中国梦'这一理念的时候,国际社会有很多质疑,'中国梦究竟是什么''中国梦的概念从何而来''中国梦与美国梦有哪些不同'等,这就需要用讲故事的方式来生动地展示中国理念和价值观。"①由此可见,针对讲授对象的特点,根据讲授内容的不同,采用有针对性的话语表达方式也是高校思想政治教育工作不容忽视的重要一点。

"发挥我国哲学社会科学作用,要注意加强话语体系建设。"②在 2016 年 5 月 17 日的哲学社会科学工作座谈会上,习近平总书记再一次明确了话语体系建设在发挥我国哲学社会科学作用时的重要意义。而这种意义不仅适用于高校思想政治教育的理论创新,而且适用于具体实践。因此,高校思想政治教育要发挥作用,就应当转变思维方式,重视话语体系的建设,多角度地创新话语方式,优化话语内容,从而提升思想政治教育的工作成效。

第三节　发挥榜样教育作用,优化社会辐射效应

在高校思想宣传工作中,榜样教育是一条卓有成效的实施路径。从概念内涵来看,榜样是指具有正面示范作用的人物形象。它体现了先进的思想和崇高的人格魅力,是人们思考和行动的一种参照系。由于榜样形象具体生动、思想先进深刻,具有很强的感召力和说服力,因而,榜样教育是发挥先进典型的激励作用的一种行之有效的方法。作为思想政治教育的重要方法方法,通过宣传和学习先进人物的事迹,榜样教育有助于提升个体素质、提高社会风尚。借助榜样教育,落后的个体能控制、调节和矫正自身的言行,先进的个体能激励和鞭策自己,产生你追我赶的双向效应。正是因为榜样教育具有重要的社会教化作用,它一直被看作引导

---

① 陆彩荣. 以书为媒,讲好中国故事. 光明日报. 2015 – 05 – 12,第 11 版

② 习近平. 2016 – 05 – 19. 在哲学社会科学工作座谈会上的讲话. 人民日报(第 2 版)

思想与行动的重要方式。然而,在个体独立性和自主性凸显的今天,人们对榜样教育的重视程度有所削减。应否树立榜样? 谁能成为榜样? 榜样在多大程度上具有引领作用? 在新形势下,榜样教育被赋予新内容,表现出新特征。鉴于此,高校思想政治教育应重新明确榜样教育在当代的作用与意义,充分发挥其社会辐射效应。

一. 新形势下进行榜样教育的重要性

青年是祖国的栋梁和未来。青年的希望在于远大的理想抱负、深厚的文化素质、良好的心理素质与高尚的道德情操。因此,提高高校学生的思想文化素质成了责无旁贷的重要任务。而历史的发展表明,榜样教育是提高素质的重要途径。

从价值论的角度看,榜样展现的是一种价值取向。榜样教育反映了对某种价值观的普遍倡导和引导,而榜样的选择和学习则体现出个体对某种思想或行为的价值认同。可以说,榜样是以价值观为主要支撑。但榜样的树立和个体的选择并不是一致的、同步的,外部环境的影响使这种不一致性更加明显。在全球化的大背景下,不少国外思潮纷纷涌入,对我国传统的思维模式和教育方式产生了冲击。受西方自由主义影响,一些知识分子极力倡导个人独立和自由,把它看作思想和行动的最高原则,并公开宣传个人的目的性和集体的手段性。而市场经济所凸显的价值多元化和个体自主性也为一些人所误解。在这种环境下,有些学生对榜样教育的重要性和必要性产生了怀疑。他们认为,榜样教育是权力意志的产物,是实现个人的自由和个体的主体性的绊脚石。如今,战争年代和艰苦奋斗的岁月已经成为过去,以前所倡导的为国捐躯、刻苦耐劳的精神已经不合时宜。因此,他们感到迷惑:20世纪六七十年代的榜样是雷锋,80年代的榜样是张海迪和赖宁,90年代和今天的榜样又是谁呢?

表面看来,价值多元和主体性的发展似乎是对榜样教育的挑战,甚至是否定。但通过深入分析榜样教育在思想政治教育中的作用,不难发现,社会的发展不仅没有削弱榜样的作用,反而使高校榜样教育变得更为必要。

首先,高校榜样教育的重要性由榜样的内在特点所决定。法国社会学家塔尔德(Gabriel Tarde)在《模仿定律》一书中指出,发明和模仿是最基本的社会行为。[①]
榜样是在特定的历史条件中形成的楷模形象,具有形象性、感染力和可模仿性的
特点。而榜样教育加大了先进精神扩散效应,在实现楷模自身价值的同时,能激
励和推动社会其他个体不断前进,带来深远的社会效应。榜样的先进事迹是抽象
的伦理道德规范和政治思想原理具体化、现实化。通过对榜样事迹的宣传和学
习,学生能知悉哪些行为能带来正面的社会效应,哪些行为值得提倡和学习。这
样能激励学生对自身的思想和行为进行规范与调节,以适应社会发展的需求。此
外,榜样教育又能反过来勉励和推动先进人物提升自我。因而表扬先进、树立榜
样能产生互动的双向效应,有利于思想政治教育工作的有效开展。

其次,高校榜样教育是学生个体发展的必然要求。从个体思想的发展历程来
看,大学生与社会接触的机会增多,所承担的社会责任有所增加。但由于知识和
经验的不足,文化底蕴不深厚,当理想和现实相冲突时,大学生往往难以把社会道
德规范和社会精神与自身的实际言行结合起来。从个体心理的发展历程来看,大
学生心理的发展仍处在一个尚未成熟、尚不稳定的阶段,心理素质也相对较脆弱。
心理积淀的不足使大学生容易受外界影响,为人处世容易走极端,有时会采取偏
激的方法解决问题。此时,给予学生正确的方向性引导显得尤为重要。而随着现
代高校教育改革的进一步深入,榜样教育相对摆脱了传统的"你打我通"的教育模
式,多采用潜移默化的隐性方式,以具体实在的事例和高尚的人格魅力,让学生感
到既真实又亲切。高校思想政治教育的重要目的之一是使学生确立正确的世界
观和人生观,而不是在表面上或在短期内表现先进和积极。榜样教育的隐性方法
能更好地促使学生们的深层思维模式发生转变,提高高校思想政治教育的成效。

最后,高校榜样教育是社会发展的客观要求。本科生、硕士生和博士生是国
家各方面人才的后备力量,是社会主义事业的建设者和接班人。他们的思想政治
素质如何,直接关系到社会主义事业的兴衰成败。而现代的大学生多是在改革开
放的时势下成长起来的新生一代,他们思想意识比较开放、独立自主意识相对较
强。这使他们的注意力更加容易被新生事物所吸引。但并不是每个大学生都能

---

① 转引自 Rogers M. 1995. The diffusion of innovations (4th). New York. The Free Press

对这些事物的本质进行分析鉴别,意志力相对薄弱的学生容易被一些带有迷惑性的思想所蒙蔽。面对社会上形形色色的自由主义、个人主义、享乐主义等思潮的影响,如何能坚持正确的发展方向是现今亟待解决的问题。正确的方向需要正确的引导,正确的引导来源于正确的思想。沿着这一逻辑顺序,不难发现,以马列主义为指导的思想政治教育是坚持正确方向的理论基础,而榜样教育则是实现正确引导的重要方法。

在多元的文化价值观的背景下,高校榜样教育的重要作用则更加凸显。实际上,多元的文化价值并不意味着否定榜样教育,两者并不存在截然对立的关系。相反,文化多元需要多个符合指导思想的楷模,即在马克思主义指导下的各条战线、各个岗位上树立的榜样。这将有助于学生有效地确立其学习和实践的准则。不同主体有不同的兴趣、爱好和目标。这一差异在不同层次的学生中表现尤为突出。在榜样引导和主体选择的基础上,榜样的教育与学习不仅有了针对性,而且也增强了有效性。

列宁曾经说过,榜样的力量是无穷的。这句名言已为历史所证明,也必将为未来的社会发展所印证。高校榜样教育的重要性不仅是由自身的内在特点所决定,更是高校和社会发展的必然要求。因此,在社会发展的新时期,高校思想政治教育应当深入开展榜样教育,"要广泛开展先进模范学习宣传活动,营造崇尚英雄、学习英雄、捍卫英雄、关爱英雄的浓厚氛围",①继续发扬楷模的先进精神,进一步提高大学生素质。

二、新形势下高校榜样教育的新特征

当今的中国已融入了经济全球化的世界浪潮。WTO 的加入和各项世界活动的承办已充分证明了改革开放的成效。而社会的转变呼唤着高校教育相应更新。与传统的高校思想政治教育中的榜样教育相比,新时期下的榜样教育不论在内容上,还是方法上都发生了深刻的变化,表现出新的时代特征。这些新特征的出现

---

① 习近平出席全国宣传思想工作会议并发表重要讲话. http://www.gov.cn/xinwen/2018 –
08/22/content_5315723.htm

与社会发展密不可分。

从内容上看,高校榜样教育的题材有所拓宽,反映新时代的要求。高校教育的现实基础是经济、政治和文化的发展状况。因此,榜样教育也不能脱离社会。新中国成立之前,保家卫国、为国捐躯是精神主流,邱少云、王继光、董存瑞等烈士都是革命年代的英雄楷模。新中国成立以后,艰苦创业、刻苦耐劳是精神的支柱,雷锋、王进喜、时传祥等榜样的先进事迹被广为传播。可见,传统的榜样教育多以革命战争、政治工作和阶级斗争为题材。而这些内容在高校榜样教育中一一得到体现。而改革开放和市场经济体制建立以后,精神文明建设有了新发展。合法竞争、诚实致富等与市场经济有关的精神凸现出来。此时,榜样的树立呈多样化。学生学习的榜样不仅包括基层工作者、党政干部,而且包括在商业领域中对社会发展有突出贡献的杰出人物——当然,这并不是说过去所倡导的英雄楷模已不再重要,社会的发展是承前继后的,而事实上以往不少英雄楷模的精神仍然焕发着不灭的光辉,他们的事迹激励着一代又一代的年轻人,在价值观念和行为判断等方面为他们树立了真实且生动形象的典范。因此,高校教育也不能脱离现实要求,进行抽象空洞的说教。

从方法上看,高校榜样教育的方式有所改变,表现出多层次、多方位、立体化的特征。科学技术的发展一方面带来了信息沟通的简便,另一方面带来了媒体行业前所未有的发展。与过去上令下行式的单一层级方式相比,现代的宣传渠道大大增加,非线性的传播模式替代了线性的模式。报刊、广播、网络等媒体传播方式层出不穷,深深地影响着人们的生活方式和思维模式。此时,社会环境已由组织环境走向了传媒环境。而媒体传播的综合性、即时性和感染性特点可以增强榜样教育的时效性。因此,现代的高校榜样教育并不局限于课堂,社会宣传有助于教育目的的实现。有不少研究报告表明,大学生受网络等媒体的影响大大高于过去。因而,利用广播、报刊和网络等宣传途径能加大教育范围和教育力度。

从环境上看,高校榜样教育受多种因素影响,教育环境的优化成为重要课题。过去中国处于相对封闭的社会环境中,高校与外界的接触更是少之又少。国外思想的影响也不及现在广泛和深入。随着高校与世界交往的日益密切,多元的世界文化和价值观冲击着传统教育相对单一的价值观。而信息高速公路的发展加速了冲击的力度和深度。多元的文化价值观、各种社会思潮和国外行为方式也深深影响着学生的思维与实践。这些因素都影响着学生人格的培养,影响着高校榜样教育活动的开展与效果。由于榜样教育有生动感人的特点,学生容易深陷榜样多元的选择误区。而环境能带来正面效应,也能带来负面效应。如网络教育在有效推广榜样教育的同时,它所创设的虚拟环境也有可能削弱榜样教育的效果。因而,面对纷繁复杂的环境要素,高校榜样教育环境的开发与优化受到了关注。①

通过分析高校榜样教育在新时期的特点,我们可以看到,高校榜样教育也在经历一个动态的发展过程。这一过程既是社会发展的客观要求,也是榜样教育继续保持自身生命力的必然要求。只有明晰了新时期高校思想政治教育中的重要地位和新特征,我们才不会武断地认为现代的榜样教育力量已经被削弱,甚至已经过时。也只有认识到它的重要性和创新性,高校榜样教育的发展才有理论的依据和现实支撑。

三、新形势下高校榜样教育的新发展

和平和发展两大时代主题为社会主义现代化建设营造了良好的国际环境,为我国社会的发展提供了许多机遇。但机遇背后隐藏着挑战。如果缺乏长远的、整体的眼光和创新的精神,缺乏动态的、发展的方针政策,缺乏与世界发展相适应的实践,我国就会失去发展的机遇。基于此,高校思想政治教育中的榜样教育应当综合传统与现代的合理要素,承前继后,不断开拓。

首先,高校榜样教育应当继续坚持正确的方向,更好地实现针对性、发展性和实效性的结合。作为高校思想政治教育的重要方式,榜样教育应当坚持正确的社会发展方向以马列主义、毛泽东思想和邓小平理论为指导,符合学校思想政治教育的目的,适应社会发展的客观需求。

从高校榜样教育的成效来看,教育能否达到理想效果主要取决于能否把针对性、发展性和实效性三个原则有机结合。针对性是有效性的前提,发展性是有效性的落脚点,实效性是教育的要求。只有在准确地把握时代脉搏、清楚地了解个

---

① 张耀灿,郑永廷,刘书林等.2001.现代思想政治教育学.北京:人民出版社,267

体个性发展的基础上,教育者才能从实际出发,对不同的学生主体进行有主次、有区别的宣传教育。只有顺应时代潮流,用发展的眼光认真处理好现代与传统、民主与集中、适应性和创造性等的关系,高校榜样教育的效果才能不因时势的变化和冲击而削弱。也只有时刻关注教育的实效性,适当地给予强化和巩固,高校榜样教育的作用才能真正充分发挥。可见,三个原则的结合是高校榜样教育取得成效的重要保证。

其次,高校榜样教育应当做到善于发掘榜样,客观展现榜样的真实面目,并且做好榜样追踪。榜样的发掘和确立是教育的关键。榜样具有导航作用,对个体的价值取向、思维模式和言行方式有着整体的、普遍的引导作用。如果不善于发掘榜样、不正确树立榜样,那么受危害的将不是某个个体,而是整个群体。过去我国的榜样教育曾出现随意拔高和神化榜样形象的不足,这不仅削弱榜样教育的成效,而且使人们产生怀疑甚至否定。受到这一现象的影响,高校榜样教育也曾出现偏差,严重影响学生学习榜样的积极性。因此,高校榜样教育应当毫无偏私地展露楷模的先进事迹和高尚情操,而不能以偏概全,言过其实。为了勉励先进典型,教育工作者还应当对榜样进行追踪访谈,必要时应当对其进行培养,提高楷模的各方面素质,使楷模的形象和作用更加突出。

再次,高校榜样教育应当深化榜样内涵,深入挖掘先进榜样的精神。榜样的先进事迹是具体而生动的,但榜样的精神却有着深刻的内涵。思想的指导有时是感性和形象的,但抽象和理性的指导有着同样重要的意义。榜样教育并不止于对先进典型的某种言行的模仿,更重要的是学习的个体能够把握先进典型的思想内质和精髓。与其他社会个体相比,大学生的知识面相对宽广,理论修养也相对较高。深层次的理性思想并不构成榜样教育的障碍。如果高校榜样教育只限于对楷模具体事例的临摹,而缺乏对榜样进行系统的理论研究,那么榜样教育只会流于形式,是空洞的泛泛而谈。现在有些学生之所以认为过去的英雄模范已经过时,是因为他们没有深入把握时代英雄的思想精髓,而单纯用时代的变迁去否定榜样的作用。实际上,在现代社会的各个领域,传统榜样坚忍不拔、自强不息的精神仍然有其重要的现实意义。

此外,榜样的多元有时也会使学生迷失方向。有些大学生没有清楚认识榜样的内涵和实质,混淆了榜样和偶像的界限,从而把两者等同起来。榜样指导的欠缺造成个别学生终日沉迷于偶像崇拜。可见,深入探讨榜样内涵,挖掘先进榜样的时代精神是高校榜样教育不容忽视的任务。

最后,高校榜样教育应当关注个体的发展,正确处理个性培养和榜样教育的关系。传统"大而全"的榜样教育模式内容相对集中统一,而宣传学习方式也相对单一。这种教育模式对思想和行为取向已经有了明确的定位,个体不需要对学习的榜样进行比较选择,因此教育的效果是相对一致的。除此以外,传统的榜样教育忽视了学生个性的发展,因而收效并不理想。

受解放思想的思想路线和西方自由民主思想的影响,现代大学生的自主性和独立性正不断增强。而个性培养发展到今天,已经受到社会各界(特别是教育界)的广泛重视。独立性和自主性被看作个体和社会发展不可或缺的特质。在多元的文化价值观和多样的个性彰显的新时期,如果高校榜样教育继续忽视学生的主体性和自主性,这将大大影响学生学习的积极性,教育的收效也会大大降低。从本质而言,学生个性培养和榜样教育并不存在绝对矛盾。榜样教育是从宏观上进行方向指引,个性培养从微观角度对个体的独立能力和创新能力提出要求。所以,新时期下的高校榜样教育应当培养大学生的竞争意识,尊重个体的选择。

以上是新时期高校榜样教育应当重视的几个方面。但现代的教育环境比过去复杂得多,要保证高校思想政治教育的成效,仅止于这些工作并不足够。高校还应该建立必要的信息渠道,完善各项管理工作,如网络管理,建立和健全各种配套设施。而学校是社会的子系统,学校教育并不能脱离社会和家庭而单独进行,因此,教育工作者和社会各界应当同心协力,优化榜样教育的环境,开发榜样教育的新功能。

第五章

优化思想政治理论课，拓宽高校思想政治教育的主要渠道

思想政治理论课是高校开展思想政治工作的主要渠道。诚如习近平总书记所指出："要用好课堂教学这个主渠道,思想政治理论课要坚持在改进中加强,提升思想政治教育亲和力和针对性,满足学生成长发展需求和期待。"①因此,要提升高校思想政治教育的成效,就应当注重思想政治理论课教学环节,针对现存问题,从教学理念、内容与方式等方面加以改进。

第一节　思想政治理论课教学内容的整合
——以"思想道德修养与法律基础"课中德与法的融合为例

课程内容是高校思想政治理论课的核心。它回答了教师应该"教什么"的重要问题。但与此同时,教师应在深入领会中央相关指导精神的基础上对教材内容进行有机整合。这是因为,一方面,目前教材的内容主要面向全国普通高校学子,因此,要使得教学更具有效性,就需要教师在把握各章节内容的重点和难点的前提下,结合学生的具体实际,理清教学思路与脉络,并有所侧重地选取分析角度,开展有针对性的教学活动。另一方面,当前课堂教学的课时十分有限,而思想政治理论课涵盖内容相当广泛。显然,面面俱到式的教学不仅会让教师无法完成教

① 习近平在全国高校思想政治工作会议上强调把思想政治工作贯穿教育教学全过程开创我国高等教育事业发展新局面. 2016 - 12 - 08. http://www.moe.edu.cn/jyb_xwfb/s6319/zb_2016n/2016_zb08/201612/t20161208_291276.html

学任务,而且会削弱课程的吸引力,学生觉得不"解渴"。鉴于此,有必要根据中央精神,对课程内容进行融合,使教学更好地实现从教材体系向教学体系转变。针对思想政治理论课如何对教材内容进行整合的问题,可以通过"思想道德修养与法律基础"这门大一新生课程来把握。

中共中央宣传部、教育部 2005 年颁布的《关于进一步加强和改进高校思想政治理论课的意见》(教社政[2005]5 号)明确要求,把原"98 方案"中的《思想道德修养》和《法律基础》整合为《思想道德修养与法律基础》(下简称"基础课")。合并后的新课程并不是原有的两门课程的简单叠加或拼凑,它要求教师从根本上把"思想道德修养"和"法律基础"两部分融为一体,使之成为引导大学生提升社会主义道德修养与增强遵纪守法意识的有机组成部分。这一课程改革思路不仅客观地反映出道德与法律、以德治国和依法治国之间的逻辑统一关系,而且体现了对大学生之思想政治素养的全面理解。①

一、教学中存在的问题

与高校其他思想政治理论课相比,"基础课"更侧重于帮助他们解决成长成才过程中遇到的问题,使其在思想素养、道德素质与法治意识等方面都有所提升。就关系而言,道德与法律既相互影响、相辅相成,同时又相互区别。就作用来看,作为社会规范的重要体现,它们都是调节个体行为之必不可少的依据,两者缺一不可,不可偏废。因此,旨在帮助学生树立正确世界观、人生观、价值观的"基础课"应当处理好两者的关系,在课堂教学等方面把道德与法律融合起来。

---

① "在学术界的视野里,原有的'思想道德修养'课应归属于伦理学学科,'法律基础'课应归属于法学学科。同属于思想政治理论课的两门主要课程归属于两个不同学科的现象,与新形势下加强高校思想政治教育的要求是不相适应的。针对高校思想政治理论课教育中存在的学科建设基础薄弱、课程内容重复、教学的实效性不强等亟待解决的问题,党中央决定设立马克思主义理论一级学科,下设马克思主义基本原理、马克思主义发展史、思想政治教育等五个二级学科,同时还规定了与此相对应的高校思想政治理论课的新的课程设置。在新课程体系中,把原有的'思想道德修养'和'法律基础'课融合为一门新的必修课即'基础'课,使其依托于思想政治教育学科,这既是不断完善高校思想政治理论课的课程体系的要求,也是大力推进思想政治教育学科建设的需要。"参见吴潜涛. "思想道德修养与法律基础"课的性质、逻辑结构与特点. 思想理论教育导刊,2006(增):27~31

尽管道德与法律的融合是课程改革的重要方向,但在"基础课"的教学实践中仍存在一些问题,未能适应"05方案"的课程改革要求。这主要表现在三个方面:一是内容整合后的新课程课时大大减少,导致丰富的教材内容与学时不足之间的矛盾较为突出。二是受知识结构的局限和课时缩减的影响,教研室往往根据教师的专业优势来安排课程,老师根据自身知识结构把握课堂侧重点,比如,把一门课分由两名或以上教师共同主讲,其中,具有法律专业背景的教师主要负责法律基础部分,具有思想政治教育或伦理学专业背景的教师专门讲授思想道德部分,而两个部分缺乏必要的交叉与融贯。又如,在一名教师全程授课时,具有法律专业背景的教师在讲授法律部分的内容时花较大精力,挤压了思想道德部分的课时;而缺乏法律专业背景的教师通常避免触及法律部分的内容,或者一带而过。由于对道德与法律的内在关联缺乏全面考虑,因此出现道德教育与法律教育"两张皮"的教育模式。三是拼凑式的教育模式在很大程度上削弱了教学效果,导致学生难以把握道德与法律之间的内在逻辑关系,故而,他们在分析和处理成长成才中遇到的社会问题时缺乏深度,容易简单化和片面化,甚至出现以德量法或重法轻德的现象。显然,这并不符合中央加强和改进高校思想政治理论课的精神。

在高校思想政治教育工作中,"基础课"是对学生进行较为系统的再教育、再提升的重要渠道,是"帮助学生增强社会主义法制观念,提高思想道德素质,解决成长成才过程中遇到的实际问题"的重要途径。① 鉴于"基础课"的重要意义以及教学中存在的问题,有必要在了解大学生道德认知与法律认知的状况的基础上,对"基础课"的教学实践进行改进与优化,使之真正落实中央和教育部课程改革的精神,提高课程教学成效,提升当代大学生的道德素养与法制意识。

二、当代大学生的德法素质状况

大学生的认知规律和认知状况是高校思想政治教育的根本依据。要明晰"基础课"课程改革的方向和方式,就应当首先了解与把握受教育对象的道德水平和

---

① 中共中央宣传部、教育部关于进一步加强和改进高等学校思想政治理论课的意见. http://www. moe. gov. cn/s78/A13/sks_left/s6387/moe_772/tnull_9310. html

法制意识。课题组曾在北京六所高校开展了关于大学生德法素质现状的调查,力图了解当代大学生的德法观,以此作为课程改革的必要基础。

通过调查发现,当代大学生的德法素质总体水平较高,但与此同时,仍存在着需要提升的空间。① 统而观之,他们的德法观呈现以下特点。

首先,主要根据自身的理性思维接纳道德或法律规范,并在此基础上形成价值判断。对于独立意识较强的当代大学生而言,他们更希望通过自主探索来解答生活和学习中遇到的难题,较为抵触说教等形式的外部灌输。这一思维特征与过去大学生的思维特征较为相似。但跟以往的大学生不同的是,当代大学生表现出更强的怀疑精神,对权威的信奉度也有所降低。

其次,具备基本的道德素养与法律常识,具有一定的社会担当意识。绝大部分当代大学生在调查中表示,他们能理解道德的作用,赞成法律是维护公共秩序之重要手段的观点,并认为自己初步了解我国的法律体系。而在具体的情境判断中,他们基本上能正确看待拾金不昧、诚实守信、作弊、推销假冒伪劣产品等问题,这说明了大学生已初步确立道德观念和习得基本的法律常识。

再次,在处理较复杂的问题时,存在着模糊认识或误解。尽管大部分当代学生能正确理解社会公德或日常法律等问题,但在面对较复杂的情境时,他们可能做出不当的判断。一般而言,这些复杂的情境糅杂着情与理、德与法等因素。但传统德法相分、重德轻法的教育思路,往往强调了行为的道德性质,忽视它同时也

---

① 近两年的调研报告表明,我国当代大学生的素质水平在不断提高。如《中国大学生思想政治教育发展报告 2016》指出,大学生对社会主义核心价值观的理解认同与践行意愿进一步增强,对中华传统文化的学习意愿稳步增长;大学生愿意投身志愿服务且拥有较强的社会责任感;以雷锋精神为代表的道德信仰继续成为引领大学生爱国好学的鲜明旗帜;微博微信等新媒体在大学生群体中的使用频率进一步提升。而《中国大学生思想政治教育发展报告 2017》指出,连续三年的调查数据显示,大学生践行社会主义核心价值观的积极性较高,但仍有较大提升空间。数据显示,2015 年、2016 年、2017 年大学生愿意参加学校组织的下基层社会主义核心价值观宣讲活动的比例依次为 59.0%、58.0% 和 59.2%。在 2015、2016、2017 年度的调查中,分别有 85.9%、85.4%、89.5% 的大学生认同"培育和践行社会主义核心价值观人人有责"。参见《中国大学生思想政治教育发展报告 2016》发布 . http://www. cssn. cn/gx/gx_xywh/201703/t20170327_ 3466120 . shtml《中国大学生思想政治教育发展报告 2017》指出 新时代大学生具有很强文化自信 . http://politics. gmw. cn/2018 – 10/24/content_31817509. htm

纳入法律约束的范畴,造成了学生在处理该类问题时出现偏狭的理解。

复次,存在知行脱节现象,且道德方面的知行脱节较为严重。尽管绝大多数学生理解道德的社会意义,但他们普遍认为,目前高校学生的道德水平一般,甚至有少数学生对自身所属群体的道德现状深感不满。也就是说,他们对自身及同龄人的道德修养有较高的期望值,但实际的总体道德水平却难与之相一致。可见,对一些学生而言,即便他们认同某种道德规范,但未必能把它作为行为准则。而导致知行脱节的因素有多种,主要包括当下情绪、利益、他人的行为表现和当下环境的复杂性等。在这些因素当中,当下情绪是导致大学生知行脱节的重要因素,利益在一定程度上影响了学生的行为判断。即便明确了道德和法律的社会作用,但面对具体情境、特别是涉及自身利益的情况时,他们依然有可能意气用事,用较为激进的方式激化矛盾,而非借助道德或法律手段解决问题。

最后,缺乏牢固的法制意识,甚至法制意识淡薄。当代大学生在处理复杂的问题时所产生的困惑与误解,也在一定程度上反映出他们的法制意识较为薄弱。如今,有相当一部分大学生存有侥幸心理,怀有"人不犯我,我不犯人"的心态,认为自己在日常生活中不会主动做出违法行为,因此没有必要了解法律。也就是说,他们主要从律他的角度理解法律。这造成了他们没能真正理解我国法的精神和法律体系,甚至对此缺乏足够的兴趣。

从对当代大学生的德法意识调查可以看到,他们在进入高校前,已然确立起关于道德与法律的初步观念。在学校教育、家庭熏陶、人际交往和媒介传播的共同作用下,他们生成了基本的价值观。总体来看,他们认识与认同道德或法律的社会功能和意义,具有公德意识和社会责任感。在大多数情况下,他们能按照社会要求引导自身行为,能借助道德或法律手段较为理性地看待和解决问题。但不容忽视的是,目前,高校仍存在着一部分道德或法制意识较为薄弱的学生。在面对复杂的情境时,他们往往没有意识到自身行为已突破了社会道德规范,甚至僭越了法律法规的约束范围,陷入以情量德、以德代法等误区。显然,培养与强化当代大学生的德法意识,进一步提升其德法素养,是高校思想政治教育工作的重要着力点。

三、优化"基础课"课堂教学与实践

要从德法融合的角度提升"基础课"的成效,应从两个层面入手:一是让他们理解与认同道德与法律的重要性,并自觉践行道德与法律规范;二是明辨道德与法律的异同关系,培养他们判断复杂社会问题的能力。而后者是在前者基础上确立起来的。

从第一个层面来看,针对当代大学生的德法素质状况,"基础课"教学可从以下三个方面加以改进。

第一,立足于学生原有的价值观,加强教学针对性。相对于大学阶段而言,学生在学前教育和基础教育阶段形成的道德与法制观念可被称为价值"前结构"①。它反映了"基础"课授课对象原有的素质水平,同时也是教学的始发点。根据现代认知发生学的基本理论,外部信息能否被感知,取决于主体对该信息的熟悉程度和信息的新颖程度,过于陌生或过于熟悉的信息都难以引起主体的兴趣。② 换言之,假如"基础"课的教学内容过于简单浅显或晦涩难懂,跟学生的价值"前结构"相脱节,那么,教学成效将被大大削弱。从调查结果来看,大多数当代学生已明晰道德与法律的意义,遵守社会公德,了解基本法规,并在一定程度上秉承了中华民族的优秀传统。③ 这意味着,"基础"课的讲授重点不应停留在详细阐述日常道德规范或法律常识等学生已经明确的问题上,而应注重从理论和实践角度深化学生正确的价值观念,修正原有的偏激或不合理的价值判断。

第二,拓宽教学思路,深化教学内容。鉴于大学生已理解了基本的道德与法律常识,教师应根据教学对象的德法素质现状来调整与设定教学内容,实现从教材体系向教学体系的转变。首先,注重元理论教育。"元"指称"根"。以道德为例。与规范伦理相比,元伦理主要是从形而上学的角度对伦理道德的根源与确

---

① 陈秉公. 试论思想政治理论课教材体系向教学体系转化的规律性. 思想理论教育导刊. 2008(9):42~47

② Geert P. 1997. Variability and fluctuation: a dynamic view. In: Change and Development: Issues of Theory, Method and Application. N. J.: Lawrence Erlbaum: 193~212

③ 张晓京,文书锋,金添. "90后"大学新生思想行为能力特点的调查研究. 思想理论教育导刊. 2009(9):114~117

立、内涵与意义等问题进行探讨。大学生在认识道德规范、建构道德体系过程中往往会追问:道德是怎样形成的? 为什么要遵守道德规范? 遵守哪些道德规范? 这一系列问题都涉及元伦理领域。虽然一些大学生通过课堂知道社会要求遵守道德规范,但是他们却不理解遵守道德规范对个人与社会发展的必要性与重要性,进而没有合理看待个人利益、集体利益与国家利益之间的关系。元伦理知识的教授不仅有助于提升学生的道德认知能力,为道德规范的认同与遵守提供合理性与合法性基础,同时也有助于他们建立完整的道德观与价值观,使道德认识更加深入、道德信仰更加持久。因此,高校道德教育应从伦理发展史、伦理原理等方面充实道德教育的内容。

第三,从教学方法的角度来看,教学既要讲求现实性和针对性,也要兼顾深刻性与普遍性。而采用启发式教学和案例教学的方式能更好地达到教学目的。比如,在讲授公共生活中涉及的道德规范时,除澄清社会公德涵盖的主要内容以外,教师还可引入余秋雨、梁启超和柏杨等人对中国公德状况的评价,借此引导学生从社会教育、公民素质、社会制度、传统文化等视角反思,为什么社会中存在着诸多违反社会公德的行为,如何看待私德盛而公德衰的现象,以及应从哪些方面增强公德意识和维护公共秩序,等等。相反,假如教师侧重于讲授社会公德及其表现形式等高中政治课的知识点,这不仅难以激发学生参与课堂的积极性,而且容易使他们产生厌学心理。又如,通过"苏格拉底式的诘问"等问题式教学法,以类似《论语·子路》中的"父攘羊"事件创设道德两难困境,都有助于引导学生理解道德,唤起他们思考道德问题的主动性;同时有助于他们参与课堂,在讨论中"自主地"得出教师预设的结论,并自觉把之内化为自身的行动准则。因此,教师需要从课程的深度和广度等方面吸引学生注意力,让他们在启发式教育中,进一步提升道德和法律判断力。

第四,明确教学方向与重点,增强学生的法制意识。针对大学生的违法行为,有教师认为不懂法是主要的原因。故而,部分教师在课堂中花大量时间给学生讲授各部门法的相关规定。但正如调查分析结果表明,法制意识是影响与制约大学生行为的根本原因。也就是说,学生做出违法乱纪行为主要是因为他们的法制意识不牢固,甚至法制意识淡薄,从而在利益诱惑时缺乏判断力,而不在于他们缺乏具体法律条文的指导。实际上，在资讯发达的现代社会，学生并不缺乏了解法律知识的渠道。同时，经整合后的"基础"课，法律部分的课时大大压缩，教师无法在课堂上对各部门法面面俱到。故而，围绕如何强化法制意识的问题，教师应着力于让学生理解我国的法治精神，培养社会主义法治观念，明确法律权利和义务，提高其运用法律手段来解决问题的自觉性，而非单纯向学生解释具体的法律条文，或者让他们以死记硬背的方式记住某些具体的法律法规。

第五，结合第一课堂和第二课堂，构建立体式教育模式。第二课堂是第一课堂的有力延伸，它能弥补课堂教学中容易产生的一言堂、满堂灌的不足，为学生发挥自身的主动性和创造性提供良好平台。因此，教师应该利用社会实践的方式或借助大型庆典活动的契机，开拓第二课堂的空间。以"爱国主义"这一专题为例。今年是中国共产党成立90周年，全国各地都在开展庆祝活动。教研组老师可以与学校学工部、团委或学生社团建立合作关系，通过组织宣誓仪式、征文活动、歌唱比赛和党史党章知识竞赛，组织优秀党员代表做报告，邀请党史研究者讲授五四精神、长征精神、西柏坡精神和井冈山精神，邀请老红军忆述革命时期可歌可泣的感人往事，邀请各领域的优秀党员专家学者畅谈奉献精神和敬业精神，等等。与此同时，参观纪念馆、博物馆、展览馆、革命旧址等活动，也能让学生在红色之旅中重温革命先驱浴血奋战、矢志不渝的历史镜头，激发其爱国情怀，使其思想得到进一步的洗礼与升华。此外，教研组教师还可以跟院系合作，通过指导学生参加暑期实践、志愿活动等，使他们将个人成才与国家需要紧密结合起来，增强社会责任感和使命感。

第六，完善教育考核体系，使之充分反映大学生的德法素质。考核是对教育效果的反馈与反映。采取何种评估制度和量化机制，将会影响到教育的方式与成效。传统的素质教育考核主要采用单一的卷面测验形式，借助填空题、选择题、判断题与问答题等题型来要求学生给出与指定规范相一致的答案。这种测评方式一方面导致了教师沿用应试教育的授课模式，另一方面也使学生以背诵、默写等工具性的学习形式来认识伦理规范，而没有真正透彻理解道德规范的意义。表面看来，学生似乎习得了某种社会规范，实际上，高分背后隐藏着大学生合理的价值观的缺失。教师应当改变这种应试教育的评估方式，不能仅通过一两次的中（终）

期考核就贸然断定学生的道德素质。在课堂考核过程中,我们可以扩大分析题的比例,这不仅可以考查学生的认知与分析能力,同时,学生的判断标准也为教育者了解受教育者的道德状况与法制意识,从而有针对性地开展教育提供了方向。除了卷面考核以外,大学生在课堂表现、活动参与和实践生活中的表现,辅导员与同学之间的评价也有助于教育者给出更加客观的评价。

教学内容、教学重点、教育方法和考核体系等构成了"基础课"教学与实践的重要环节。采用有针对性、全方位的课堂教学模式与实践模式,有利于加深大学生对道德与法律的认同,增强遵守社会规范的意识,从而为实现"基础课"德法融合提供坚实的基础。

四、以专题教学与案例教学推进"基础课"实现德法融合

在强化当代大学生的道德意识与法制意识的基础上,要提升其德法水平与教学成效,还应当落实中央课程改革的精神,着力于寻求实现道德教育与法制教育相融合的途径,从而提高其道德判断力和法制素养。在此,有必要指出,所谓要实现"基础课"德法融合,并非指把两者等而视之、混为一谈,而是要打破条块分割,通过正确认识道德与法律的共通之处和相异之处,来树立正确的道德观与法制观。

整合道德教育与法律教育的首要问题是,厘清道德和法律的辩证关系。正如我们在调查中发现,当代大学生在很大程度上以理性的方式接纳外部信息,他们的认知模式既不是单纯的刺激—行为模式,也非纯粹的主观建构,而是具有自组织自适应等非线性特征的综合过程。鉴于此,教师应注重理论分析,从道德和法律的性质和同源关系的角度,阐释两者在维护公共生活秩序时目标的一致性以及"以德治国"和"依法治国"之间的逻辑统一关系。

作为调整人际关系的两种重要方式,道德与法律具有既相互区别,又相互影响的关系。就两者的内在关联而言。一方面,两者均是由经济基础所决定的上层建筑,是人类为自身制定的行为规范。因此,随着生产力和生产关系的发展,道德与法律会产生相应的变化发展。另一方面,道德是法律的重要依据。在法律的制定与变更过程中,立法者充分考虑了公众所接纳的日常社会关系,明晰规则的道

德合理性,并在此基础上形成相应的法律。例如,《中华人民共和国婚姻法》的颁布体现了夫妻之间应当忠诚互爱的道德关系。因此,从基本内容来看,两者在很大程度上是相互融通、相互支撑的。但即便如此,道德与法律依然在起源、调整范围、表现形式、实现方式、制度保障等方面有着较大差异。首先,从起源来看,道德一开始是以人类生活方式的形式出现的,主要表现为父子、兄弟、夫妻、朋友之间的日用伦常关系,因此,它基本上是伴随人类社会的产生而出现的;而法律的起源相对较晚,建立在国家或邦国等政治实体的运作基础上。其次,在调整对象方面,法律主要用于规范个体或法人的外在行为;而道德既约束个体的行为活动,也要求其具备善良意志。相比之下,法律不干预或无法制裁那些没有外化为行动的邪恶观念。再次,在表现形式方面,道德主要通过章程、公约、守则等表现出来,其内容较为宽泛和抽象,如《公民道德建设实施纲要》;而法律具有保护合法权益与惩戒违法行为的作用,因此,它不仅包括了具体的量罪量刑标准,而且其审议、表决、修改和废除等要经过严格的程序。最后,在实现方式方面,道德主要依靠社会舆论、传统习俗和个体的内心信念加以维系,表现为柔性约束;而法律则是一种刚性的规范,它不仅由国家制定或认可,而且通过国家机器加以维护,具有强制性。由此可见,尽管道德与法制之间存在密切关联,但不能合二为一。

道德与法律的辩证关系从理论上说明了,人们在进行行为判断和行为选择时应全面考虑两者的作用,调整自身与他人的关系。但在实际生活中,常识、情绪、利益和个体的认知状况往往左右人们的价值判断,会使之做出片面的评价。而对于已形成基本道德判断和法律意识的大学生而言,受制于社会阅历、自我控制能力等因素的影响,他们较为容易陷入以情代理、以德代法的误区。为此,"基础课"教学应注重从德法关系的角度解决该问题。

在"基础课"教学中实现德法融合的方式有多种,而专题教学法和案例教学法则是一种较为容易被学生接纳,且能有效诠释德法关系的方法。就方法本身而言,专题教学主要是围绕某一个论题开展深入讨论;而案例教学法则是把实际生活中的某个真实场景加以典型化处理,形成具有代表性、能说明问题的例子,继而通过案例引导、案例分析以及相互讨论等环节,使受教育对象不仅能够理解教师想传达的价值观念,而且能提高其分析判断力。

在专题教学法方面。专题教学法的优势在于,讨论主题相对集中,专门针对某个问题做系统分析,拆分出该主题涉及的要素。下面,我们可以结合"拾金不昧"这一主题分析如何整合道德教育与法制教育。

拾金不昧是中华民族的优良传统。清人吴炽昌在《客窗闲话·义丐》中曾记载:燕人丐某,游食市间。适逢一日,有策马而驰者,颠播囊裂,落宝银二枚于道。丐某乃拾之,投献。遗落宝银者问道:"得遗失物者给之半,此律之明条。汝其受诸。"丐叩首曰:"小人无罪,怀宝其罪。筹之审矣,非所愿也。"宰益奇之。适金主驰归呈诉,宰语之,故还其宝物。金主再拜曰:"小人何幸而值此义士!渠之所虑者,无宅以庇身耳。小人愿助之置宅。"宰曰:"能如是乎,余亦给之资本,以旌其善。"乃呼里长为之谋宅于市廛,置货立业也。且表之以额曰:"拾金不昧。"可见,拾金不昧主要表现为不贪、不取不义之财。而所谓"不义之财",包括获取了不属于自己的财物,或以不当的手段获取财物,如通过欺诈行骗、抢劫盗窃等方式取得的财物。拾金不昧体现了不为钱财诱惑而修身自律——不管在大庭广众下,还是在独处之时。它不仅反映了正确的义利观,而且反映了诚信的道德品格。与此同时,应该注意的是,拾金不昧的行为也是法律规范的要求。

长期以来,人们往往只是从道德层面理解拾金不昧的行为,认为它是个体根据自身的善良意志而表现出来的行为,依靠自律维护。因此,在一般人看来,拾金而昧或路有拾遗的行为不需要纳入法律约束的范围。殊不知,在某些情况下,这些不当的收入已构成为违法要件。根据 1986 年通过的《民法通则》第 92 条和第 93 条规定,没有合法的根据,取得不当利益,造成他人损失的,应当将取得的不当利益返还受损失的人;而没有法定的或者约定的义务,为避免他人利益受损失进行管理或者服务的,有权要求受益人偿付由此而支付的必要的费用。这意味着,失主和拾得人之间无形中具有一种特殊的债权和债务关系,即基于"无因管理"而产生的偶然关系,因此,拾得的遗失物、漂流物或者失散的动物,应当归还失主。而《物权法》也规定了,拾得遗失物,应当返还权利人,拾得人应当及时通知权利人领取,或者送交公安等有关部门。相应地,权利人也应当偿还拾得人因寻找失主而产生的费用。而拒绝偿还或蓄意隐藏不当所得将受到法律的惩戒。

关于获得意外之财的权责问题,曾经出现过一起颇具典型性的案例。广东省高级人民法院曾以盗窃罪判处一个叫许霆的年轻人有期徒刑 5 年并处罚金 2 万元,追缴非法所得。原因是,山西籍的打工青年许霆因利用银行自动柜员机出错,提取了不属于自己的 17 万余元。许霆第一次取款 1000 元,其账户实际仅扣款 1 元。发现了柜员机的这个漏洞,他不仅没有告诉银行,而且还故意多取了一百多次,所以,原来应当取 170 元却取出了 17 万元。尽管这是因电脑系统出错而"送"出的意外之财,但许霆的行为已构成了不当得利,纳入我国法律关于债权关系的调整范围。"不当得利"即"不适当的得利",指没有合法的根据而得到了利益并给他人带来了损失。在这里,即便取得利益的人没有主观过错,但法律的后果是应当"将取得的不当得利返还受损失人"。如果不返还,不适当取得的利益就构成了不正当取得的利益。依据我国《刑法》规定,个人盗窃公私财物价值 3 万元至 10 万元以上的,为"数额特别巨大",应处以 10 年以上有期徒刑或者无期徒刑,并处罚金或没收财产。而在本案中,许霆不仅将巨款挥霍一空,还私自潜逃直至被抓获,并无任何可获从轻或减轻的量刑情节。许霆第一次取款 1000 元,其账户实际仅扣款 1 元,是在取款时因自动柜员机出现异常,无意中提取的,是民法上的不当得利。许霆多占了银行的 999 元,银行可以通过民事救济途径要求其返还。但是,在第一次取款并查询了账户余额后,许霆已经意识到银行自动柜员机出现了异常,却仍基于非法占有银行资金的目的再次取款,这已经是一种恶意侵犯他人财产权益的侵权行为,当该侵权行为达到了严重的社会危害程度,触犯了刑事法律,就构成了犯罪,其犯罪所得应当依法追缴,发还受害单位。

围绕拾金不昧这一主题,从道德和法律两方面进行剖析,以此说明该行为的合理性和必要性,这既能让学生更深刻地强化该品质的道德意蕴,也能让他们意识到品质背后涉及的法律维度,从而增强对道德与法律关系的理解。①

在案例教学法方面。跟理论讲解相比,案例教学的优势表现为,一方面,具体的情境直观、形象,能让学生有身临其境的感觉,进行设身处地思考,而生动、引人入胜的例子能吸引起注意力,使之更加积极地参与到问题分析和讨论当中,避免

---

① 本部分仅围绕如何实现德法统一的问题来简单地介绍专题化教学。而对于为什么要采用专题化教学的原因、实践原则和具体方式,本书将在下一节有更详尽的阐述。

教师在课堂上唱"独角戏";另一方面,通过自我判断、教师的价值澄清以及价值对比等,学生更容易认清事实,接纳社会普遍认同的价值观和行为方式。

在通常条件下,不同的社会道德规范之间是相互融通、不存在矛盾的。因此,人们通常认为他们能轻而易举地做出行为判断和选择。但实际情况有时却并非如此。这是一起同样发生在广州的事件。来自重庆的张氏兄弟为给身在家乡的重病母亲筹钱,赴广州找工作多日无果,不惜在白云区三元里挟持一名女子,要求有关部门给他们贷款一万八千元,二人最终被警方拘捕。在这一例子当中,张氏兄弟为救母亲而做出的努力可以被理解为是孝心的体现,是在践行父慈子爱之日用伦常。实际上,被张氏兄弟的救母行为所感动,广州和重庆两地不少市民纷纷慷慨解囊,捐助了一笔钱给其母亲治病。而在法庭审判过程中,张氏兄弟的行凶动机也构成了减轻刑罚的关键原因。然而,社会的运作需要有公平、公正的法律加以维护。不管行为的动机是什么,当犯罪者的行为扰乱了社会治安,对他人生命和财产构成了威胁,那么,他就应承担相应的法律责任。从道德与法律之间的关系来看,该例子反映了法律和道德在某种情况下具有冲突,产生抉择上的两难,导致不管怎样做都是不完美的结果。

通过对张氏兄弟救母等案件的讨论,学生们能更清晰地看到道德与法律的辩证关系,在评价或选择行为方式时,综合考量行为产生的道德效应和导致的法律后果,从而提升其道德判断力和法制判断力。

值得注意的是,要提高教学的成效,教师需经过精心设计。在案例教学中要注意几点。首先,教师设计的场景应当合乎常理。过于极端的案例虽然能引起学生注意,但他们大多认为这种情况离自身生活太远,自己根本不会那样做,故而,只给他们留下哗众取宠的印象,削弱案例教序的效果。其次,引用的例子应当具有代表性。受教学时间和空间的限制,教师难以在短短几十分钟内通过列举各式各样的例子来把一个道德原理或法律条文说清楚、说透彻,因此,教师应该在自身完全吃透所讲的内容的基础上,选择更能反映问题的例子。其次,案例教学中的例子应该在一定程度上是可争议的。产生疑问是引起兴趣与激发思考的必要条件。完全不具有争议性的例子,较难让学生进行反思和参与课堂讨论,从而影响教学效果。以"什么样的行为才是道德的"论题为例。就这一问题而言,学界、特别是西方学界有持久且激烈的讨论,产生了以边沁和穆勒为代表的功利主义以及以康德为代表的义务论等学派。为了说明这一问题的复杂性,哈佛大学教授桑德尔曾经设计了两个具有争议性的例子,即该不该为了阻止一辆飞驰而过、将要碾压五名铁路工人的电车而牺牲一个无辜者的生命;医生是否应该为挽救五个病人的生命而夺取一个健康者的生命。这些例子能较好地反映道德意识生成的复杂性问题。最后,教师应予以适时的引导。案例教学的目的并不在于铺陈事实,引起学生关注,也不完全在于通过这个例子激发他们的思考。激发学生的思考不代表要放任自流。采用案例法的一个很重要的目的是让学生潜移默化地认同教师预设的结论,并内化为自身的价值观和行为准则。因此,教师在给出案例后,应有目的性地提出一些有针对性的问题,引导学生的思考方向,同时,在学生提出截然相反的观点时,让其他持有不同意见的同学纠正其想法。而在这一过程中,教师可以借鉴以往国外比较推行的"价值澄清法"。

第二节　思想政治理论课专题化教学的实践

——以北京航空航天大学"思想道德修养与法律基础"课建设为例

与以往根据内容编排,按顺序从头到尾地梳理教材知识点的做法不同,专题化教学并没有把讲授内容遍及教材每个章节的内容,而是在认真钻研教材的基础上,根据教学目标和教材内容主旨相关性,结合中央的最新精神,精炼出不同的主题,并在此基础上开展具针对性的教学活动。① 在高校思想政治理论课中开展专

---

① 针对专题化教学的概念内涵与实践方式,不同研究者从各自角度做出了探究。如章小朝认为:"所谓专题化教学,是指按照教学目标和要求,在充分理解教材和把握教学要点的基础上,结合课程的基本理论,提炼出重点和难点,以问题为核心,整合并拓展教材内容而形成若干个独立专题的教学方式。专题化教学是教学内容和方法的再造。专题化教学与传统教学方式重知识讲解和传授的特点不同,是要在对教材全面把握的基础上,围绕问题联系实际,将教材中的相关理论和知识用专题形式贯穿起来,重在每个专题内理论知识结构的系统性、整体性和严谨性,强调针对性地组织教学活动,重视对学生思想问题和现实困惑的回应。"参见章小朝. 高校思想政治理论课教学的问题意识与专题化教学. 思想理论教育导刊. 2015(10):93~96

题化教学,既是缓解现存问题的重要方式,同时也有利于提升教学质量。

一、采用专题化教学的必要性

根据多所高校反馈,当前的"基础课"普遍面临三个问题。一是,如何在有限的课时安排下完成课本内容的讲授任务。依据《关于进一步加强和改进高等学校思想政治理论课的意见》("05 方案"),"基础课"占 3 学分,共计 48 学时。其间,教师除了要进行理论讲授以外,还要开展实践教学等。因此,即便课程安排相当紧凑,也很难全面且详尽地讲解课本内容。二是,如何处理教学与科研之间的关系。作为一门面向全日制普通高等院校学生进行思想道德和法制教育的公共理论必修课,"基础课"的授课对象通常是全校一年级学生,量大面广的状况引致教师人数不够且教学任务繁重,这造成了大部分教师难以有相对集中的时间思考、学习或研究中国特色社会主义的重大理论和实践问题。三是,如何提升教学的深度。课程内容极为丰富而时间相对有限,加之教学任务繁重而科研投入相对较少等,制约了教学深度。其结果是,理论讲授不仅容易沦为对教材章节的简单梳理,对学生关注的问题蜻蜓点水、浅尝辄止,而且往往容易陷入"理不亏而词穷"的困境。上述三个问题的症结在于"大而全"的讲课思路,它直接降低了课程质量,削弱了教学效果。

相较之下,专题化教学具有"问题利导""重点击破""精准深入"等特点。换言之,它以帮助学生解决问题为出发点,通过同心圆的方式,划分出"核心—重点难点——一般/普通"等不同层次的问题,并把教学重心放在前两个层次,从而在内容上做了留白处理,而并非面面俱到。这种方式一方面让学生在聆听教师讲解核心、重点难点问题时,把握了正确方向,另一方面又为学生提供了独立解决问题的机会,锻造他们思考、分析和研究问题的能力,引导他们自主解决日常生活中的各种困惑。故而,它既在一定程度上能缓解"基础课"教学中普遍面临的问题,又能为课程的发展提供重要契机,推动教材体系向教学体系的转化,提高教学成效。

对学生而言,专题化教学能更好地帮助他们把握教学重点难点,调动他们参与教学的积极性,引导他们开展自主研究学习,符合其自组织倾向明显、敢于表达自我并希望赢得尊重与承认等的群体性特征。对教师而言,专题化教学有利于盘活师资力量,发挥教师专业优势,把学生关注且存在疑惑的问题讲深讲透。另一方面,它也在一定程度上有助于教师把部分精力投入研讨教学重点难点当中,提升教研能力,解决"理不亏而词穷"的问题。对课程本身而言,针对教材章节及内容的调整问题,专题化模式既能及时把中央最新精神融贯于教学,又能维护教学内容的相对稳定性,从而更好地体现其权威性。①

二、正确处理几种关系

就中央层面而言,专题化教学在《中共中央国务院关于进一步加强和改进大学生思想政治教育的意见》(中发[2004]16号)中已然提及,而中央宣传部教育部印发的《普通高校思想政治理论课建设体系创新计划》([2015]2号)也再次重申了这一教学模式,要求高校要"积极推进专题教学,凝练教学内容,强化问题意识,构建重点突出、贴近实际的教学体系"。然而,对于如何把专题化模式具体运用到课程教学当中,这仍然是一个开放性命题。在我们看来,要在高校思想政治理论课中开展专题化教学,首先要正确处理教材与教学、体系与专题、理论与实践等的关系。

教材与教学的关系。实现教材体系向教学体系的转化,并不意味着抛开教材、脱离教材。实际上,现有的统编教材虽然信息量大,但它自身内在地具有周密的逻辑结构,内容集中反映马克思主义理论的精髓,能提供体现普遍性和稳定性的正确导向,且论证的角度也相对全面。而教学则更多地关涉到如何用好教材,把教材中涵盖的重要问题讲清、讲活、讲精、讲透、讲好。从这一角度来看,教材是

---

① 在采用专题化教学究竟有何好处的问题上,研究者根据自身实践做出了总结。例如,赵巧军、马海陆指出,专题化教学改革具有以下优势:(1)有利于突出思想政治课的整体性;(2)有利于解决授课时数少与教学内容多的矛盾;(3)提高学生的整体素养,增强课程教学内容的针对性与适用性,激发学生的学习兴趣,提高课程教学质量,增加学生的社会实践,培养学生的认知能力,提高学生分析和解决问题的能力,加大学生与老师的交流和联系,拉近师生的关系,增强学生的参与。(4)有利于提高教师的专业水平与科研能力,需要教师不断地提升自己的马克思主义理论功底,不断充实自己各方面的知识,不断提高理论研究水平和学术研究能力,才能适应教学改革的需要。参见赵巧军、马海陆."工学结合"人才培养模式下高职思想政治理论课专题化教学改革探索.中国教育学刊.2015(11):232~233

教学的重要依据,教学是对教材的具体展现。明乎于此,在"基础课"中开展专题化教学时,应依据教学大纲,对教材内容进行系统梳理与整合,厘清逻辑关系与脉络线索,并在此基础上按照相关性原则提炼出专题模块。这要求教师首先要熟悉教材内容,以点牵线、以线带面地精选各专题模块中的重点难点问题,继而结合学生实际和社会时事热点等从不同角度论证与解决问题。可见,在专题化教学中,应运用好马克思主义理论研究和建设工程编写组编写的教材。

体系与专题的关系。如同建造房屋一样,假如只是把砖块简单地垒筑起来,却对其框架缺乏设计,没有考虑到物理学等方面原理,那么,所造之房不仅高度有限,而且也不牢固。同理,如果"基础课"仅停留在对多个问题的深入讲解层面,却疏于对教材体系予以必要的关顾,就会使得教学流于知识传播,呈碎片化而非具体整体性,进而很难达到帮助学生建构起牢固的思想价值观大厦之目的。因此,在专题化教学的设计与讲授过程中,应充分兼顾体系与专题、问题,既突出重点难点,又使之贯穿起来,体现各知识点之间的内在联系,形成具有系统性的有机整体。

理论与实践的关系。王阳明曾指出:"知者行之始,行者知之成。"这句话道出了"知"与"行"的密切关联。"知"是"行"的思想前提,它引导行动的方向与方式。而"行"则是知的具体化,体现个体对所知内容的认可程度,并且能扩充、深化与完善"知"。如果说,理论讲授侧重于让学生"知",那么,实践教学更侧重于"行"。它有助于搭建一座"知"与"行"的有效桥梁,帮助他们实现知行统一。故而,"基础课"在开展专题化教学过程中,不仅要注重深化理论的剖析与讲解,而且要重视拓展渠道,创新方法,搭建让学生把理论应运用于实际的平台,从而帮助其从博学、审问、慎思阶段,真正过渡到明辨与笃行阶段。

三、开展专题化教学的具体方式

鉴于高校思想政治理论课共同面对着一些亟待解决的问题,而专题化教学在很大程度上有助于解决这些难题,因此,围绕课程定位,北京航空航天大学"思想道德修养与法律基础"教研室教师以把"基础课"打造成为一门学生"真心喜爱、终身受益、毕生难忘"的精品课程为目标,着力于以专题化教学推进课程建设,不断寻求创新发展的新理念、新路径、新方法,并取得了阶段性突破。

有必要注意的是,作为一种有效的教学模式,专题化教学具有多样性、综合性、复杂性和系统性。因而,仅仅把它简单地理解为内容上的板块划分,并不能确切地反映其核心要义。在我们看来,专题化教学要贯穿于教育理念、教学平台、教学内容、教学方法、考核评估当中,需要合理的教学安排、优秀的教研团队、健全的教学制度、教学方式作为有力支撑。鉴于此,我们注重从六个方面入手,着力于逐步把专题化教学向纵深推进。

第一,精心凝练专题内容,强化教学针对性、层次性。专题凝练是专题化教学的基础。在设置"基础课"教学专题时,我们充分考虑了教材的核心内容、中国特色社会主义重大理论和实践难题、学生感兴趣且感到困惑的问题等。进一步地,我们改变了以往"以教定学"的思维模式,通过座谈、调研、问卷等多种渠道,广泛征求学生意见,搜集与整理他们关心关注的焦点问题,以此强化教学针对性。与此同时,为了使四门本科阶段的思想政治理论课相互衔接,并实现本硕博的一体化,我们还在内容选取与角度诠释等方面做出协调安排。如围绕社会主义核心价值观这一主题,"基础课"除了为学生呈现国家、社会、个人的大视野以外,更侧重于凸显文明、和谐、法治及爱国、敬业、诚信、友善等价值诉求。在此基础上,我们凝练出包括"我的梦,中国梦""让人生之路更宽广""崇德修身,立德树人""做好立业准备,建设幸福家庭""树立法治观念,提高法律素质"在内的五大专题,从而主要解决理想信念、人生观与人生价值、道德素养、择业家庭、法律素质等方面的问题。从具体内容来看,这五大专题一方面涵盖了大学生、特别是大一新生在成长成才过程中常常遇到且难以释疑的问题,另一方面与思想政治理论课的教育教学目标相契合,有助于帮助学生树立正确的世界观、人生观和价值观。从结构框架来看,五大专题的划分不仅边界清晰,有效地避免了不同专题之间内容与案例等的重复交叉,而且相互间层次分明。从逻辑关系来看,专题的设计考虑了学生的认知规律,在每个专题下设置 2~3 个逐层深入的重点问题以及 6—8 个相互关联的分论性难题。这种"剥洋葱"式的循序渐进、层级分明的专题设置思路,不仅能有条不紊地引导学生逐步切入问题本质,进而解决问题,而且能形成以点带线、以线引面的总体格局,体现教学的整体性和系统性。

第二，借助协同并进的备课模式，实现从"个体化提升"到"群体化共促"的转变。备课是讲好专题的重要环节。为了提升教学效果，把专题教学内容讲精讲透，一直以来，我们不仅注重教师个人备课，而且建立集体备课制度，强调发挥团队优势。在集体备课方面，每年两次由全体"基础课"教师参与的定期备课会已制度化。会上，教师们不仅围绕中央新精神、教材新修订、学生新情况等进行讨论，而且还邀请北京高校教学基本功大赛中获奖的老师做教学示范，一同探讨教学技能的完善与提升等。除此以外，负责各专题的教师还参加不定期地组织的共同备课，对授课中涉及的包括案例分析、课堂活动等在内的具体设计进行比较性研讨，从而做到精益求精。可以说，制度化的集体备课摆脱了过去单打独斗的教研方式所具有的局限性，强调了分工合作与协同进步的必要性和重要性，实现了从"个体化提升"到"群体化共促"的转变。利用集体备课的契机，教师们充分交流，集思广益，互相启发，取长补短，共享资源，从而不仅统一了思想认识，明确了教学思路，而且深化了对专题内容的认识，完善了教学方法。

第三，精选课程师资，打造强强联合的理论授课团队。优秀的师资队伍是实现专题化教学目标的重要保障。为更好地发挥授课教师的自身优势，使学生更深入地把握教学内容，"基础课"各专题负责人邀请在相关研究领域有突出成果、具有权威性和影响力的专家学者、广受学生欢迎的教学名师，以及学生工作经验丰富的政工干部，让他们专注于主讲其中一个或某个专题。强强联合的授课团队能让学生领略不同教师的教学风格和人格魅力，尽可能地避免产生视听疲劳，更重要的是，它能让学生有更多机会触及不同领域的前沿问题，更好地把握中央的最新精神，大大提高教学质量。

第四，强调师生"对话"，创设学生参与教学的情境。教与学具有相互依存的关系。在这种关系中，教师和学生是交互主体，具有"主体间性"（intersubjectivity）。因此，教师需摈弃"以教定学"的教育理念，注重发挥学生参与教学的积极性和主动性。实践证明，参与是理性个体了解和理解社会价值规范、认同和固化价值观的有效途径。首先，从心理体验的规律来看，参与本身所蕴含的主人翁精神能让受教育者感到自身的价值和诉求获得了尊重和重视，进而更容易接受教育者的引导。其次，从行为效果来看，各种形式的实践参与能让参与者更深刻地体悟到在公共生活中践行社会价值规范的必要性和重要性,并在参与中反思和比照自身行为与社会所接纳的行为之间的差距,主动且及时地纠正不合理的行为。再者,从参与对象的社会特征来看,高校学子具备自觉参与课堂教学与社会实践的思想条件。当代大学生成长于我国改革开放向纵深发展的社会历史阶段。在这一阶段,社会的开放格局渐趋成熟,经济稳步快速发展,资讯更新日益频繁,人们的人际交往空间拓宽。在此背景下成长起来的高校学生,往往具有较强的独立自主和务实求新的精神,有张扬个性的特质。与此相应的是,他们对新鲜事物抱有积极心态,并更愿意以理性的方式而非借助权威来审视和接纳新信息。这些特征在 20 世纪 90 年代出生的大学生当中表现得尤为明显。有鉴于此,在"基础课"专题化教学中,我们注重"对话"而非"独白",综合运用问题式、启发式、互动式、案例式、研究式等方法,并借用"慕课"教学平台,启发学生"思",鼓励学生"讲",引导学生"辩",调动学生参与教学的主动性与积极性,激发他们求知的欲望与学习的潜能,从而使其自觉地把课堂内容内化于心。

第五,强调"明乎理"基础上的"乐于行",建构与第一课堂相配套的多元化第二课堂体系。为了深化专题教学内容,在常规教学之余,我们一方面邀请了知名院士和专家、杰出校友,以及广受学生欢迎的名师,为学生开设专题讲座;另一方面以问卷调查、社会调研等形式,组织与引导学生围绕特定主题开展自主探究,从而帮助他们明辨是非,培养其自主分析问题与解决问题的能力。进一步地,作为一门素质课程,"基础课"不应仅停留于知识传递的阶段,更要重视价值上的认同。而要使知识认知上升到价值认同层面,实践教学是一条卓有成效的途径。华盛顿儿童博物馆(Kids Quest Children's Museum)曾写了这样一条格言:"听了会忘记,看了会记住,做了才会理解。"(I hear and I forget, I see and I remember, I do and I understand.)这在很大程度上反映了,实践对于个体生成价值认同的关键作用。与此同时,实践也是检验学生是否真正把课堂内容内化于心的重要环节。不难理解,如果学生只是在期末考试中获得高分数,却不懂得在日常生活中自觉践行道德法律,那么,很难说这门课真正让他信服了。正所谓"知而不行,是为不知。"针对此,"基础课"教师会同学工部、团委、学生创业指导服务中心等部门,一方面组织主题演讲比赛、优秀班集体答辩、辩论赛、话剧表演、多媒体创作展示等形式各异、贴近学生生活的校园评选活动,另一方面发掘社会实践资源,组织学生考察社会实践教育基地,结合专业特点指导其参加暑期实习,帮助其做好职业规划。这些活动有助于学生在学中行,在行中学。

第六,建设专题资料数据库,健全立体化的综合考评体系。借助课程主页和"课程中心"等平台,我们为学生提供了丰富多样的教学参考书、专题推荐书目,并刊登他们在名言警句、心得体会、问卷调查、社会调研、小组展示等方面的精彩范文,充实专题资料数据库,从而让学生在课后能进一步自学、比较、自检,让教研团队更好地共享教学资源。另一方面,为了科学全面准确地评价学生的学习效果,我们初步建立了较为立体化的综合考评体系,细化考评指标,使得学生最终得到的成绩合理反映理论教学和实践教学、第一课堂和第二课堂等的整体效果。

四、专题化教学的成效及展望

经过各方的大力支持与自身的努力,"基础课"教研团队在以专题化教学推进课程建设方面取得较为显著的效果。

从学生的角度来看,经过教学改革与课程建设,他们更加愿意与乐意参与到教学过程中,发挥主体角色,其参与的方式越发多元化,参与的广度和深度也有大幅度提高。此外,他们还普遍反映,疑难问题大多得到更有针对性、更有信服力的解答,对教学内容也更加认同。因此,"基础课"教学成效得到学生认可,评教分数始终保持在学校前列。从教研团队的角度来看,经过教学改革与课程建设,教师的教研能力得到了不同程度的提升。在专著论文成果方面,团队教师不仅出版专著,参与编撰教材,并多次在 CSSCI 与中文核心期刊上公开发表学术论文。而为了给学生和教师提供鲜活、生动、接地气的素材,我们还主编出版《和谐成长》《和谐德育》等,并把学生撰写的优秀文章与格言等结集成册,形成《青年学子成长录》等教辅材料。在项目资助方面,团队教师多次获批国家社科基金项目、北京社科基金项目、教育部专项基金项目与首都大学生思想政治教育课题资助,入选北京市"英才计划"、北京航空航天大学"蓝天新秀""蓝天新星"。在奖励荣誉方面,教研团队中一人次获得北京市哲学社会科学成果奖,两人次获得北京市先进德育工作者称号,一人次在北京高校青年教师教学基本功比赛中获得三等奖、四人次在北京高校思想政治理论课教学基本功比赛中分获一等奖和三等奖,且讲学视频被收入北京市教工委年度工作报告。此外,在学生广泛参与投票评选的北京航空航天大学"我爱我师"活动中,团队教师分别被评为"十佳教师""最具亲和力教师""优秀教师"等。从课程建设来看,"基础课"获评"精品课程",多项教改课题被评为优秀教学成果,教研团队获"成飞奖教金"。

在《教学勇气》一书中,帕尔默(Parker Palmer)曾指出:"教与学的相遇是无止境的。"①同理,专题化教学也需要不断完善,不断创新。在下一阶段,我们将把教学改革纳入本硕博一体化的整体化进程当中,致力于使专题的凝练更加科学,重点难点问题的提炼更加合理,疑难问题的解答更加深入。此外,根据专题设计,在以教带研、以研促教的基础上,我们将有计划地分批编写立体化、体系性的教材教辅书籍,努力把专题内容做精、做深、做透。目前,我们已编写出版《思想道德修养与法律基础(专题教学教辅教材)》。该书的特点主要体现在以下三方面:首先,指导思想明确,态度立场鲜明。在写作过程中,我们始终坚持以马克思主义为指导思想,视之为真理和道义的制高点,自觉运用其立场、视角、观点及方法提炼、分析与解决问题,并把党的理论和路线方针政策等马克思主义中国化的成果贯穿其中。其次,问题意识强烈,问题导向突出。为增强教学的针对性与提升其实效性,我们通过各种形式广泛了解学生思想动态,把握他们经常在思想道德素质与法律素质方面存在的困惑,并在此基础上整理出他们关心与关注的问题,并逐一予以解答。最后,多层次剖析,多维度论证。在立足中国实际的基础上,我们强调融通古今中外各种资源,既注重从继承性的角度挖掘中华优秀传统文化,阐发它们对社会主义核心价值观的涵养作用,以此滋养大学生的心灵与陶冶其道德情操;又重视吸收世界各国积极的成果,借助其可资借鉴的理论和方法,从而增强所证观点与所析理据的说服力。

除此以外,我们将依托首都高校党建研究基地、思想教育研究中心等平台深化教学内容的研究,依托名师工作室创新教学方法,依托专题教学系列丛书丰富教学素材,依托信息技术拓展教学平台,拓展第二课堂,优化教师队伍,提升教师

---

① 帕尔默.P.2005.教学的勇气.沈桂芳,金洪芹译.上海:华东师范大学出版社

能力,进而使专题化教学向纵深推进。

专题化教学是体现教学之深度与厚度的一项重要举措,旨在把中央重视、社会关注、学生困惑的问题讲清、讲精、讲透、讲活、讲好。它顺应了社会发展趋势,体现了高等教育要求,反映了大学生认知规律和特点。如今,随着互联网应用技术逐步普及,人们获取信息的方式和渠道越发便捷、多样。对于视野相对开阔、参与意识较为强烈的当代大学生而言,如果教师把自身仅仅定位为资料收集者和信息传播者,无法对他们关心关注的问题做出多维度、有深度的解答,便难以满足其求知解惑的需求。如果教师仍采用单向的硬性灌输方式,形式僵化、手段单一,无法提供足够的机会让他们参与教学过程,便难以让他们信服并在行动中一以贯之。为有效地帮助学生释疑解惑,让他们自觉地把教学内容内化于心并转化为实际行动,"基础课"教研团队注重以专题化教学提升课程质量,着力于帮助学生形成正确的世界观、人生观和价值观。应当强调的是,我们所理解的专题化教学具有多面向。它涉及转变教学理念、优化教学内容、创新教学方式与合理评估考核等多个方面,要求第一课堂、第二课堂与第三课堂相辅相成,协同并进。目前,我们侧重于以第一课堂为主,以内容为突破口,着力于凝练教学专题,精炼教学内容。

第三节　思想政治理论课话语方式的创新
——以习近平新时代中国特色社会主义思想为例

教育首先要搞清楚"培养什么人"的问题。作为中国共产党领导的社会主义国家,我们的教育要培养社会主义建设者和接班人,培养拥护中国共产党领导和我国社会主义制度、立志为中国特色社会主义奋斗终生的有用人才。作为巩固马克思主义在高校意识形态领域指导地位、坚持社会主义办学方向的重要阵地,高校须围绕这一人才培养目标,大力推动习近平新时代中国特色社会主义思想进教材、进课堂、进头脑,增强学生对中国特色社会主义的道路自信、理论自信、制度自信和文化自信。

思想政治理论课是巩固马克思主义在高校意识形态领域指导地位,是全面贯彻落实党的教育方针,培养中国特色社会主义事业合格建设者和可靠接班人,落实立德树人根本任务的主干渠道,是进行社会主义核心价值观教育、帮助大学生树立正确世界观人生观价值观的核心课程。办好思想政治理论课,事关意识形态工作大局,事关中国特色社会主义事业后继有人,事关实现中华民族伟大复兴的中国梦,必须始终摆在突出位置,持之以恒、常抓不懈。

一、以四位一体的话语方式推动习近平新时代中国特色社会主义思想"三进"

要切实推动习近平新时代中国特色社会主义思想"三进",就要一方面坚持学原文、读原著,把习近平新时代中国特色社会主义思想的主要内容纳入教材当中,融入教学全过程。这是基础和前提。另一方面,要着重在悟原理上下功夫,让学生不仅掌握这一思想是什么,同时理解为什么、怎么用,从而实现从学深悟透到真信真用的升华。这就要求我们要结合思想的深刻内涵,联系学生的认知特点,在创新教学理念、构建话语体系方面做出积极探索。

话语体系的建构理应是具体的、系统的,而非抽象的、零散的。对此,高校思想政治理论课要围绕教学目标,结合课程重点难点问题,以立体化的话语体系来逐一讲清、讲透。从话语方式的创新与话语体系的建构来看,我们至少应该着力做好以下几个方面。

首先,明确政治话语。引导学生建立正确的政治信仰、政治理念和政治认同是高校思想政治教育的目标和任务,同时也是其出发点和落脚点。包括教学内容、教育方式和效果评估等在内的课程设计要围绕这一目标、突出这一目标。作为马克思主义中国化的最新理论成果,作为党和人民实践经验和集体智慧的结晶,习近平新时代中国特色社会主义思想深刻揭示了新时代中国特色社会主义的本质特征、发展规律和建设路径,是我们坚定政治信仰、增进政治认同的思想引领和根本遵循,因此应把它融入高校思想政治教育的全过程。此外,由于教育者不仅承担着知识传授的责任,同时更发挥着潜移默化的感染影响作用,其言行具有示范效应,因此,高校思想政治教育工作者应做到明确政治方向、增强政治认同、站稳政治立场,敢于运用政治话语体系,坚决避免在政治问题上遮遮掩掩、态度暧昧。唯此,才能在感同身受的基础上影响、引导、带动学生实现由认知到认同、由知识到信念的转变。

其次,立足中国话语。习近平新时代中国特色社会主义思想立足新时代中国的具体国情,聚焦中国改革发展的实践探索,关注中华民族的复兴和中国人民的幸福,具有鲜明的实践特色、理论特色、民族特色、时代特色,蕴含着丰富的中华民族价值共识、精神追求、政治智慧、历史经验。因此,要深刻理解、全面把握这一思想的深邃内涵,并将其讲清楚、说明白,使其真正为高校学生所理解、所接受、所认同,构建符合中国特色的中国话语体系。这具体表现为,一方面要站稳中国立场、明确中国价值,以此为基础进行思想阐释和解读。这要求教育者自身在价值判断层面具有清醒的认识,在选择分析框架与工具时,对一些流行观点特别是西方学界的观点隐含的价值预设和伦理原则予以理性审视、剖析和扬弃,进而立足我们自身的价值立场构建符合中国特色的理论框架和分析工具,在价值契合的层面上实现对学生进行有效引导。另一方面要善用中国表达。诚如习近平总书记所指出:"在解读中国实践、构建中国理论上,我们应该最有发言权……要善于提炼标识性概念,打造易于为国际社会所理解和接受的新概念、新范畴、新表述……"因此,高校思想政治理论课要重视中华优秀传统文化,体现中国现实和中国逻辑,以中国概念、中国表达为框架,使习近平新时代中国特色社会主义思想入耳、入脑、入心、入行。

再次,建构学术话语。由于高校学生已具有一定知识基础和理性思维能力,纯粹理论灌输的效果可能不尽如人意,而简单的精神宣讲会让他们感到不"解渴"。相比之下,学术话语体系以刨根问底式的追问、严谨且有逻辑的思考、缜密且有理据的分析见长。从学术角度进行探究能从理性思维层面把问题讲得更清楚、更透彻,以学术话语进行阐释能让观点更具信服力与内渗力。可以说,学术话语体系能为价值观念提供理性支撑,能更大程度地避免学生产生逆反心理,因而也更容易经由主动认同来实现从知识到信念的升华。因此,讲解习近平新时代中国特色社会主义思想时,要突出这一思想坚守真理的继承性与把握规律的科学性,特别是要结合马克思主义基本原理和立场观点方法,结合中华优秀传统文化的思想精髓,结合人类文明的优秀思想成果,讲清楚这一思想是在坚持辩证唯物主义和历史唯物主义的基础上,在充分继承中华优秀传统文化价值追求和思想内涵的基础上,在积极借鉴世界各国治国理政先进经验的基础上,对共产党执政规律、社会主义建设规律、人类社会发展规律的深刻把握,从而在学理上帮助学生更深入地领会思想精神。

最后,关注民众话语。党的十八大以来国内外形势深刻变化和我国各项事业快速发展催生了习近平新时代中国特色社会主义思想,这一思想回答了实践和时代提出的新课题。可以说,新思想源于新实践,同时又反过来指导新实践。因此,要提升学习贯彻习近平新时代中国特色社会主义思想的实效性,就应观照并有针对性地正确解读社会现实。这要求高校思想政治教育者一方面了解与正视群众诉求,既能分析诉求产生的背景原因,又能以习近平新时代中国特色社会主义思想为依据和遵循,阐释问题解决的前景、理念和路径,同时还能在此基础上对与问题相关的已有政策进行梳理,从而通过以点带面的方式强化学生对中国特色社会主义的信心和信念。另一方面对社会中存在的负面观点不应视而不见、置之不理,而应在理性全面的分析基础上有针对性地予以回应。对隐含西方意识形态输出的刻意歪曲、误导民众的理论,应在分析其产生背景和理论预设的基础上,通过阐述我国发展成就、理论成果等,正本清源。对一些具体的社会批评言论,可通过剖析社会发展规律、我国发展阶段、社会现实基础等,借助横向和纵向比较,引导学生思考问题产生的客观原因,激发其报效祖国的热情,带动其围绕问题的解决与政策的制定等开展研讨,从而在帮助学生树立正确理想信念的同时,培养其责任感和使命感。

二、高校思想政治教育话语体系的实践探析

作为应对世界发展难题与践行可持续发展理念的中国方案,人类命运共同体是马克思主义中国化的最新成果,是习近平新时代中国特色社会主义思想的有机组成,构成了高校思想政治理论课须深入讲授的重要内容。故而,教师应在政治话语、中国话语、学术话语和民众话语等方面着力,帮助学生真正把握党的创新理论。

首先,教师应向学生讲清楚人类命运共同体提出的理论意义与现实背景。作

为对人类社会发展理念的新诠释,作为马克思主义的时代结晶,以及作为习近平新时代中国特色社会主义思想的有机组成部分,人类命运共同体有重要的理论价值。当前,人类正处于大发展大变革大调整时期。面对层出不穷的挑战、日益增多的风险,以零和的思维、特殊主义的立场、单子化的发展模式逆全球化趋势而行,不仅无助于解决问题,而且会导致引致新的难题。在此背景下,以习近平同志为核心的党中央着眼人类发展和世界前途,提出的构建人类命运共同体的重要战略思想,为应对当今世界的发展难题与践行可持续发展理念提供了中国方案,因而得到了国际社会的高度评价和热烈响应。

另一方面,构建人类命运共同体是党中央立足于新形势提出的外交方略,不仅体现了中国坚持走和平发展道路的姿态和立场,而且彰显出大国责任的意识和自觉。在世界多极化、经济全球化深入发展,社会信息化、文化多样化持续推进的背景下,该理念除了为解决世界各国共同面对的经济、安全、环境等难题提供新思路以外,还是一种应对西方霸权主义等的有效途径。随着我国快速发展与实力增强,近年来,某些别有用心者一方面片面解读我国政策,刻意在国际上散播歪曲甚或是抹黑中国的舆论,恶意宣扬"中国威胁论""中国傲慢论"和"中国崩溃论"等,丑化与污损我国形象,造成民众的误解。另一方面,他们把西方价值观念加以包装与美化,以所谓的普世价值来掩盖西方中心论调与霸权立场,占据道德高地,强塑西方政治话语,并以各种方式干预其他国家内政。在强大的全球网络助推下,由此导致的负面影响日益加剧。而倡导建构人类命运共同体将有利于国际社会正确认识中国的立场、姿态与大国的风格、气派,有利于提升我国的国际形象,有助于赢得其他其他国家、特别是发展中国家的支持,为我国的和平与发展创设良好的国际环境。因此,在讲授这一专题时,教师应帮助学生明确其在意识形态层面蕴含的政治诉求,引导他们走出西方话语体系,更好地把握理解建构人类命运共同体的必要性、重要性与合理性。

在突出政治话语的基础上,高校思想政治理论课教师还应讲清楚人类命运共同体理念所富有的文化底蕴和价值意蕴。作为心系人类发展和世界前途的中国理念、中国方案,人类命运共同体理念并非无水之源、无本之木。相反,它所体现的类意识和天下观,与我国的国情和文化紧密相关。与大多建基于单一民族的西方国家不同,中华民族自古以来便是一个由多民族组成的共同体。对此,孙向晨指出,源于西方的彼此相隔、基于族群差异的现代民族国家概念并不适用于中国。① 多民族的事实使得由此积淀下来的文化内在地更具包容性,更强调共处与共享,而非唯我独尊。这种文化催生出天下为公、世界大同、万国咸宁、协和万邦等思想。相应地,在价值诉求上,中华民族更注重发挥德性的作用,以此谋求一致性,更倾向于以"文"的方式而非诉诸"武"来解决分歧和冲突。正所谓,"天下非一人之天下,乃天下之天下也。……仁之所在,天下归之。……德之所在,天下归之。……义之所在,天下赴之。……道之所在,天下归之。"②正是秉承了中国传统文化的基因,在坚定不移地走中国特色社会主义道路时,我国的发展理念更具开放性和包容性,更注重在"义"与"利"、竞争与合作、差异与一致之间寻求平衡,在致力于本国发展的同时也为其他国家提供"快车""便车"。明乎于此,学生不仅能更深入地认识中国传统文化,而且能增强对中国特色社会主义的道路自信、理论自信、制度自信和文化自信。

进一步地,从政治话语和中国话语的角度把人类命运共同体的精髓呈现给学生,离不开学术话语的支撑。如前所述,对大学生而言,学术话语相对更具说服力。这要求高校思想政治理论课教师不能满足于照本宣科式的灌输,而应注重理论研究,多维度地引导学生把握思想核心,从学术层面帮助学生形成观念认同。换言之,教师不仅要把以习近平同志为核心的党中央围绕人类命运共同体问题所做的讲话内容告诉学生,帮助他们了解"什么是人类命运共同体",而且应当借助对其时代背景、思想脉络、现实意义、实践途径等的深入讲解,帮助学生理解"为什么要提出建构人类命运共同体",以及"应该怎样建构人类命运共同体"等。

以本科生课程为例。负责"思想道德修养与法律基础"课的教师可加强对人类命运共同体的价值原则的研究,通过阐释义利相兼、义重于利的义利观,一方面凸显其道义理据,另一方面彰显中国传统文化的当代价值;加强对坚持走和平发展道路与捍卫人民正当权益、维护国家核心利益之辩证关系的研究,说明人类命

---

① 孙向晨.民族国家、文明国家与天下意识.探索与争鸣,2014(9):64～71
② 唐书文.2012.六韬·三略译注.上海:上海古籍出版社

运共同体对国家主权的尊重,并在此基础上明确新时代爱国主义的内涵与基本要求。负责"毛泽东思想和中国特色社会主义理论体系概论"课的教师可加强对提出人类命运共同体的时代背景及其价值指向的研究,从伙伴关系、安全格局、经济发展、文明交流与生态建设等角度突出其问题意识与实践观照;从思维方式的角度,论证它对零和博弈和二元对立思维的破解,对单子化发展模式的否定,以及对独断主义的消解。而负责"马克思主义基本原理概论"课的教师在阐释马克思主义的当代价值时,可从价值观照、价值原则、价值诉求、价值指向等方面,探讨与说明人类命运共同体对马克思恩格斯共同体思想的承继、创新与发展;通过比对人类命运共同体与西方特殊主义共同体的差异,说明前者对后者的超越——以开放包容的姿态,强调人的类存在和类特征,消解了人为设定的各种界限,延展了共同体的覆盖范围,避免了以往共同体的狭隘性、排外性和封闭性,弥合其造成的价值断裂,进而在现实生活中推动团结、和平与发展。从提出人类命运共同体的历史背景与时代需求、中国文化中积淀的天下情怀与和合诉求、我国为推进人类命运共同体的构建所做的努力与贡献、人类命运共同体理念与马克思恩格斯的共同体思想之间的关联、人类命运共同体的价值内涵与意蕴等多个角度,分层次地、多角度地帮助学生明晰理念提出的必要性和重要性,把握它对马克思恩格斯思想的延承与发展,明确它与西方话语体系中的共同体思想的不同,从而更深刻地把握人类命运共同体的时代性、超越性与优越性。而这种从实践研究向理论研究的过渡体现了逐步推进与螺旋上升的思路,也能使各门思想政治理论课既有所侧重,又能相互协调、相互呼应,它既能避免教学内容的重复与教学深度的欠缺,同时也能有效避免课时不够而内容较多的困境。避免教学内容的重复与教学深度的欠缺。

当然,要让学生更易于理解人类命运共同体之精髓,还需从学术话语回归到民众话语。与注重理论概念和范畴等的学术话语不同,民众话语更多地通过叙事、讲故事的方式展现。而"一带一路"的倡议与建设、亚洲基础设施投资银行与欧亚经济联盟的成立与运作、中非合作论坛的成立与北京峰会的召开,我国与一些国家全方位开展的经济、文化交流与合作,以及援助工作的创新等,既展陈了我国为推进人类命运共同体的构建所做的努力与贡献,又反映了我国推进人类命运共同体之构建的决心与信心,为高校思想政治理论课教学提供了丰富素材,有助于学生直观上把握人类命运共同体的目的、举措和成效等。除此以外,针对形式各异的反全球化声音与西方共同体遭遇的"团结困境"①,教师也可结合上述实例予以回应与破解。

推动习近平新时代中国特色社会主义思想进教材、进课堂、进头脑是当前高校思想政治课的重要任务。这项任务要具有系统性、专业性、理论性和实践性。高校思想政治课教师应立足新时代,聚焦新思想,树立新理念,总结新实践,注重从政治话语、中国话语、学术话语和民众话语的角度,更为有力有效地使习近平新时代中国特色社会主义思想深入人心,使之真正成为高校学生的思想遵循和行动指南。

第四节　思想政治理论课教学技术的扩展
——以"慕课"平台为例

教育教学技术是提升课程质量的重要途径。随着信息科技的不断发展,新媒体和网络等为课堂提供了多样化的教学手段,为大学生学习创设了良好的平台。作为一种新兴的教育模式,"慕课"如今在社会上已产生了不容忽视的影响,其覆盖面正不断扩大。"慕课"(MOOCs,Massive Open Online Courses,即大规模网络开放课程)的兴起与广泛影响引发了我国教育的深刻变革,推动着教育理念和教学方式的转型。它在为高等教育的发展提供新方向的同时,也因自身的不足而制约了教育成效的提高。在此背景下,有必要反思"慕课"对高校思想政治教育、特别是思想政治理论课教学的影响,正视其带来的挑战,应对其引发的问题,同时也应把握它带来的机遇,充分发挥其优势,使之更好地服务于教育教学目的。

一、"慕课"时代的来临

2011 年秋,来自 190 多个国家共计 16 万人注册了斯坦福大学的《人工智能导

---

① 鲍曼 . Z. 2003. 共同体:在一个不确定的世界中寻找安全 . 欧阳景根译 . 南京:江苏人民出版社

论》免费课程。而后,Udacity、Coursera 和 edX 平台在美国开发成功,继而陆续发布了大规模开放的在线课程(MOOC,massive open online courses)。对此,《纽约时报》把 2012 年称作"慕课元年"。在欧洲,截至 2013 年年底,高校开设的"慕课"已达 450 门,通过 Future Learn、iversity 和数字大学等平台,英、德、法等国家也相继加入"慕课"行列。短短不到两年多里,"慕课"席卷全球。遍布全世界 220 多个国家的 600 多万名参与者在"慕课"上不同程度地开展学习,其影响范围之广、扩张速度之快、冲击力之强,令人刮目相看。随着 Coursera 的 5 门课程进入美国教育理事会(ACE)的学分推荐计划,学生选课行为及其获得的相应学分逐步得到大学承认,这标志着"慕课"正式进入了正规的高等教育体系。

在全球广泛关注和推动的背景下,我国多所高校已结合各自实际,纷纷采取应对措施。清华大学、北京大学、复旦大学和上海交通大学等十几所高等院校开始一方面引进哈佛大学、麻省理工学院、加州大学伯克利分校等世界名校的高质量在线课程,另一方面着手打造自身的课程品牌。目前,通过"学堂在线"和"南洋学堂"等在线教育平台,逾百门精品课程已面向社会开放。除此之外,围绕高校如何参与"慕课"这一全球教育创新方式等问题,国内也举办了一些研讨会。如在"在线教育发展国际论坛"上,国内 12 所顶尖高校围绕"在线开放课程"开展紧密合作,实现资源共享,共同推动我国在线教育的发展和高等教育的创新。2015 年 4 月,教育部出台了《关于加强高等学校在线开放课程建设应用与管理的意见》,支持"建设一批以大规模在线开放课程为代表、应用与服务相融通的优质在线开放课程"①。这意味着,作为一种新兴的教育模式,"慕课"已逐步得到社会认可。

然而,值得注意的是,虽然各大媒体和高校普遍认为"慕课"时代现已降临,而学界对该问题也开始有所关注,但针对"慕课"所做的理论和实践探讨尚未进入系统化的实质性阶段。从实践操作来看,尽管复旦大学以《思想道德修养与法律基

---

① 《关于加强高等学校在线开放课程建设应用与管理的意见》指出,到 2017 年前,要认定 1000 余门国家精品在线开放课程;到 2020 年,要认定 3000 余门国家精品在线开放课程。在支持"建设一批以大规模在线开放课程为代表、应用与服务相融通的优质在线开放课程"的同时,《意见》还强调,要做好相应的教育培训和课程管理等工作,并加强制度建设。详见教育部. 教育部关于加强高等学校在线开放课程建设应用与管理的意见 http://www.gov.cn/xinwen/2015－04/28/content_2854088. htm

础》一课开国内实操之先河,但它的收效情况仍有待检验。从理论研究来看,国内学界的相关研究成果依然比较缺乏,探究"慕课"的具体运作方式的成果寥寥无几,而专门针对思想政治理论课的探究更是屈指可数。不论是高校还是学界,对教学(特别是思想政治理论课教学)过程中如何合理利用"慕课"等问题,尚处于"摸着石头过河"的探索阶段。

在信息传播渠道日益多元、网络等多媒体传播方式越发受到重视的背景下,"慕课"方式已对高等教育的发展提出新的要求,在一定程度上倒逼大学加快教育改革步伐,呼唤着高校的创新改革机制,提高教学质量,以应对它所带来的挑战。作为高等教育的重要组成部分,思想政治理论课也不可避免地受到影响。在这种意义上,"慕课"可以被理解为高校思想政治理论课提升自身教学质量的契机,是一种理应积极面对的发展趋势。

二、"慕课"的内在优势与不足之处

要把握"慕课"所带来的发展机遇与应对其挑战,首先要了解它的优势和不足。"慕课"主要采用"云端"教学的方式。该方式有别于传统的课堂教学模式,具有自身的独特优势。这些优势集中体现在以下几方面。

"慕课"的准入门槛低,受众范围广。传统课堂的授课对象以本校学生为主,每堂课的学生人数为几人至几百人不等。相比之下,现有的"慕课"学习平台,可容纳成千上万人。与此同时,它没有把授课对象局限在特定人群。来自不同国家、具有不同知识背景的学生,可在完成注册和认证等环节后,进行在线学习。这种低门槛的准入机制吸引了众多学习者。

"慕课"拓展了学习的时空界限,学生可跨时空体验较完整的教学过程。与以往学生要根据教务安排,在特定时间、特定课室参与特定课堂的做法不同,"慕课"平台突破了时空限制,在很大程度上实现了"随到随学"。具体而言,学生只需要配备可访问网络的手机或电脑等,便可随时随地加入某一课程,并视自身的学习状态来决定什么时候学习、在哪里学习。另外,"慕课"既提供了视频教学,又安排了在线提问、互动讨论、通关测试与课程考核等环节,因此,学生能足不出户地完成从听课到考试的整个教学过程。

"微课程"设计精巧,符合学生的认知规律。有研究表明,学生集中注意力的时间是有限的,一般不超出 15 分钟。出于让学生保持良好学习状态的考虑,作为"慕课"之重要载体的"微课程",往往将每个章节的视频切割成 15 分钟甚至更简短的时间。短而精的教学设计反映出数字化时代学习方式(E - Learning)的特征,能缓解学生因学习时间过长而产生的疲劳感,保障他们的学习兴趣。

"慕课"强调学习的自主性,凸显学生的主体地位。与以往学生跟随教师的教学节奏开展学习的情况不同,"慕课"要求学生自主学习在前,教师引导在后。而在学习过程中,学生可视自身对所授内容的兴趣和把握程度,选择跳过或反复学习某部分的内容,并可先行思考与解决相关的重点和难点问题。这有利于激发学生参与教学的积极性。

"慕课"促成课程评估方式的多样化,推动评价标准的数据化。以往的评教方式比较单一,学生大多凭印象笼统地给教师打分。与之形成鲜明对比的是,在"慕课"平台中,课程的选课人数、线上交流的热烈程度都可被量化处理。这些数据连同学生的课后意见反馈等,共同构成评价课程质量的重要依据。而定性和定量相结合的评估体系能增强评教的客观性、全面性和公正性。

尽管"慕课"在学习条件与课程设计等方面具有诸多优势,但值得注意的是,它自身也存在一些缺陷,从而制约了教学成效的提高。

"慕课"采用人机互动的模式,容易在师生沟通方面设置无形的障碍。虽然教师与学生可在"云端"完成教与学,但学生人数众多的状况,使师生之间缺乏足够的互动机会,教师难以对所有的在线提问予以充分回应。故而,有研究者指出:"'慕课'的在线课动辄就有成千上万的学生,一般只有少量或没有阅读和写作要求,师生之间几乎没有互动,也没作业评语,学生之间仅仅在网络上进行缺乏指导和规范的交流。"①除此以外,"云端"教学模式造成师生在时间和空间上的分离,而通关测试等大多只能考查学生对某些知识点的把握程度,却难以判断他们是否接受与认同相关的价值观念,这使得教师无法第一时间了解学生的想法与困惑,"教"与"学"的效果也难以被准确地反映出来。

① 张爱平. 2014 - 02 - 20."慕课狂热"的警示. 社会科学报

　　"慕课"的运作成本较高,更新相对滞后。一门成功的"慕课"课程,不仅需要大量的资金用于配备必要的硬件和软件,而且需要课程团队投入很大精力进行建设与维护。如在开设"慕课"课程之前,包括授课教师、助教和制作人员在内的课程团队,要精心备课、设置考题、录制讲课视频等。而在课程开始运作以后,课程团队还要应对海量的在线提问,组织线上互动交流,以及批阅课程作业。这不可避免会造成课程内容更新相对较慢,影响了课程的时效性。

　　"微课程"以问题为导向的教学设计,容易造成课程内容的碎片化。"微课程"并非把传统课堂的内容照搬到虚拟平台,更不是面面俱到,而是根据每个章节的知识点,提炼出多个小问题,进而制作成微视频,使每一段视频都重在解决某个或某些问题。这种处理方式虽然有助于避免学生因长时间学习而产生厌烦,却较难让学生把所学知识贯穿起来,真正理解各知识点之间的内在联系,因此也难以从整体上把握课程内容。

三、"慕课"为高校思想政治理论课提供的机遇

　　作为一种新兴的教育方式,"慕课"已受到社会关注与重视,其覆盖范围之广、扩张速度之快,让人刮目相看。对高校思想政治理论课而言,它能在以下几个方面推动课程的建设。

　　首先,"慕课"在一定程度上能解决思想政治理论课教师队伍人数不足的问题。高等学校思想政治理论课是大学生的必修课。就目前的情况而言,负责思想政治理论课教学的院系,不仅要开设本、硕、博三个不同层次的公共必修课,而且还要承担一些选修课和专业课的教学任务。这导致教师压力过大。而课堂容量大的"慕课"平台有助于解决思想政治理论课量大面广而带来的教师人数不够、教学任务繁重等问题,使教师能在一定程度上摆脱简单重复授课的困境,进而把精力投入有创造性的工作当中。

　　其次,"慕课"有利于思想政治理论课构建"师—生"双主体的格局。教与学具有相互依存的关系,真正有效的教学活动应由教师和学生共同参与。但以往思想政治理论课"以教定学"的思维模式常常仅关注"教什么""怎么教",却忽视了师生的"主体间性"(intersubjectivity),造成学生的潜能与学习的积极性和创造性

没有被充分激发出来。由于"慕课"把教师和学生看作交互主体,在很多方面赋予学生自主选择的权利,并且在教学环节的设计上为他们提供参与教学的机会,因此,把"慕课"运用到思想政治理论课教学当中,有助于培养学生的主体意识,提高其主体地位,从而促成师生的良性互动。

再次,"慕课"有助于整合思想政治理论课的师资力量,实现群体化的共促。传统的课堂教学主要由一名主讲教师"一通到底"。在这种模式下,不同的任课教师之间较少进行交流,影响了教研能力的提升。与之不同的是,"慕课"不仅需要多名授课教师共同负责,而且要求授课教师、技术人员、助教等各尽所能。团队合作摆脱了过去单打独斗的教研方式所具有的局限性,强调了分工合作与协同进步的必要性和重要性,驱使教师和相关人员定期或不定期地就课程的更新、维护与完善等问题开展研讨。由此可见,"慕课"改变了以往偏重"个体化提升"的做法,而更注重"群体化共促",有利于提升思想政治理论课队伍的整体水平。

最后,"慕课"有助于把思想政治理论课建设成为大学生真心喜爱、终身受益的精品课程。在传统单打独斗的教学模式下,教师很难把每一堂思想政治理论课都上得很精彩。相比之下,"微课堂"大多以专题形式讲授,在相关研究领域有突出成果、具有权威性和影响力的专家学者或讲课广受学生欢迎的教学名师,可根据自身优势负责其中一个或某个专题。强强联合的授课团队能大大提高教学质量,让学生有更多机会触及不同领域的前沿问题,领略不同教师的教学风格和人格魅力。与此同时,"慕课"的选课机制与课程评价体系也能淘汰一批不受学生欢迎的课程,在客观上实现优胜劣汰。

四、"慕课"对高校思想政治理论课提出的挑战

"慕课"在为高校思想政治理论课的建设提供发展契机的同时,也在教学形式和内容、教学设计、师资队伍水平等方面提出了更高的要求。

首先,"慕课"的教学形式加大了思想政治理论课进行思想引导的难度。教学形式影响教学效果。从教育心理学的角度来看,直接面授的形式更有助于教师通过眼神交流、肢体语言来声情并茂地渲染教学氛围,使学生在情感上引起共鸣,在思想上产生认同,并在行动上进一步固化。以"爱国主义"这一教学主题为例。爱

国主义是调节个人与祖国之间关系的道德要求、政治原则和法律规范。在教学过程中,教师不仅要从理性认知的角度讲解相关的知识要点,而且要让学生感受与体会祖国山河、文化和人民的可爱之处,激发他们的爱国情怀,强化他们的爱国意识,让他们明确"什么是爱国""为什么爱国"与"怎样爱国"等问题,由此增强教学的感染力和说服力,达到以理服人、以情动人的效果。但"慕课"人机互动的交流方式不利于教师发挥言传身教的作用。故而,与传统课堂相比,思想政治理论课教师可能要花费更大的精力才能达到教学目的,帮助学生培养合理的思维方式,养成良好的道德情操与规则意识。

其次,"慕课"碎片化的教学设计削弱了思想政治理论课的系统性和严谨性。与大多数专业课不同,思想政治理论课的立足点是帮助大学生树立正确的世界观、人生观、价值观。而这些不同思想观念的相互支撑、相互确证,有利于增强各自的说服力。然而,以问题为导向的"微课程"设计容易造成教学内容的碎片化,难以让学生从整体上把握各种思想观念,较难达到举一反三的效果。比如,碎片化的内容安排很有可能使得"思想道德修养与法律基础"课流于对某些具体的道德规范或法律条文的讲解。诚如美国著名的思想家麦金太尔指出,当代道德领域的一个难以回避的问题是,过于注重具体的道德规范和条文,却忽略了作为整体的"善"本身。作为以培养良善且整全之人格为重要目的的课程,思想政治理论课应引导学生确立系统化的正确观念,实现知与行的统一。与此同时,"慕课"以诸如游戏通关等娱乐化的方式测试学习效果的做法,虽然能帮助学生明确某一具体问题的答案,却无助于把思想政治理论课的内容内化于心、外化于行,甚至有可能出现为了答题而答题的情况,进而在一定程度上加剧了知与行的脱节。

再次,"慕课"要求思想政治理论课各个教学环节之间以及整个团队内部更加高度协调。传统的思想政治理论课主要由一名主讲教师负责,因此,在不同的教学环节和阶段,教师相对容易进行统筹与管理。但"慕课"教学则不尽相同。它讲求团队合作,要求不同的授课教师及技术人员、助教相互配合,共同提升思想政治理论课的教学成效。另一方面,由于学生可在线体验较完整的教学过程,因此,课程的不同阶段与各阶段内部也应循序渐进,环环相扣。如教师授课画面和 PPT 需融合一体,授课内容和通关考题需相互呼应,课程评估环节中的定性评估和定量评估、动态评估和静态评估、过程评估和绩效评估等需合理衔接。除此以外，随着教育部与高校建设大规模在线开放课程的力度越来越大，业务外包——由专业团队负责制作课件、建立课程数据库与完善教学平台等，以此减少运营成本与提高开发效率——极有可能成为重要的发展趋势，①而这也要求有效协调发包方和承包方之间的关系。

最后，"慕课"要求思想政治理论课教师提高自身的教育教学水平。从某种意义上看，传统的课堂教育带有安排性质，学生没有机会自主选择授课教师。这在一定程度上造成了教师缺乏竞争意识，创"精品"、造"品牌"的动力不足，"满堂灌"的现象时有发生。而教学也由此沦为了一种存储行为——"学生是保管人，教师是储户"。② 但"慕课"赋予学生更多的选择权利。他们可自行选择所欣赏的教师和感兴趣的课程。在这种情况下，教师要改变照本宣科的做法，提升自身能力。他们一方面要像以往那样熟悉教材内容，把教材体系转化为教学体系，做到融会贯通、熟练驾驭、精辟讲解，另一方面要掌握一些必要的课程设计技术，恰当地展示所讲授的内容。另外，由于线上教学人机互动的交流方式不利于师生交流，因此，教师还要在语言表达、教育技巧等方面有过人之处，能就某一问题在短短十几分钟的教学时限内渲染课堂氛围，吸引学生的注意力，激发他们思考问题的兴趣，并适时地予以提炼总结。诚如有学者指出的，此时的教师应"成为一名优秀的课程设计师和出色的演讲家……既要像电子游戏的设计师一样环环相扣地设计课程环节，又要像演讲家一般将每一个环节都生动形象地讲授出来"③。

五、"慕课"背景下高校思想政治理论课的创新发展

在"慕课"教学被逐步推广的背景下，思想政治理论课应坚持马克思主义，正视不足，发挥优势，把握机遇，应对挑战，做好三个结合，切实推进高校思想政治理论课的发展。

一是做好"线上"与"线下"的结合。由于"慕课"平台的内容更新相对较慢，

---

① Baggaley J. MOOC rampant. Distance Education. 2013(3):369~378
② 弗莱雷．P. 2001. 被压迫者教育学. 顾建新等译. 上海：华东师范大学出版社,25.
③ 杜杨. 2013－08－21. "慕课"对高校体制的五大挑战. 光明日报

时效性较强的内容不一定适宜作为授课重点,加之课程的对象是上百名甚或是成千上万名学生,因此,思想政治理论课应把线上教学与线下引导结合起来,充分发挥两者的优势,取长补短。具体而言,教师一方面可通过线上教学讲解相关的基本原理、方法、规律、史实,如"思想道德修养与法律基础"课中涉及道德基本原理或法律条文的部分、"中国近现代史纲要"课中关于社会发展历史的部分等。另一方面,教师可利用线下的小班辅导,组织讨论并着重解决学生切实关注的问题,由此体现学生个体的差异性与课程的针对性。

二是做好"知识"与"实践"的结合。实践有助于学生把握课堂内容,同时也是检验学生是否真正把所学内容内化于心的重要途径。故而,思想政治理论课教师在进行知识传授的同时,更应创设条件,为学生提供行为体验的机会。比如,在开展道德教育时,教师除了应讲解基本的道德原理以外,还需将诸如道德两难、德法冲突等经典场景呈现在学生面前,利用问题通关等手段,让他们先行思考与进行判断,并借助在线讨论和互动交流来引导他们更全面地考虑问题,进而帮助他们树立正确的世界观、人生观和价值观。此外,教师还可布置需借助社会实践才能完成的课程论文,鼓励他们主动接触社会、积极参与社会劳动,由此丰富与深化课堂中学到的知识。而在线下教学环节,教师可引入大量的实践案例,帮助学生领会线上课堂所讲授的知识点,同时以辩论赛、演讲比赛、模拟法庭等形式鼓励学生在行中思、在动中学。

三是做好"问题"与"体系"的结合。合理的课程设计应既突出问题,又贯穿主线。这两者在思想政治理论课教学中互为补充、不可偏废。这是因为,只有从思维体系和价值体系层面塑造品格、树立信念,才能在具体问题的判断选择上不出偏差。与此同时,只有在多个具体问题的考验中做出正确的实践回应,进而日积月累地使思想观念内化于心,才能使价值观念、理想信念更加牢固。这就要求思想政治理论课在运用"慕课"平台时,科学处理"问题"与"体系"之间的关系。就某个专题而言,教师可通过划分不同层次的问题来构筑教学问题链,明确问题链中处于不同层次及同一层次的问题之间的逻辑关系,并对链条中的各个问题进行逻辑关联,继而设计出若干个"微课程"教学单元。① 就多个不同专题而言,在利用在线平台时,教师既要注重每个专题的选择,又要注重各专题之间的衔接。而对于线上教学难以完整呈现的主线脉络,教师可利用线下环节,从宏观的角度,系统化地对各专题进行解读与梳理,从而以专题为点,勾织出思想观念、思维方式的线和面。

在信息传播渠道日益多元、网络等多媒体传播方式越发受到重视的大趋势下,"慕课"已对高等教育的发展提出新的要求,在一定程度上倒逼大学加快教育改革步伐,完善教育机制,提高教学质量。在此背景下,思想政治理论课应把握发展契机,创新教学设计,推动课程改革,提升教学质量,从而更充分地发挥育人功能。

第五节　思想政治理论课教学模式的完善

——以混合教学模式为例

面对复杂多变的社会思想意识,面向不同层次及需求各异的大学生群体,单向度、单一化的教育思路已然无法应对新形势下的新挑战及由此产生的新问题。虽然具有创新性的"慕课"能提供各种学习便利,但经理论考察与实践操作后,人们发现它存在诸多不足之处。例如,"人机互动"模式容易在师生沟通方面设置无形的障碍,以问题为导向的教学安排容易导致课程内容的碎片化,运作的高成本带来了课程更新相对滞后,等等。这些缺点让人对"慕课"产生怀疑、质疑,甚或否定。从 MOOCs 到 SPOCs 的发展,在某种程度上体现了教学模式的转变。这一转变实质上说明了,整合多种要素的混合教学比单一化教学更符合认知规律和教学规律,更能取得教育成效。基于此,高校思想政治理论课应结合自身情况,以探索与推动混合教学为契机,改革教学方法,建构与创新课程体系,形成全方位的育人格局,以此提升教学合力,提高教育质量。

---

① 李梁.慕课背景下思政课教学改革的问题逻辑视角.中国高等教育.2014(2):37~39

一、信息时代的混合教学模式

在信息时代,混合教学模式主要表现为,整合网络教学平台与传统面对面的课堂教学两种方式,使线上学习与线下引导有机结合起来。其优势在于既充分运用了信息技术带来的高效便捷,又更好地发挥了传统课堂的作用。

混合教学模式的运用首先以信息技术的发展为支撑。随着网络等技术的不断发展,社会各界对教育信息化的关注程度越来越高。"以教育信息化推动教育现代化"成了教育界的普遍共识。对此,在 21 世纪初,我国个别学者提出了混合式学习(Blending Learning)、混合式教学等概念。然而,受技术条件的限制,教师对网络平台的运用大多停留在最基本的层面,如收集教学资料,或远程播放录制好的教学视频等。可以说,这一阶段的教学实践仍旧采用单纯的课堂教学模式,并非真正意义上的混合式教学。随着"慕课"(MOOCs,Massive Open Online Courses,即大规模网络开放课程)的兴起与发展,实践层面的教育信息化和现代化有了更具体的形式与更具实质性的内容,而强调线上—线下紧密结合的混合式教学也变得具有可操作性。

2013 年,任教于加州大学伯克利分校的福克斯(Armando Fox)教授改变以往专注于 MOOCs 的做法,首次提出"小规模私有在线课程"(Small Private Online Courses,简称 SPOCs)概念,并在其主持的课程《软件工程》中试用该模式。这一转变不仅仅意味着教学手段的更新,同时更体现出教育思路和教学模式的转变,即从单一化教学转向混合式教学。SPOCs 所凸显的混合教学一方面强调充分利用信息技术带来的高效便捷,另一方面主张合理发挥传统课堂的积极作用,由此整合网络教学平台与传统面对面的课堂教学两种方式。诚如福克斯指出,SPOCs 并没有单纯依赖于线上或线下平台,相反,它把两者有机融合起来,倡导以线下引导为主、以线上讲授为辅,力求发挥各自的长处,达到教学效果的最大化。而这在很大程度上凸显出混合教学的特征。

相较于单一化的教学方式,混合教学具有包容性、整体性和开放性等特征。首先,混合教学强调综合多种教学要素的必要性和重要性,主张借助多样化的教学平台、方法和手段、丰富且有代表性的学习资源等实现教学目标。从马格瑞特

(Margaret Driscoll)关于"混合学习"(Blended Learning)的概念性阐释可看出,"混合"实际上可涵盖多个方面,如对各种以网络为基础的技术模式(如实时虚拟教室、自定义步调的指引、协作化学习、流式视频、音频和文本)的混合、对教学方法(建构主义、行为主义、认知主义的方法)的混合,对教学技术(如录像带、只读光盘、以网络为基础的培训、电影)的混合,以及对教学技术与实际工作任务的混合。① 这种阐释从某种意义上不仅说明了多样多元的必要性,而且体现了混合教学的包容性。其次,混合教学强调有机整合各教学要素。不难理解,假如多种教学手段和方法只是散沙般堆砌起来,毫无章法且缺乏组织性、系统性,那么它们极有可能相互抵牾,大大削弱教学效果。诚如瓦尔迪兹(Rick Valdez)指出,如同化学意义上的化合一样,混合要求按照预期目标把各要素融合起来,而不是把它们凌乱地凑合起来。② 因此,混合教学在鼓励综合运用多种手段方式的同时,重视把它们凝练成一个整体。亦即说,它要求正确处理"多"和"一"的关系,力求做到由"混"而"合"、由"多"而"一"。最后,混合教学具有开放性。在回答"混合什么"与"如何混合"等问题时,它既没有"一刀切",也反对封闭僵化,而是按照教无定法、贵在有法的原则,主张根据教学目的和对象,围绕教学主题,有针对性地选择混合的内容与混合的方式,故而为教学创新预留了足够空间。

进一步地,混合教学把"教—学"理解为一个融贯多种要素的、多面向的、立体化的可持续过程。从学习的角度来看,学生对知识的感知、加工、储存,对价值观念的认同,以及实践中对相关观念的提取与因循,必然受多种因素影响,需经历知识观念的输入、消化与融贯等环节。从教育的角度来看,教师要向学生讲解基本原理,启发其思考与判断,根据学生反馈加以引导与纠偏,鼓励他们把所学知识观念应用到实践中,不断深化认识。从了解、理解到深化,这是可持续的螺旋上升的动态,而非一次性的静态。故而,"教—学"不应当被简单地看作单一的、单向的、平面化的知识传播与接收。明乎于此,课程教学才有可能取得理想的预期效果,

---

① Driscoll M. Blended learning: let's get beyond the Hype. https://www–07. ibm. com/services/pdf/blended_learning. pdf
② Valdez R. Blended learning maximizing the impact of an integrated Solution. http://drsticks. com/uploads/ID_Strategies_–_Blended_Learning. pdf

而教育质量才有可能得到明显提高。

混合教学模式整合多种手段、方法或技术的优势,使之优势互补、协同共进,以期更好地实现教书育人之目的。它体现了教学方式的多样性和综合化。面对多样多变的社会思想意识,面向层次及需求各异的大学生群体,单向度、单一化的教育思路已然无法应对新形势下的新挑战及由此产生的新问题。相比之下,强调教学方式之多样性和教育维度之立体化的混合教学,能更好地顺应时代发展需要,反映教学规律,满足当代大学生的需求,增强教学的针对性和有效性。鉴于混合教学包容了多种富有活力的元素,具有开放性和整体性,符合学生成长成才规律和教书育人规律,因而它能帮助学习者构建牢固的知识体系与内化正确的价值观念,达致转识成智,做到知行合一。整合多种要素的混合教学比单一化教学更符合认知规律和教学规律,更能取得教育成效。因此,高校应结合课程特点、教学目标和要求,思考能否推行及如何推行混合教学模式,进而充分发挥其作用与优势。

二、混合教学在高校思想政治理论课中的适用

作为落实立德树人之根本任务的主干渠道,思想政治理论课是高校课程建设不可忽视的重要组成部分。作为素质课程,它旨在通过开展社会主义核心价值观教育,帮助广大高校学生树立正确的世界观、人生观和价值观,把他们培养成为中国特色社会主义事业的合格建设者和可靠接班人。鉴于混合教学强化了师生的互动性、学生的参与性和方法的多样性,与课程所强调的思想交流、观念生成与行动落实相契合,它有助于解决高校思想政治理论课所面临的问题,增强学生的获得感,促使他们把教学内容内化于心并外化于行。

首先,混合教学提供强化师生间交流沟通的多种方式。教师之间、学生之间及教师与学生之间的对话是学习的必要环节,同时也是实现教学相长的重要途径。在混合教学过程中,线上课堂所设计的在线提问与讨论界面打破传统课堂的时空局限,拓展交流渠道。而线下面授的方式,使教师可通过富有感染力的语言、眼神、动作,声情并茂地启发与引导学生思考,为其释疑解惑,由此克服线上独立学习的不足——如削弱了那些讲求情感传递与共鸣的课程的教学效果,难以形成

共同学习所产生的辐射效应,因缺乏足够力度的网络监管而使不当言论及不良信息蒙混其中,无法形成净化的交流环境等。此外,线下课堂和实践教学所看重的经师生共同探讨而得出结论的方式,有利于深化学生对教学内容的理解,增进他们对相关观点的认同,增强其对教师的信任。可以说,融贯多种要素的混合教学能营造积极及时且富有针对性的互动氛围,产生范围更广的良性交互效应。

其次,混合教学注重组织学生进行自主学习和参与教学。与以往"满堂灌"的做法不同,在线课堂以微视频、媒体资料库及小测试等方式,给学生提供充足的时间预习和了解教学内容。学生可利用线上与线下课堂的时间差,收集资料与进行初步思考,并带着疑难问题进课堂。而侧重于"对话"而非"独白"的线下课堂通过组织讨论、课堂展示和汇报、演讲和辩论、社会实践等,充分调动学生参与教学的积极性,激发他们求知的欲望与学习的潜能,启发其更深入地思考问题。这些教学平台和环节的设计不仅可培养学生自觉自主学习的习惯和能力,而且能帮助他们牢固地把价值观念内化于心并自觉践行。以《思想道德修养与法律基础》的"爱国主义"专题为例。在混合教学中,学生可事先通过听博客、看视频、读电子书、查阅课程资料库等,初步了解爱国主义的基本含义、特征、表现和要求等;然后通过收集资料、参与讨论或辩论,回应诸如"和平年代是否还要重提爱国""新时期下如何爱国"等问题;继而他们可通过参观爱国主义教育基地,感受爱国英烈的赤子之心;最后他们还可参与课堂展示与汇报,抒发他们的爱国情怀,表达自身维护国家利益与参与祖国建设的决心。

再次,混合教学有助于解决当前量大面广的高校思想政治理论课所面临的问题。目前高校理论课要解决的几个重要问题包括:教学的针对性和时效性有待提升;知识传授与行为体验的脱节;师资队伍人数不足、教师教学压力过大;等等。作为强调线上教学与线下引导相结合的教学模式,混合式教学注重发挥传统课堂教学和网络平台教学的优势,做到扬长避短。第一,混合教学模式能增强高校思想政治理论课教学内容的针对性与时效性。混合教学模式以线上形式向普通大学生讲解基本原理、方法、规律与史实等,以线下形式开展个性化、多样化的辅导,从而能在对象和内容上兼顾普遍性与特殊性。除此以外,混合式教学能通过及时的线下交流,弥补线上课堂的制作周期较长、运作成本较高、内容更新相对较慢等不足。第二,混合教学模式有助于兼顾思想政治理论课教学设计的体系化和问题化。合理的课程安排应既突出问题,又贯穿主线,两者互为补充、不可偏废。混合教学模式在教学设计方面强调"问题"与"体系"的有机结合,以专题为点,勾织出思想观念、思维方式的线和面,形成"点—线—面"三位一体的设计格局,从而有效避免"慕课"惯常的教学安排所带来的内容碎片化问题,使学生既能从整体上系统把握课程内容,又能对重点难点问题有清晰的认识。第三,混合教学模式能把知识传授与行为体验融合起来。实践有助于学生把握课堂内容,同时也是检验他们是否真正把所学内容内化于心的重要途径。混合教学模式借助线上环节让学生以自学的方式了解课程的知识点、重点和难点,以问题通关等形式培养其独立思考与解决问题的能力。在此基础上,通过诸如组织辩论、竞赛等活动或布置需借助社会实践才能完成的课程论文等方式,教师结合课程内容设计线下环节,鼓励学生在行中思、在动中学。这为学生做到知行统一提供了良好的条件。第四,混合教学模式在一定程度上能解决高校思想政治理论课师资队伍人数不足、教师教学压力过大等问题。就大学生文化素质教育课、受众面广量大的公共课和专业核心课程等课程而言,繁重的教学任务一直困扰教师。而借助课堂容量大的在线平台,教师能在一定程度上摆脱简单重复授课的困境,进而把精力投入有创造性的工作当中。

最后,以在线平台为重要依托的混合教学还注重利用现代信息技术完善课程教学。思想政治教育与信息技术的融合是基于思想政治教育创新发展和信息技术健康发展的双重需要。[1] 而混合教学能通过多途径来促成两者的融合。这集中表现为,借助互联网等,相对打破学习的时空限制,拓宽学习渠道;借助微课重播等功能,帮助学生掌握教学重点和难点;借助在线测评,帮助学生自助检验学习效果;借助大数据和云计算,动态地监测与评价学生思想状况;借助在线授课,缓解以往内容较多而课时不足的矛盾,减轻教师重复授课的负担等。应当注意的是,混合教学所蕴含的技术革新不仅仅在浅层带来教学手段的优化,而且还在深

---

[1] 沈壮海,史君. 推动思想政治教育与信息技术的高度融合. 国家教育行政学院学报. 2017 (1):15~21

层影响教育思路和教学理念。而后者要求正视学生在教学中的主体地位,正确处理线上和线下的衔接关系,解决线上教学碎片化与课程系统化的矛盾等。在某种意义上,解决上述问题的过程就是把现代信息技术内嵌于课程教学的过程。

由此可见,混合教学本身不仅要求现代信息技术和课程教学的深度融合,而且能为学生参与教学提供机会,能为师生间沟通交流提供平台,从而调动教师的积极性及学生的自觉性、主动性和创造性,使课程更具亲和力和针对性。因此,把混合教学应用于高校思想政治理论课是必要且可行的。

三、以混合教学创新教学体系

教学体系是课程建设的核心,它涵盖教学理念、教学方法与内容、教学手段与平台等。完善科学丰富的教学体系,是提升思想政治理论课实效性的必然要求。而混合教学中对多种教学要素的有机融合,可在很大程度上满足教学要求,解决教学过程中出现的问题,因此有利于建设与创新教学体系。

为了解当前高校思想政治理论课采用混合教学的基本现状,课题组采用有针对性的访谈与开展问卷调查。结果表明,尽管目前仍未普及,但一些高校已建立线上教学平台,采用混合教学模式授课且取得一定成效。[1] 而在没有线上平台的高校,它们也着手建设或与其他高校联合采用混合教学授课。对于学生而言,虽然大部分学生反映,他们没有系统的在线课程学习的经历,但对在线学习模式很感兴趣,并会积极参加,对在线课程中的学习资源类型、在线互动模块有较高的期

---

[1] 2017年,孙琳在本人指导下完成了题为《混合教学模式在高校思想政治理论课中的应用调查问卷(教师版/学生版)》的问卷调查。该调查采用网络问卷的形式,对从事高校思想政治理论课教学的教师和曾经参加思想政治理论课学习的大学生进行抽样调查。本节所引证的数据均出自该调查。在问卷调查中,当被问到"所在高校采用混合教学模式进行授课的现象是否普遍?"时,13.6%的学生选填"从未使用",22.4%选填"从未使用且不鼓励采用",49.6%选填"鼓励采用,校内有几门课正在试行",14.4%选填"鼓励采用且较为普遍"。当被问到"过去两年,您曾在( )门校内外课程中进行在线学习?"时,20%的学生表示从未参与在线学习,32%表示参与过1门课程参与在线学习,34.4%表示参与过2~3门课程参与在线学习,10.4%表示参与过4~6门课程参与在线学习,3.2%表示参与过7门或以上课程在线学习。

待。① 对于高校思想政治理论课教师而言,主张采用混合教学模式的人数接近90%。② 这说明了,混合教学是一种发展趋势,总体上被教师和学生所接纳和认可。

对于高校及思想政治理论课而言,混合教学的应用现状可以从几个方面来把握。首先,就各课程采用混合教学的总体情况而言,由于教研室是否采用混合教学模式要根据自身需求和条件等,因此不同课程采用该模式的情况都有所不同。在本科生四门思想政治理论课当中,"思想道德修养与法律基础"较多采用混合教学模式。而相对于本科生课程而言,研究生思想政治理论课采用混合教学的高校不占多数。

其次,就混合教学的线上环节而言,在受访者当中,大部分认为高校思想政治理论课采用在线授课是必要的。③ 受访教师认为,这种必要性体现在:线下授课时间有限,在线授课能提供更多知识;学习可突破时间空间限制,实现随时随地学;可节省讲授固定内容的上课时间,把更多精力运用于有针对性的释疑解惑;学习比较轻松自由,可不受约束;授课时间短,符合个体认知规律;提交作业更便捷;

---

① 当被问到"就思政课而言,您更倾向于接受哪种教学模式"时,20.8%的学生选择完全线上教学,23.2%选择完全线下教学,56%选择线上线下相结合的混合教学模式。

② 当被问到"就思政课而言,您更倾向于接受哪种教学模式"时,3.51%的教师选择完全线上教学,7.02%选择完全线下教学,89.47%选择线上线下相结合的混合教学模式。

③ 当被问到"思政课是否有必要增进在线教学环节"时,20.8%的学生认为非常有必要,44%认为有必要,24.8%认为没有必要;10.4%不置可否。当被问到"思政课采用在线授课的必要性体现在哪些地方(多选)"时,61.11%的受访教师认为线下授课时间有限,在线授课能提供更多知识;64.81%认为在线学习可突破时间空间限制,实现随时随地学;46.3%认为可节省讲授固定内容的上课时间,把更多精力运用于有针对性的释疑解惑;29.63%认为在线学习比较轻松自由,可不受约束;20.37%认为在线授课时间短,符合个体认知规律;48.15%认为在线提交作业更便捷;44.44%认为增加了师生间交流的机会,更容易向老师和同学咨询问题;25.93%认为在线学习可以灵活实现一对一或一对多人的指导;53.7%认为可以通过后台的数据来分析学生的思想动态。而对于学生而言,38.94%认为线下授课时间有限,在线授课能提供更多知识;56.64%认为在线学习可突破时间空间限制,实现随时随地学;32.74%认为在线学习有利于更深入地把握课堂教学内容;38.94%认为在线学习比较轻松自由,可不受约束;16.81%认为在线授课时间短,符合个体认知规律;20.35%认为在线提交作业更便捷;9.73%认为增加了师生间交流的机会,更容易向老师和同学咨询问题;10.62%认为在线学习可以灵活实现一对一或一对多人的指导。

增加了师生间交流的机会,更容易向老师和同学咨询问题;可以灵活实现一对一或一对多人的指导;可通过后台的数据来分析学生的思想动态;等等。换言之,在线学习能提供多种便利,解决时空局限,提供更多有针对性的交流机会,并可通过强大的数据功能为教师提供更多信息。这使其与线下教学相互补。但与此同时,线上教学也遭遇尴尬。① 比如在教学内容方面,超过80%的学生认为在线教学资源不够丰富,②当被问到"目前思政课的混合教学模式各环节中最令您不满意的是什么"时,30.4%的学生选择教学内容;在教学参与度方面,近20%的学生表示不能保证按时、守时全身心地投入学习;在教学评价方面,学生的满意度有待提高③。

再次,就线下课堂教学和实践环节而言,不论学生还是教师,大部分受访者都认为这两个环节是教学中必不可少、非常重要的部分,而且他们对其认可度较高。在他们看来,单纯诉诸线上教学的方式不符合高校思想政治理论课的特点。线下方式更能增强课程的感染力,产生情感共鸣,形成共同学习所产生的辐射效应;能有效防止学生学习流于形式,让学生参与到课堂教学中,成为课堂的"主人";同时课程内容的更新在线下环节中比较容易实现,且成本较低。因此,有必要把精力放在线下教学方面,同时提供更多的机会让学生参与到社会实践当中,把所学知识具体运用于服务社会。

最后,在混合教学采用情况方面,针对是否有助于解答疑难困惑的问题,41.6%的学生认为它能更好地释疑解惑,28.8%不太确定;针对是否有助于加强师生间的交流的问题,48%的学生认为有这种效果,28%不太确定;针对是否有助于提升思考、分析与解决问题的能力的问题,46.4%的学生认为有这种效果,

① 当被问到"为什么认为高校思政课目前没有必要采用线上教学"时,47.2%的学生认为目前线上教学流于形式,并非真正意义上线上授课;26.4%认为思政课具有特殊性,无法进行线上教学;29.6%认为线上学习的效果不如线下课堂教学;27.2%认为没有顾及学生的个性化需求,教学缺乏针对性。

② 当被问到"你认为所参与的思政课在线学习平台资源"是否丰富时,仅有15.2%的学生认为特别丰富,42.4%的学生认为较为丰富,42.4%的学生认为缺乏内容。

③ 当被问到"如何评价目前在线教学的成效"时,曾参与思政课在线教学的学生中,16.8%表示非常满意,39.2%表示比较满意,30.4%不置可否,13.6%表示不满意。

26.4%不太确定;针对是否有助于激发学习积极性和主动性,44%的学生认为有这种效果,33.6%不太确定。从学生对混合教学之作用的理解可以看出,大部分学生认可这一模式或者因没参加过混合式思想政治理论课教学而不太确定。但应当注意到的是,近30%的学生认为它增加了学习时间,加重了学习负担(主要是在线环节和实践环节)。而对教师而言,他们对目前混合教学的成效显得更为乐观积极。超过60%的教师认为教学效果非常好或很好。① 他们认为,混合教学增强教学内容的针对性与时效性,有助于兼顾教学设计的体系化和问题化,能把知识传授与行为体验融合起来,并能在一定程度上解决师资队伍人数不足、教师教学压力过大等问题。② 因此,49.12%的教师表示,在不影响教学工作量的前提下,愿意把精力运用于主持线下课堂,参与并配合其他高校的思想政治理论课课程。

　　本次调查不仅部分地反映了当前我国高校思想政治理论课采用混合教学的基本状况,而且体现了当中存在的问题,以及反映了教师和学生对某些问题的不同理解,以及他们各自对混合教学所关注的侧重点和预期也是不一样的。以混合教学中思想政治理论课采用在线教学环节的必要性为例。针对"线下授课时间有限,在线授课能提供更多知识"这一优势,61.11%的教师勾选该选项,但选择该选项的学生仅有38.94%。针对"在线提交作业更便捷"这一优势,48.15%的教师勾选该选项,但选择该选项的学生仅有20.35%。而针对"在线教学增加了师生间交流的机会"以及"在线学习可以灵活实现一对一或一对多人的指导",认为这是在线学习的优势的教师分别占44.44%和25.93%,而学生比例仅为9.73%和10.62%。这不仅说明了教师和学生对在线教学的作用有不同认识,反映了两者的目标预期并不相同,而且也在一定程度上体现出,在在线教学过程中,线上教学的内容并不如学生期待的那么丰富——而这也是调查数据显示与引证的,而且在

---

① 当被问到"与单纯采用线下教学模式的传统课堂相比,采用混合教学模式的思政课的教学效果"时,曾采用这一模式的教师中,15.79%认为非常好,47.37%的学生认为很好,36.84%认为效果一般。

② 当被问到"与传统的课堂教学相比,混合教学模式的优势"时,63.16%的教师认为混合教学模式能增强教学内容的针对性与时效性,43.86%认为有助于兼顾教学设计的体系化和问题化,43.86%认为能把知识传授与行为体验融合起来,40.35%认为在一定程度上能解决师资队伍人数不足、教师教学压力过大等问题。

线交流的机会也并不如教师想象的那么便利与有效。这些数据比较从某种角度一方面说明了线上教学需要完善的地方,另一方面说明了线下教学的重要意义,反映出高校思想政治理论课不能只倚重于线上教学,同时也要注重线下课堂的建设。而这正彰显出混合教学的必要性和重要性。

通过访谈和调查,综合学界的研究成果可以发现,就教学本身而言,在高校思想政治理论课中采用混合教学的突出优势是很明显的。它能利用多种方式调动学生积极性,能为学生实现知行合一提供多维度平台,同时可检验学生学习成效。所谓的"混合"并不是简单的环节堆砌,而是通过教师团队有意识、有设计地把"线上课堂—线下课堂—线下实践"等多个环节融会贯通起来,成为一个整体,发挥各环节的自身长处,做到优势互补。比如,针对原来课堂教学任务过重的问题,线上能把基本原理进行梳理,减轻线下课堂的时间与空间压力。又如,线下课堂的问答环节一方面有助于加强教学的针对性,同时又能通过提问等方式检验学生是否真正在线上认真学习。再如,线下实践环节能提供多种把课堂上学到的知识运用于实践,使理论与实践相结合,帮助学生做到知行合一。

目前高校思想政治理论课教学仍遇到多种亟待解决的问题,需要借助混合教学的契机,更好地发挥其作用,提升教学成效。针对以往教学理念有待创新、教学内容有待完善、教学方法较为单一、教学平台亟须拓展的情况,高校思想政治理论课教学团队要着力从各个方面加以改进。第一,教学内容。这是教学的核心。内容不正确、不丰富、缺乏深度,那么不管教学形式如何多样多变,其成效都难以得到根本提升——通过调查问卷也可以发现,学生关注的是教学内容和资源是否丰富,是否有说服力,而教师也意识到这方面的建设需要加强。因此,要加强教材建设,通过自学和参与培训等,教师要提高自身的理论深度,摆脱"理不亏而词穷"的窘境。第二,教学途径。应懂得运用移动互联、大数据、云计算等现代信息技术,利用微课、微信、微博、微电影、电子书等,多渠道地提供丰富的学习资源。第三,教学方法。教师应综合运用诸如问题式、启发式、互动式、案例式、研究式等教学方式,设计小组讨论、辩论赛、话剧及社会实践等教学环节,多角度、全方位地帮助学生更好地把握教学内容,增强他们对社会主义核心价值观的认同,鼓励他们在行中思、在动中学,顺利完成从博学、审问、慎思向明辨、笃行的过渡。

与此同时,针对调查问卷中展现的问题,教师还应把握混合教学强调整体性和系统性的特点,着力解决一些影响教学效果的重要问题:从教学形式来看,如何在精选与综合运用多种平台、手段和方法的同时,又能发挥它们各自的优势,做到优势互补、取长补短? 从教学内容来看,如何在讲授知识点与重点难点的同时,又能凸显课程脉络,避免因内容的碎片化而导致知识结构的零散化? 从教学环节来看,如何在设计安排线上教学、线下交流及课外实践的同时,又能使之相互衔接? 要解决这些问题,高校思想政治理论课教学团队要根据课程总体要求,以教学目标为导向,依据教学大纲和专题内容,合理分布各教学章节的知识点,总体协调各教学环节的教学侧重点和各教学平台的授课时长,灵活安排各种方法手段运用的时间、形式和频次,借此理顺手段、方法、内容和环节之间的关系,形成良性循环的教学体系。此外,面对混合教学中在线课堂的现状,教师还需解决因学生个人自控力不够而出现的刷分现象,①完善与丰富课堂内容,充分利用在线交流平台为学生释疑解惑。

四、以混合教学推进高校思想政治理论课人才队伍建设

高校思想政治理论课是大学生的必修课,是开展思想政治教育的主渠道。而思想政治理论课教师是党的理论、路线、方针、政策的宣讲者,是加强思想政治教育的重要主体。随着混合教学模式在教育教学中逐步得到接纳与推广,思想政治理论课要顺应发展趋势,完善课程师资队伍,提高教学成效。由于混合教学模式以线上教学的形式使教师摆脱了沉重的讲课任务,以线下引导的形式突出了实践教学的重要意义,因此,思想政治理论课教师不可避免将面临分流调整,在科研、教学或辅导等不同岗位上承担相应的职责与任务。

科研型的思想政治理论课教师主要负责从事高校思想政治教育的研究工作。这具体表现为:深入研究马克思主义理论体系、马克思主义发展史、马克思主义中国化、思想政治教育等,推动基础理论建设;帮助解决高校思想政治教育工作中具有普遍、长期、宏观指导意义的难题,以及大学生群体中亟待解决的实际问题;重

---

① 当被问到"影响线上学习效果的因素"时,52.63%的教师选择了"学生个人自控力"。

视研究各门思想政治理论课的教学目的、理论体系和教学体系等,加强教学内容的深化拓展研究与教学方法的创新研究;在把握各门课程之间及其与中学相关课程之间的相互关系的基础上,推进思想政治理论课的教材建设;编写思想政治教育类的宣讲提纲及能充分体现当代中国马克思主义最新成果的相关辅导资料;建立教育资源库;主持或参与国家教育科学研究项目和人文社会科学研究项目,发表高水平的思想政治理论教育教学研究成果等。这些职责要求以科研为主的思想政治理论课教师刻苦钻研,提升自身的理论素养,为教学和辅导工作提供坚实的理论基础。

教学型的思想政治理论课教师主要负责围绕教学大纲向学生讲授相关的教材内容,宣讲党的理论路线和各项方针政策,传达中央的最新精神。但与传统的讲课方式不同,他们需借助线上平台进行网络授课。故而,以教学为主的教师一方面要像以往那样熟悉教材内容,把教材体系转化为教学体系,把教学体系转化为学生的知识体系和信仰体系,做到融会贯通、熟练驾驭、精辟讲解,另一方面要掌握一些必要的课程设计技术,恰当地展示所讲授的内容。除此以外,由于线上教学"人机互动"的交流方式不利于教师通过眼神交流、肢体语言来使学生产生情感共鸣和思想认同,因此,教师还要在语言表达、教育技巧等方面有过人之处,能就某一问题在短短十几分钟的教学时限内渲染课堂的氛围,吸引学生的注意力,激发他们思考问题的兴趣,并适时地予以提炼总结。诚如有学者指出,此时的教师应"成为一名优秀的课程设计师和出色的演讲家……既要像电子游戏的设计师一样环环相扣地设计课程环节,又要像演讲家一般将每一个环节都生动形象地讲授出来"①。

与教学型教师不同,辅导型的思想政治理论课教师主要把精力放在实践教学方面,侧重于个性化的辅导。由于线上教学所面对的对象是上百名甚或是成千上万名大学生,具有相对普遍性的教学内容难以反映不同学生的思想动态与兼顾他们的心理需求,因而,与线上教学相衔接的线下辅导显得尤为必要。它是教师深入了解学生思想动态、及时沟通交流的重要途径,充分体现了学生个体的差异性

---

① 杜杨. 2013 - 08 - 21. "慕课"对高校体制的五大挑战. 光明日报

与思想政治教育的针对性。鉴于此,以线下辅导为主的教师应了解学生的基本情况,并在此基础上根据学生的兴趣爱好及特点,以小班教学的形式,有计划地组织讨论、演讲、辩论等课堂活动,鼓励学生参与志愿服务、社会调查、公益活动等课外实践,从而使教学更加贴近生活、贴近实际。

由于线上教学突破了高校围墙限制,承担该教学任务的可能是外校的优秀教师,而线下教学和实践教学则仍以本校教师为主,因此,不同高校的教师之间相互交流与配合也十分必要且重要。通过教师的分流与课程团队的重组,混合教学盘活了人才资源,促成了开放、灵活的人才配置机制的确立,使得多所高校优秀教师实现强强联合,形成专兼结合、教学科研与实践相互协调的师资团队,确保高质优效地完成教学任务。

除教师队伍的结构优化和分流以外,混合教学模式还要求提升教学团队中的教师素养与能力,使高校思想政治理论课教师在以下几个方面实现自我突破与提升。第一,转变教育理念。教与学具有相互依存的关系,真正有效的教学活动应由教师和学生共同参与。但以往思想政治理论课"以教定学"的思维模式常常仅关注"教什么""怎么教",却忽视了师生的"主体间性"(intersubjectivity),造成学生的潜能与学习的积极性和创造性没有被充分激发出来。相比之下,混合教学模式把教师和学生看作交互主体,在很多方面赋予学生自主选择的权利。例如,学生可自行决定在线学习的时间和地点,可根据对所授内容的兴趣和把握程度,选择跳过或反复学习某部分的内容,更有针对性地思考教学中的重点和难点问题。与此同时,混合教学模式在教学环节的设计上也更好地体现学生的认知规律,其"微课程"的教学节奏缓解了学生因学习时间过长而产生的疲劳感,保障了他们的学习兴趣。可见,混合教学模式并没有因强调"教"而忽略"学",相反,它为学生参与教学提供了更多的基础,有助于培养他们的主体意识,提高其主体地位,从而促成师生的良性互动。故而,采用混合教学模式的思想政治理论课教师应改变"以教定学"的教育理念,明确自身的主导作用与学生的主体地位,形成良性的互动关系,重视构建"师—生"双主体的格局,进而达到教学相长的效果。

第二,转变教育角色。在信息时代下,互联网已成为学生获取资源与自主学习的重要途径。在某些情况下,他们能更快地知晓社会新闻或道德事件,甚至能通过个别网页接触到教师不了解的不良思想或思潮。就此而言,教师失去了以往在资料收集方面的优势,他们作为传统意义上的知识收集者、提供者和传递者的重要性正在下降。但应当明确的是,教师的作用并没有因此而被削弱。相反,由于学生对各种信息缺乏足够的辨析能力,且不同学生对信息的理解角度和把握程度也不尽相同,因此,混合教学模式下的思想政治理论课教师应转变角色,把工作重心从教学资源的收集与展陈,转向筛选、整理、组织与引导等。具体而言,教师不仅要借助在线平台面向全体学生讲授正确的理论,选择恰当的教学案例,激发其思考问题的兴趣,从不同角度引导学生全面看待问题;而且要在线下环节加强教学内容的针对性,根据学生的个体差异,帮助他们设定合理的发展目标与学习方案,培养其解决问题的能力。除此以外,在教学与引导过程中,教师不能像往常那样满足于学生存储知识的数量,使教学沦为了一种存储行为——"学生是保管人,教师是储户"①,而应注重通过启发式、参与式教育,引导他们提升道德素质和思想素质,积极认同与树立正确的人生观、价值观、道德观和法制观,并自觉把相关精神贯彻落实到具体行动中,实现知与行的统一。

第三,培养团队精神。传统的思想政治理论课主要由一名主讲教师负责。尽管"一通到底"的方式使教师相对容易进行统筹与管理,但也造成了不同任课教师之间缺乏机会就教学或研究等问题进行充分交流,从而影响了教研能力的提升。相比之下,混合式教学除了重视教师个人的教研能力以外,更强调教学团队的分工合作与协同进步。其主要原因体现在几个方面。第一,线上课堂大多以专题形式讲授,在相关研究领域有突出成果、具有权威性和影响力的专家学者或讲课广受学生欢迎的教学名师,可以根据自身优势负责其中一个或某个专题。这就要求强强联合的授课团队中的教师密切沟通,使教学内容衔接连贯,使课程具有一个合乎逻辑的教学体系。第二,分别以科研、教学或辅导为主的思想政治理论课教师要在不同的环节中相互配合,高度协调,从而使课程的不同阶段及各阶段内部循序渐进,环环相扣。第三,在线上教学环节中,负责授课的教师、录制教学视频的技术人员与助教等要定期或不定期地就课程的更新、维护与完善等问题开展研

---

① 弗莱雷. P. 2001. 被压迫者教育学. 顾建新译. 上海:华东师范大学出版社,25

讨,从而增强内容的科学性和时效性,提高课程质量。第四,随着教育部与高校建设大规模在线开放课程的力度越来越大,业务外包①——由专业团队负责制作课件、建立课程数据库与完善教学平台等,以此减少运营成本与提高开发效率——极有可能成为重要的发展趋势,而这也要求有效协调发包方和承包方之间的关系。故而,混合式教学不仅讲求"个体化的提升",而且更注重的是"群体化的共促"。这要求思想政治理论课教师摆脱过去单打独斗的思维定式,培养相互配合、协同共进的团队精神。

第四,提高专业能力。作为思想政治理论课教师,他们既要做到政治立场坚定、师德情操高尚,又要在理论底蕴、教学技巧、教育技术、思想引导等方面具备一定水平的能力。这意味着,教师一方面应自觉加强学习,不断增强马克思主义理论素养和人文社会科学知识基础,牢固树立坚定的理想信念,提高为思想政治理论教育事业服务的责任感和使命感。另一方面,应根据自身定位的不同,通过各类培训,突出提高某些方面的素质和能力。例如,教学型教师要参加集体备课活动,借此更好地熟悉教材,掌握教学大纲的基本要求,完善教学手段。与此同时,他们还应参加课程建设、课程应用以及大数据分析应用等方面的培训,掌握相关的教育教学技术,懂得如何把教学内容更好地呈现到在线平台当中,并了解有效监管学生的学习过程与讨论内容的方法,防范与及时制止有害信息的传播。对于辅导型教师而言,他们要熟练掌握与学生沟通交流的技巧,懂得怎样引导学生开展探究性的学习活动。为此,他们可通过参加定期或不定期的学习培训、社会实践、挂职锻炼、学习考察等,提升相关的工作能力和水平。此外,教学型和辅导型的教师还需要通过不断的学习,了解当代大学生的认知特点和规律,把握他们的思想动态,进而更好地开展教学和辅导工作。

五、以混合教学完善高校综合评价体系与条件保障体系

高校思想政治理论课的建设是一个体系化的工程。诚如《普通高校思想政治理论课建设体系创新计划》指出:高校思想政治理论课综合改革创新要"以教材体

---

① Baggaley J. MOOC rampant. Distance Education. 2013(3):369~378

系、人才体系、教学体系建设为核心,以学科支撑体系、综合评价体系、条件保障体系建设为关键,以推动综合改革创新为动力,以问题为导向,以教育教学实效性为评价标准。"因此,高校思想政治理论课的课程建设应充分利用混合教学这一契机,完善综合评价和条件保障等,形成一个多种积极元素相互作用的整体格局,推动教学体系的建设创新。

一方面,高校应以混合教学助推评价体系的建设与创新。评价体系是检验教学效果的重要途径,是课程建设的关键。与专业课程相比,思想政治理论课追求的是确立正确的理想信念和价值观念,并在行动上加以体现,而以往单一的考试形式难以对其效果做出有效评价,因此更需要形成综合的、全面的考核评价体系。针对此种情况,借助混合教学所采用的多样化教学手段和平台,实现考核评价的多层次、全方位具有十分重要的意义。在混合教学过程中,教师不应像以往那样单单以考勤和卷面分数来判断学生的学习状况,而应全面考核其在各个教学环节的表现,按比例予以综合评价。基于对学习积极性与主动性的重视与对参与教学的强调,教师更应根据学生是否把社会主义核心价值观内化于心、外化于行作为重要的衡量尺度,从而避免素质教育陷入知识化和简单化的误区。就教师的考核与评价而言,鉴于混合教学会催生教师的分流重组,形成教学、科研和辅导相配合、专兼职相结合的教学团队,高校思想政治理论课应要求根据岗位特点,在保证落实任职资格准入制度的同时,建立科学的教师考核评价机制和激励机制。就教学质量的评价而言,混合教学也要求从多个维度建立教学质量观测点,避免质量测评出现静态、滞后等现象。可见,混合教学能从学生、教师及课程质量本身优化评价体系。

另一方面,高校应以混合教学助推条件保障体系的建设与创新。充足的经费投入、必要的配套设施、合理的管理制度等是课程建设的强有力后盾。以管理制度为例。混合教学要在真正意义上得到广泛推行,就要以确立良性且长效的教学协作机制为前提。这种协作机制部分地表现为,在不同高校之间组建课程联盟的同时,解决诸如校内校外优质教学资源的共享、学生的学分互认、教师的互聘、工作量的核算和绩效的分配等难题,形成协同创新的格局。而这些问题的解决能为形成工作合力提供重要保障。

当前的社会思想文化呈现出多元多样多变的态势。高校思想政治理论课要在多元中确立主导,运用马克思主义的立场观点方法在多样中求得共识,就要正确处理"多"与"一"的关系,在科学的结构布局统摄下,根据理论与实际相结合的原则,利用影响教学成效的多种要素,整合教学体系的各个组成部分,构建起相互衔接、彼此支撑、整体推进的体系。而混合教学并非互联网和传统课堂的简单叠加。它所带动的改革创新并非仅止于教学方法,而是牵涉到教师、教学和管理等各个层面,能为高校思想政治理论课体系的创新注入动力和活力,有助于促成课程内部多种要素的系统联动与优化,创新课程建设体系,提升教育成效。因此,高校思想政治理论课应把握混合教学的精义,并以此为切入点和改革契机,把自身打造成为一门学生"真心喜爱、终身受益、毕生难忘"的精品课。

第五章

树立科学信仰,夯实高校思想政治教育的信念基础

信仰是行动的动力源泉。正所谓:心中有信仰,脚下有力量。如若缺乏信念支撑或信念不坚定,精神上就容易"缺钙",就会得"软骨病"。[①] 而科学的信仰是指引个体形成积极的人生态度与追求崇高理想的强大精神动力。作为接受高等教育的大学生,他们在社会中扮演重要角色,是国家和民族的未来,故而,引导与帮助他们抵御不良价值观念的侵蚀,确立马克思主义科学信仰,其理论意义和现实价值是不言而喻的。

第一节 当代大学生宗教信仰的现状及成因

在文化思想相互碰撞与整合的社会转型时期,要引导当代大学生树立科学信仰与正确认识和对待宗教问题,正面临一系列的挑战。

从外部环境来看,西方宗教势力或境外反华势力在中国境内不断加大渗透力度,力图以发放宣传资料、组织集会、文化宣教甚至物质赠予等方式诱使大学生入教,扩充教徒队伍,其宗教渗透行为呈多样化、组织化和深入化等特征。一项社会调查结果表明,15%的被访学生主要通过宗教组织的宣传而引导入教,19.1%的学生借助宗教组织的宣传而了解宗教知识,而45.5%的大学生则表示在其接触的

---

① 习近平关于"两学一做"学习教育重要论述摘编 . http://cpc. people. com. cn/xuexi/n1/2016/0814/c385474 – 28634283. html

外国人或境外人士中遇到过传教行为。① 这在很大程度上使处于社会化过程中的大学生对包括佛教和基督教在内的宗教教派产生好感,甚或已然皈依为宗教信徒。受各种社会因素综合影响,国内高校的信教人数已由过去的个别、极少数发展到小部分。曾有研究者通过对样本数量超过1000的调查进行分析统计,结果发现,信教大学生所占的比例分别为4.1%、11.14%、10%、17%;从各地资料来看,个别地区信教的大学生比例最高竟达44%,最低也维持在3.5%。② 与此同时,值得关注的是,除少数信教者以外,高校中还存在一些学生对宗教深感兴趣,对宗教问题采取观望态度或宗教立场暧昧,经常阅读宗教书籍,甚至出现在宗教场合,参加宗教活动并主动与宗教界人士接触。在全国不同地区所做的调查数据表明,武汉地区对宗教有兴趣的大学生占总调查人数的29.3%,30.2%的学生偶尔"进入宗教活动场所",21.3%的学生"阅读宗教书籍",12.8%的学生主动"与宗教界人士交流"。③ 而在北京地区的受访者当中,表示对宗教感兴趣的学生比例高达70.58%,且有55.62%的学生认为宗教与大学生"有关系"或"有一定关系"。④ 在某种意义上,这些学生有可能从潜在的望道者发展为追随者,甚至是虔诚的信徒。除此以外,在大学生和无神论者的关系问题上,26.5%的学生反对大学生应成为无神论者,29.5%的学生不清楚之间是否具有关联。⑤ 这反映出,部分大学生对宗教存在猎奇和好奇心态,对迷信活动和风俗习惯等界限认识模糊,对马克思主义宗教观把握不够,缺乏坚定的科学信仰。可以说,宗教对当代大学生的思想观念和行为已产生了不容忽视的影响。

鉴于宗教的社会影响与高校的宗教信仰现状,有必要从身份认同的角度分析当代大学生信念信仰的生成机制。

---

① 刘成运,韩宇. 当代大学生宗教信仰调查:以北京为中心的考察. 人民论坛,2010(35):128~129
② 王康. 当代大学生宗教信仰问题的研究综述. 中国青年研究,2010(1):59~64
③ 熊英,周行,赵磊. 青年大学生宗教信仰现状及应对策略. 青年探索,2011(3):72~76
④ 郭淑敏. 北京地区大学生信仰现状调查分析. http://www.bjpopss.gov.cn/bjpopss/cgjj/cgjj20040611b. htm. zh
⑤ 刘成运,韩宇. 当代大学生宗教信仰调查:以北京为中心的考察. 人民论坛,2010(35):128~129

身份认同涉及个体对自身生存状况的认识,对自我价值、生命意义的终极关怀,以及对人生走向的追问与反思。诚如泰勒(C. Taylor)指出:"回答(我是谁)这个问题就是理解什么对我们具有关键的重要性。知道我是谁,就是知道我站在何处。我的认同是由提供框架或视界的承诺和身份规定的,在这种框架和视界内我能够尝试在不同的情况下决定什么是好的或有价值的,或者什么应当做,或者我赞同或反对什么。换句话说,这是我能够在其中采取一种立场的视界。"①而宗教在很大程度上是对生命意义与价值标准问题的回应,它有可能影响个体对自我身份的认识,使之认同某种宗教身份。亦即说,身份认同构成大学生内化宗教信仰的核心环节,宗教身份的认同标志着他们已转变为信徒。故而,有必要从这一视角切入,探讨高校学生是如何经由身份角色的转换而被发展为信徒的。

从内因来看,宗教身份认同主要体现在,高校学生在社会化的过程中基于对内心需求,不仅赞同某一宗教团体的价值观念,而且积极参加宗教活动和团契,认同其成员资格和典范行为,接纳与形成某种归属感与责任感,甚或把之固化到世界观层面,从而在情感上、心理上或行为上跟共同体内部其他成员相一致。实质上,这一过程涵盖了霍耐特(Axel Honneth)所说的需求与情感、道德责任、特质与能力等。②

具体而言,高校学生对宗教的内在需求或者是基于较为务实性的需要,又或者是基于精神层面的需要。前者大多表现为希望消灾祛病或结交朋友等。而后者则表现为,希望过上精神充实的生活,期盼灵魂得到拯救,寻求心灵的寄托,或解决心理问题,等等。比如,一部分同学进入大学后失去了奋斗目标,患上了"生命意义缺乏症",又如,在日益激烈的社会竞争中,不少同学因学习、生活、感情和就业等方面的压力而对自身的前途感到迷茫,因此,他们寄望于从宗教义理中寻找到关于人生目标和人生价值等问题的答案,借助信教的方式摆脱精神空虚,克服思想挫折。

从外因来看,个体对宗教身份的认识与认同也受到一定因素的诱导。如家族

---

① 泰勒 . C. 2001. 自我认同的根源:现代认同的形成 . 韩震等译 . 北京:译林出版社,37

② Honneth A. 1996. Struggle for Recognition:The Moral Grammar Of Social Conflicts. Cambridge:Polity Press. 92 ~ 129

传统、文化熏陶、宗教氛围等。约翰斯通（R. Johnstone）经研究发现，家庭生活经历在很大程度上决定了个体的信仰，因此，他根据信教经历的不同把信徒分为两类，即自出生便能使宗教观念和宗教群体的实践内在化的信徒——该类型的教徒人数不在少数，以及在人生某个时期经历皈依过程而使宗教信仰内在化的信徒。①据调查，在信教学生中，有相当一部分是因父母家人之信仰的原因而认同宗教身份的。对另一部分高校学生而言，他们更多的是受教会及其教友的影响而逐步转变为信徒的。比如，教会具有组织性的唱诗、祷告、读经、讲道等活动使部分起初基于猎奇心态而接触宗教的同学逐步关注宗教。在"兄弟姐妹"之名义相称的教友的带领下，他们从观摩宗教仪式发展到参加宗教团契。通过家庭式的团契聚会活动，他们从"兄弟姐妹"的热情中获得精神愉悦，感觉到自身的价值得到承认。正是在跟"重要的他者"展开对话的过程中，他们形成与强化自己的身份意识，逐步认同他者的宗教信仰，直至成为信徒。

由此可见，高校学生在认同自身的宗教身份过程中，既立足于内在需求，同时也受民族、种族、家庭、朋友圈等外部环境因素影响，在具有相似价值观的特定共同体中确立起宗教信仰。故而，高校应从内部思想和外部环境两方面着手，注重思想引导与加强校园管理。

第二节　引导学生确立马克思主义科学信仰

由于大部分高校学生会经历形成身份认同、产生认同混乱或出现认同危机等阶段，因此，在这一人生重要的过渡时期，高校应着力于引导大学生深刻认识马克思主义作为科学信仰的内涵，应通过开展理想信念教育等帮助学生树立正确的世界观和人生观。

首先，帮助学生确立马克思主义的科学信仰。马克思主义是我国发展的根本指导思想，是我们理想信念的灵魂。它深刻揭示了人类社会发展规律，为社会发

---

① Johnstone R. 1988. Religion in Society: A Sociology of Religion. NJ: Prentice – Hall

展指明了方向,为人们认识世界与改造世界提供了科学方法,为个体创造有价值的人生提供了重要指引。在纪念马克思诞辰 200 周年大会上,习近平总书记发表讲话,对马克思主义做了高度概况。他认为,马克思主义是科学的理论,创造性地揭示了人类社会发展规律;马克思主义是人民的理论,第一次创立了人民实现自身解放的思想体系;马克思主义是实践的理论,指引着人民改造世界的行动;马克思主义是不断发展的开放的理论,始终站在时代前沿。① 正是由于中国共产党始终强调要信仰马克思主义,树立正确的理想信念,因此红军才能取得长征胜利;正是由于中国共产党始终强调要信仰马克思主义,树立正确的理想信念,因此我国才能在党的领导下克服重重困难,在革命、建设、改革等过程中不断创造辉煌。故而,马克思主义是法宝,是重要的指导思想。"我们共产党人的根本,就是对马克思主义的信仰,对共产主义和社会主义的信念,对党和人民的忠诚。立根固本,就是要坚定这份信仰、坚定这份信念、坚定这份忠诚,只有在立根固本上下足了功夫,才会有强大的免疫力和抵抗力。"②因此,高校思想政治教育应帮助学生把握马克思主义基本原理,并在此基础上使其确立马克思主义的科学信仰,做到真懂、真信、真用。

其次,正确把握马克思主义宗教观的内涵与马克思主义宗教观中国化的规律。马克思主义是中国共产党和我国的根本指导思想,是社会主义核心价值体系的灵魂。而高校是人才培养基地,是引导青年学子树立正确观念的重要载体,因此,高校要重视宗教问题,在宗教问题上坚持马克思主义立场,加强马克思主义宗教观的宣传教育,认真落实党的宗教工作方针政策和国家有关法律法规,提升师生对待宗教问题的分析判断力,营造和谐向上的校园环境。这要求我们全面认识宗教存在的历史性和长期性,认清宗教问题与政治、经济、文化、民族等的复杂关系,掌握宗教工作面临的新情况和新问题,在信仰上尊重与在生活中帮助信教师生,激发其爱国热情与建设中国特色社会主义事业的积极性,使他们在拥护中国

---

① 习近平. 2018 - 05 - 04. 习近平在纪念马克思诞辰 200 周年大会上的讲话. http://cpc. people. com. cn/n1/2018/0505/c64094 - 29966415. html

② 习近平. 2018 - 05 - 04. 习近平在纪念马克思诞辰 200 周年大会上的讲话. http://cpc. people. com. cn/n1/2018/0505/c64094 - 29966415. html

共产党的领导和社会主义制度、热爱祖国、维护祖国统一、促进社会和谐等重大问题上增进共识。

再次,以多种方式有针对性地进行疏导与教育。正是由于宗教的存在具有历史性和长期性,因而,在学生信教问题上应区别对待,突出工作重点。诚如毛泽东同志所指出:"我们不能用行政命令去消灭宗教,不能强制人们不信教。不能强制人们放弃唯心主义,也不能强制人们相信马克思主义。凡属于思想性质的问题,凡属于人民内部的争论问题,只能用民主的方法去解决,只能用讨论的方法、批评的方法、说服教育的方法去解决,而不能用强制的、压服的方法去解决。"①基于此,高校应从实际出发,采用有针对性的方式引导与教育不同身份的学生。就尚未加入宗教团体的学生而言,高校应加强马克思主义宗教观教育,帮助他们理性且全面地认识宗教的本质和发展规律。对共产党员或入党积极分子等无神论者,应健全组织生活,发挥党团作用,增强党支部的凝聚力和战斗力,强化其原有的正确观念,切实有效地防止和消除宗教活动对共产党员的影响。与此同时,应鼓励党员发挥先锋模范带头作用,热心帮扶学习和生活上有困难的同学。对部分因好奇而主动接触宗教的学生,应通过列书单等方式推荐他们阅读相关书籍,借此揭开宗教神秘的面纱。对基于家庭、学习、人际交往、思想等方面的因素而成为望道者或慕道者的学生,特别是少数民族学生,应予以重视,及时了解他们的需求和思想动态,尽可能帮助他们解决实际困难,消除心理问题产生的现实根源,使其切实感受到关怀和温暖,增强集体归属感。除此以外,开展丰富多彩的校园文化活动和进行积极的心理辅导也有助于帮助学生拓宽兴趣视野,消除思想困惑,正确看待与应对思想问题,从而自觉抵御西方意识形态与境外的宗教渗透。另一方面,对信教学生,高校在坚持"政教分离"的原则、强调学校纪律与禁止在校内开展宗教活动的同时,应切忌以行政命令的方式粗暴地干预个人信教行为,而应动员他们到经登记的宗教活动场所参加正常的宗教活动,防止他们组织参与破坏国家统一和民族团结的活动或违反国家法律法规。

最后,把握教育规律,改进工作方式,加强思想引导。处于大学不同阶段的学

---

① 毛泽东 . 1986. 毛泽东著作选读(下册). 北京:人民出版社,762

生需应对的问题不尽相同。由于以高考为指挥棒的学生在进入大学校园后往往失去了奋斗目标,加之刚入学后需逐步了解大学的生活和学习,因此,这一阶段的新生不仅对所学专业和学习方式缺乏必要的认识,而且在适应新环境和人际关系等方面可能陷入迷茫。这一阶段的学生会因缺乏鼓励与关心,容易走极端,进而在各种诱因下加入宗教团契组织。尽管如此,在某种意义上,这正是高校开展系统的思想教育,引导学生确立正确的人生观和价值观的最佳时期。除此以外,大学三年级向四年级过渡的时期也有必要加强思想教育。这一时期具有承上启下的作用。处于该阶段的学生虽然已适应大学的生活学习节奏,但随着与社会的接触机会日益增多,他们在反思人生价值与人生目标等的同时,要直面就业压力等现实问题,从而产生困惑与焦虑,在价值观和人生观方面摇摆不定。鉴于目前的思想政治理论课大多在一、二年级开设,此后缺乏较系统的思想教育课程,高校应当通过校园活动、讲座报告、网络媒体等方式,强化与巩固教育效果。

值得一提的是,由于部分教师并没有认识到哲学在帮助大学生认同马克思主义宗教观与坚定崇高信念时发挥的重要作用,因此,他们往往诉诸知识灌输的方式,导致教学效果不尽如人意。有调查显示,当被问到对信仰教育的满意程度时,52.27%的受访学生表示不满意或很不满意。其中,认为"内容枯燥、缺乏吸引力""理论与现实相脱离,难以被接受",以及"没有说服力"的学生分别占35.19%、29.27%和19.86%。这说明了,在进行科学信仰教育时,教师应当改进教育方法,结合个体思维和学科的特点,提高教学质量。实际上,思维系统的整体性表现为感知、理性、世界观等不同的思维层次的相互作用与相互影响,而思维的各个层次无法相互取代、相互消解。思维系统的层次性反映在学科关系上则体现为,处于理性层次的科学与处于世界观层次的宗教难以直接对话。这导致了,即便随着科技的发展,科学的地盘日益扩大,它可以在一定程度上动摇宗教信仰的基础,却无法单独取代宗教——因为两者处于不同思维层次,解决不同问题;而世界观层面的精神追求是无法消解的。实质上,"能够与宗教直接对话并产生效力的是与它处在同一个思维层次上的哲学。所以,一种好的哲学就是宗教的克星。主张取消形而上学无疑是给宗教留出了空间。"①鉴于此,教师或辅导员在开展思想政治工作时,应充分意识到哲学的作用,注重从世界观层面引导学生认同与强化马克思主义信念。在教育过程中,除思想政治理论课以外,高校还可开设相关的宗教学选修课程。应当澄清的是,开设这类课程的目的并非在于满足信教学生特殊的宗教需求,而是为了通过客观全面地讲授宗教知识与给予合理评析,让学生理性认识宗教的起源、本质、发展和消亡规律、作用和影响,提升分辨邪教的能力,并适时利用马克思主义宗教观的核心思想加以引导,借此避免学生因猎奇或认识模糊而被诱导入教。

除此以外,在引导学生树立科学的理想信念过程中,高校除开展有针对性的思想引导与教育以外,还应坚持教育和管理双管齐下的原则,认真贯彻落实国家相关法规,依法制止犯罪活动,加强管理教学科研队伍和干部队伍,严格规范涉外活动。

第一,明确国家规定,提升法律意识,完善预警机制和联动机制。宗教信仰自由和政教分离是中国共产党的宗教政策,也是社会主义国家的基本政策。这意味着,公民宗教信仰活动应当遵守法律规章的相关规定。因此,高校应贯彻落实教育部《普通高等学校学生管理规定》中的相关规定,使学生明确任何组织和个人不允许在学校进行宗教活动,不得在宗教活动场所以外(尤其是大学校园内)传教、布道、宣传有神论,不得在学校成立宗教团体或组织,不得到未经登记的宗教活动场所参加宗教活动,不得参与邪教或封建迷信活动等。与此同时,对以宗教为由,利用宗教来干预国家行政、司法、教育和社会生活等事务,损害其他公民的合法权益,破坏社会秩序或违反国家宪法和法律的行径,高校应成立监察小组,及时发现问题,予以积极引导,依法制止校园内的传教或宗教活动,并协助相关部门严厉打击校园及周边环境的非法宗教活动,配合取缔校园及周边的非法宗教活动场所和据点,制止借传教为名从事违法犯罪活动。

第二,加强教学科研队伍建设,提升干部队伍素养。教研人员和教管人员的言行在一定程度上会对学生思想、行为和品质产生潜移默化的影响。因此,高校

---

① 王志康．论思维系统的层次结构和复杂性．自然辩证法研究,2003(10):1~5

应重视对这两支队伍的管理。在《关于宗教神学进入国家教育系统和科研机构问题的商榷》一文中,研究者杜继文曾指出,近年来,宗教神学向学界渗透的方式五花八门,如"收受海外宗教团体的调研课题,联合举办宗教学术会议,提拔海归中的神学人才,聘请国内外神学教授(兼职或客座)或宗教职业者,举办宗教神学、宗教教义的论坛或讲习班,派遣研究生或教学研究人员出境接受教会学校的培训,甚至即以'神学'命名自己的教学机构与构建自己的学科"①。借助这些方式论证,个别学者打着学术研究的旗号,消解马克思主义宗教观,夸大宗教正面的社会影响,宣扬有神论。鉴于此,在宗教问题上,高校一方面应在教师和干部中进行宗教理论和宗教政策教育,使科学无神论贯穿师德教育始终,从而提升其思想素养与政治素质。另一方面,教师应严守教学纪律,严把教学尺度,不能在课堂上传教布道或教唆、鼓动学生信仰宗教。而学校也应把这一点纳入师德师风考核当中。此外,在科研方面,针对境外势力或宗教组织借助文化宣教的方式进行隐性渗透的现象,高校应规范项目管理程序,真正了解课题经费来源。

第三,加强对涉外活动、外籍教师和留学生的管理。涉外活动、交流访学与讲学等是宗教组织或政治机构宣传宗教思想与拉拢学生的常用手段。据媒体报道,河北某市曾处理一起境外人员非法传教的案件——其中一名是某高校日语外教,另一名是在该校进修的韩国留学生,两人受境外同一宗教组织派遣来中国内地传教。这种传教方式使大学校园及周边出现一支以"交朋友""学外语"为诱惑的外国人传教队伍。它们吸引大学生参加宗教团契,培养与发展宗教信徒。在这些团契当中,有相当一部分是由留学生组织并带领的,他们已成为北京地区大学生中非常重要的传教力量。② 因此,高校应正视这支传教队伍的社会影响,严格规范其在校行为,防止来访者以学术交流、访学和讲学等理由进行非法传教。在涉外活动方面,高校可实行校内推荐人或接待人的责任制,以使其明确责任,严于把关。与此同时,院系及辅导员应做好学生工作,尽量避免学生经诱导后参与宗教节日、宗教庆典等活动。在聘请外籍教师方面,除严格把好资格审查一关外,还应

---

① 杜继文. 关于宗教神学进入国家教育系统和科研机构问题的商榷. 科学与无神论. 2010 (2):25~28
② 左鹏. 大学生信教的原因、影响及对策分析. 思想教育研究,2009(1):55~59

及时了解外籍教师的课堂教学与课后辅导活动等相关情况,严禁在课堂上讲授带有传教性质的内容,必要时坚决予以纠正。

　　针对宗教宣传方式的多样性和复杂性,高校除对学生、教学科研人员、行政管理人员和涉外人员进行适时监督与严格管理以外,还应及时了解校内教学设备等的使用情况,强化网络监控与舆情引导,以此构筑全方位、立体化的教育管理体系。

第六章

加强校园文化建设,营造高校思想政治教育的良好氛围

　　文化是育人的重要途径,是高校开展思想政治工作不可忽视的重要抓手。[①]与灌输等直接教育方式相比,虽然文化育人的方式主要采用间接教育模式,但它潜移默化的形式往往更容易让教育内容被学生认同与接纳,而其效果也更为深刻与深远。因此,高校思想政治教育工作应遵循文化传播的规律,根据大学生的认知规律和特点,营造、维护与优化校园文化氛围,加强对思想文化阵地的建设管理,充分发挥文化育人的作用,增强学生的文化自信。

[①]　中共教育部党组印发的《高校思想政治工作质量提升工程实施纲要》要求“充分发挥课程、科研、实践、文化、网络、心理、管理、服务、资助、组织等方面工作的育人功能,挖掘育人要素,完善育人机制,优化评价激励,强化实施保障,切实构建‘十大’育人体系”。教育部 . 2017 - 12 - 04. 高校思想政治工作质量提升工程实施纲要 . http://www. moe. edu. cn/srcsite/A12/s7060/201712/t20171206_320698. html

第一节 构建立体化的文化空间

好的文化是高校建设的核心维度,是提升高校形象的重要方式。① 另一方面,作为现代社会最重要的机体,作为文化发展的中心,高校也承担着文化创造与传播的重要责任,在提升国家文化软实力中肩负起不可推脱的历史使命。② 能否发挥积极的社会辐射作用,以及能否为社会和国家的建设与发展提供智力支持与精神保障,在一定程度上取决于高校的文化建设成效。

文化作用和影响反映在生活的方方面面,在校园的各具体场域都有所体现。鉴于此,高校建设校园文化不应仅仅满足于某个方面的改进,而应把文化建设看作一项系统的、长期的、可持续的重要工程。在竞争日益激烈的教育市场中,高校也应具有文化自觉,把握文化的基本机理,挖掘自身的文化底蕴,充分调动有利的资源,构建立体化的文化空间,形成独特而又积极的文化氛围。

作为一个内在的观念系统,大学文化的内涵相当丰富和复杂。从文化层次的角度来看,大学文化可划分为四个层次,即精神文化、制度文化、学术文化和环境文化。它们彼此联系,同生共长,是由高校师生在共同活动中所逐渐形成的思想、

---

① 从文化与高校形象之间的关系来看,大学形象的塑造是"从大学自身文化内涵的滋养,推动社会文明进步所担负的文化传承、文化创新和文化引领行为中得以实现的。大学文化建设的质量高低,同时表现为大学形象建设质量的高低,两者是一个问题的两个方面"。具有先进文化的高校能以其理念、制度、行为、环境等塑造出良好的学校形象,同样,具有良好形象的高校背后必定有先进文化的支撑。可见,两者相互统一,相辅相成。"任何一所大学的形象提升,都必须从自身赖以生存、发展的文化根基中寻找依据、获得动力、构成内容,并以文化建设为立足点,以大学形象的整体建构为目标,用先进文化引领大学形象建设的基本方向。"因此,文化建设对维护学校形象具有重要意义,是学校提升自身核心竞争力的重要支撑。参见黄东升. 2011. 大学形象建设论. 兰州:西北大学出版社,27

② 2017年2月中共中央、国务院印发的《关于加强和改进新形势下高校思想政治工作的意见》指出:"高校肩负着人才培养、科学研究、社会服务、文化传承创新、国际交流合作的重要使命。"参见国务院. 中共中央国务院印发《关于加强和改进新形势下高校思想政治工作的意见》. http://politics. people. com. cn/n1/2017/0228/c1001-29111314. html 而联合国教科文组织负责人迈尔(Federico Mayor)也指出,大学是文化的生产、传播、再生产得到协调满足的机构。

精神、意识乃至行为习惯，强调的是师生的科学素养和人文精神，表现为一种共同的行为准则、价值观念和道德规范，具有理想性、神圣性、学术性和批判性的特征。以文化来加强高校思想政治教育，就应从关注影响大学生思想观念的众多因素着手，建构立体化的文化网络体系。

首先，从环境文化入手。环境文化是基础性文化，它是高校最为容易着力的部分，因此也是表层文化的体现。通常而言，校园环境文化涵盖了以物化形态表现出来的景观，以及它们所映射出的理念和精神世界。校园环境是培养学生的主体环境，是大学教育中的无声课堂。在讲求视觉文化的今天，高校中所配备的教学楼、实验室、图书馆等校园物质构件，不仅能为师生提供良好的学习与生活场所，而且能带给师生美的享受，浸润他们的心灵。而诸如学校标识、校园环境和学校典礼仪式等也能陶冶他们的性情。诚如斯坦福大学校长乔丹指出，大学的建筑也将对学生的培养教育起到积极作用，每一块砌墙的石头都势必会给学生以美和真的熏陶。而联合国教科文组织也指出："除了正规的课程以外，学生置身于其中的环境也是一种教育要素或反教育要素。一个肮脏的环境培育不出环保意识和美学意识……"①不难想象，"珞伽山麓，东湖之滨，山水相宜，古今合谐，承传统中华园林之精妙"使武汉大学增色不少。"滨海风光，秀色可餐，建筑散落云雾之中，若蓬莱仙境；最妙海塘堤岸，红花绿影，仿佛珍珠翡翠，镶嵌于鹭岛之西"的形象也大大提升了厦门大学的竞争力。可见，校园环境成了一所高校的名片，是一所高校不可多得的物质文化资源。

其次，注重精神文化建设。大学的精神文化作为扬"民气"内容，是大学人在长期实践中形成并将继续发展且为大学人内心认同的价值体系。正如武汉大学前校长刘道玉指出："大学精神是关于大学建设的一种先进的理念，是关于办学方针、政策、目标、价值观念等思想意识最高、最精辟的概括，它对于高校建设起着长期的、关键的作用。"②大学精神根植于大学决策者和师生之中，使他们自觉地烙守着大学精神，抵御各种诱惑和腐蚀，规范大学行为，指引发展方向，始终朝着大

---

① 联合国教科文组织. 1998. 21 世纪的高等教育展望和行动. 巴黎高等教育会议文件
② 刘道玉. 论世界一流大学的建设——从创造性与大学精神谈起. 高教探索,2004(2):4～9.

学的历史使命迸发,探求真理。活跃的精神创造活动长期引领着文化的进步,促进了新的价值体系的形成,因此,大学精神文化建设成为非常重要的内容。诸如剑桥大学等世界一流大学十分看重包括办学理念在内的精神文化的作用。英国剑桥大学校长曾指出,剑桥大学每年经费只有10%用于购买仪器设备和基础建设,而90%的经费用在人的身上,主要是从世界范围引进杰出人才和提高教授、研究生的待遇。之所以这样做,完全是因为该校相信,"人是最宝贵的因素,世上的一切奇迹都是人创造出来的。"而密歇根大学同样也认识到这一点。它把自身使命定位于"创造、交流、保存和应用知识,并培养挑战当下和充实未来的领袖和市民",认为:"大学是知识和人的发展的共同载体;大学的功用既包括知识的传承、创造和应用,也包括个性的人(既可能成为领袖,也可能只是市民的培养)。"

但相比之下,随着经济体制深刻变革,社会结构深刻变动,利益格局深刻调整,思想观念深刻变化,国内高校在某种程度上存在以下现象:人文精神缺失,重技术轻人文,重知识轻心智,重物质轻思想。因此,精神文化建设有待提升。在建设国际形象过程中,高校应注重校园精神文化的提升。校园文化具有育人功能。大学精神充分体现、弥漫于校园文化中;身居其中的大学人也不知不觉地受校园文化的影响和熏陶,表现出不同的性格特质。与课堂教育的显性方式相比,它具有"春风化雨、润物无声"的特征,能潜移默化地影响师生的思想观念、价值取向、行为方式。校园文化的核心内容是精神、价值、作风和理想追求,美丽的校园环境只能给人留下表面印象,而校训、学风、教风、传统、讲座等价值层面的成分才真正给人以深刻的启迪和实实在在的影响。健康的校园文化有利于弘扬大学精神,有利于推动和谐校园建设,有利于培养德智体美全面发展的合格人才和国家栋梁。世界知名大学的校园都构建出了极富传统、品质和特色的文化氛围,为学校的国际声誉和国际形象提供了独特、持久的支撑。因此,以传承人类文明与培育社会英才为己任的高等院校应重视校园文化建设。鉴于校园文化的重要育人功能,我们更应正视高校培育校园文化过程中存在的误区。比如,片面地把校园文化等同于物质文化,忽视精神文化层面的建设;又如,校园活动虽频繁、多样,却缺乏整体性和持续性,没有顾及深度和广度,急功近利的浮躁心态致使校园文化形同"快餐文化";再如,面对复杂多变的社会形势,对非主流文化在校园的传播和影响缺乏足够的关注。这些认识误区不仅削弱了文化的育人成效,而且有可能使文化发展偏离正轨。因此,高校的校园文化建设要体现社会主义办学特色,以社会主义核心价值观为根本,坚持正确方向,把握时代契机,从纵深广的立体化维度加以推进。

再次,立足于学术文化建设。世界一流大学的学术文化往往是积极向上、勇于探索、求真务实和严谨细致的,良好学术氛围的营造,可以有效推动和积极鼓励高校师生科研活动的开展。知识经济时代,学术文化更成为高校特别是研究型高校奠定自身形象最重要的基石。鉴于此,"大学学术文化力",近年被作为一个全新概念提出。这也被认为是启"民智"的重要内容。所谓大学学术文化力,是指"将大学内一切有效的可利用、可创设的资源和学术条件有机地组织协调起来,通过培养创新性人才、发展科学知识和科学研究、创造优质学术成果或产品,向社会提供服务,促进经济社会发展和文明进步,从而显现推动力和产生的影响力"。对大学学术本质的根本把握,对大学学术文化力从内在到外在、从显性至隐性、从物质到精神的全面力量的有机发动和转换、释放的过程,是立足宏观高等教育管理大文化角度的理性思考,对大学在提高文化软实力中的责任与地位进行分析,抽绎出了一个大学学术文化力的全新概念和命题,旨在通过它的提出引起学界和高等教育界对学术文化力的高度关注,并引动对大学学术文化力问题的进一步研究。学术创新是大学生命的灵魂,学术文化是生命和灵魂凝结的精粹。正是从这一本质意义的理解出发,我们从文化学研究的视域和高等教育管理学的角度,强调加强高校文化建设和构建学校文化软实力的目标。从内涵来讲,学术文化一方面体现为高校师生在科研学术方面做出的贡献,另一方面体现为学术道德等学风、学术氛围、学术传统。就高校思想政治教育而言,后者是更应受到关注的方面。

最后,把握好制度文化建设。制度文化建设是大学文化运行的主导系统。它是文化建设的关键所在,为现代大学精神的构建搭建了体制平台。大学的制度文化主要指学校的各种制度,包括分配制度、干部制度、人事制度、学籍管理制度等,保证学校正常运行的组织形态、群体行为规范、习俗,各种管理规章与纪律,以及所建构的激励环境与引导氛围等方面。一所大学的制度文化往往反映了该学校的历史传统、校园意志和特征面貌。与此同时,大学形象的树立与发展、传延与变革也有赖于大学制度文化的理性引导。高水平大学应以制度为纽带,促进传统文化与现代文化的和谐共生;以制度为核心,构建崇尚科学、民主、自由的现代大学精神。

就思想政治教育工作的开展而言,高校可充分利用上述资源,通过多种具体方式和手段,多渠道地拓宽文化育人的平台。在应当利用哪些文化来育人,以及如何推进高校校园文化建设,为思想政治教育工作创设良好环境等问题上,国务院和教育部印发的两个重要文件具有很强的指导性。例如,2017 年 2 月中共中央、国务院印发的《关于加强和改进新形势下高校思想政治工作的意见》明确指出:"要弘扬中华优秀传统文化和革命文化、社会主义先进文化,实施中华文化传承工程,推动中华优秀传统文化融入教育教学,加强革命文化和社会主义先进文化教育,深化中国共产党史、中华人民共和国史、改革开放史和社会主义发展史学习教育,利用我国改革发展的伟大成就、重大历史事件纪念活动、爱国主义教育基地、国家公祭仪式等组织开展主题教育,弘扬以爱国主义为核心的民族精神和以改革创新为核心的时代精神。"而《高校思想政治工作质量提升工程实施纲要》不仅把建立文化育人质量提升体系作为重要任务,强调要"注重以文化人以文育人,深入开展中华优秀传统文化、革命文化、社会主义先进文化教育,推动中国特色社会主义文化繁荣兴盛,牢牢掌握高校意识形态工作领导权,践行和弘扬社会主义核心价值观,优化校风学风,繁荣校园文化,培育大学精神,建设优美环境,滋养师生心灵、涵育师生品行、引领社会风尚";而且谈到了以文育人的具体实践途径。即,"推进中华优秀传统文化教育,实施'中华经典诵读工程''中国传统节日振兴工程',开展'礼敬中华优秀传统文化''戏曲进校园'等文化建设活动,展示一批体育艺术文化成果,建设一批文化传承基地,引导高雅艺术、非物质文化、民族民间优秀文化走近师生。挖掘革命文化的育人内涵,实施'革命文化教育资源库建设工程',开展'传承红色基因、担当复兴重任'主题教育活动,组织编排展演一批以革命先驱为原型的舞台剧、以革命精神为主题的歌舞音乐、以革命文化为内涵的网络作品;有效利用重大纪念日契机和重点文化基础设施开展革命文化教育。开展社会主义先进文化教育,开展高校师生社会主义核心价值观主题教育活动,推广展示一批社会主义核心价值观教育典型案例,选树宣传一批践行社会主义核心价值观先进典型。大力繁荣校园文化,创新校园文化品牌,挖掘校史校风校训校歌的教育作用,推进'一校一品'校园文化建设,引导高校建设特色校园文化;实施'高校原创文化经典推广行动计划',支持师生原创歌剧、舞蹈、音乐、影视等文艺精品扩大影响力和辐射力;广泛开展'我的中国梦'等主题教育活动,推选展示一批高校校园文化建设优秀成果。建设美丽校园,制作发布高校优秀人文景观、自然景观名录,推动实现校园山、水、园、林、路、馆建设达到使用、审美、教育功能的和谐统一。广泛开展文明校园创建,评选'全国文明校园',把高校建设成为社会主义精神文明高地。"①这为构建立体化的文化空间,推进校园文化建设,提升高校思想政治教育成效提供了重要参考。

第二节　把握重大历史事件及纪念日的重要契机

"重大历史事件纪念活动"和"重大纪念日"是进行校园文化建设的重要主题,是高校有效开展思想政治教育的重要契机。

以中国共产党建党周年庆典为例。7月1日是中国共产党成立的重要时刻。回首风雨多载,薪火相传日新。在新民主主义革命时期、社会主义革命和建设时期、改革开放和社会主义现代化建设时期,中国共产党始终依靠和团结全国各族人民,为实现民族独立和国家富强不断探索、不懈奋斗。近百年的奋斗历程表明,中国共产党始终代表中国先进生产力的发展要求、代表中国先进文化的前进方向、代表中国最广大人民的根本利益,始终高度重视并不断保持和发展自己作为马克思主义政党的先进性。

自建党以来,中国共产党重视通过科学民主设置组织原则和用人标准,完善组织结构和制度体系,从而确保自身不断成长壮大、有效运转。通过国家政权机

---

① 教育部. 中共教育部党组关于印发《高校思想政治工作质量提升工程实施纲要》的通知. ht-tp://education. news. cn/2017－12/06/c_129758619. htm

关等执政客体运作,党发挥其领导执政功能。通过充分发挥执政主体和客体的作用,党总揽全局、协调各方,在政治、思想和组织上进行领导,实现科学执政、依法执政、民主执政。而通过加强自身建设,党不断完善执政方式,提高执政能力,提升执政水平。

通过在实践中不断学习、探索、总结、完善,中国共产党坚持以马克思主义的科学理论为指导,探索与遵循规律,以科学的思想、科学的制度、科学的方式治国理政;坚持为人民执政、靠人民执政,发展与推进社会主义民主政治,以民主的制度、民主的形式、民主的手段保证人民当家做主;坚持依法治国,领导立法,带头守法,保证执法,以法治的理念、法治的体制、法治的程序保证党领导人民有效治理国家。在此基础上,中国共产党已经形成了一套行之有效的执政理念、制度、体制和方法。

正因为有了这些制度设计和具体安排,在重要关头和紧急时刻,中国共产党能沿着正确的方向做出科学决策,带领全国各族人民一次又一次地冲破艰难险阻,一次又一次地应对重大挑战,开辟了中国特色社会主义道路,形成了中国特色社会主义理论体系,确立了中国特色社会主义制度,朝着实现中华民族伟大复兴的目标稳步迈进。实践证明,没有中国共产党就没有新中国,就没有中国特色社会主义。办好中国的事情,关键在党。

与此同时,中国共产党并没有满足以往的成就。它以锐意进取、勇于创新的精神,把坚持党的领导、人民当家做主和依法治国有机统一起来,不断改革和完善党的领导方式和执政方式,不断提高党的执政能力和领导水平,在为人民治国理政的实践中永葆党的先进性和纯洁性。

中国共产党的奋斗历程与成就经验是高校开展思想政治教育的核心素材,能提供众多榜样模范的典型,激励广大师生在现当代社会秉承其精神继续奋进。高校校园文化也应充分体现与积极宣传中国先进文化的优秀成果,引导广大师生坚定崇高的信仰,树立正确的价值观,自觉坚守奉献社会、报效祖国的使命。因此,高校校园文化建设应把握建党周年的时代机遇,端正方向,提升品位,提高成效。

具体而言,以建党周年为契机推进高校校园文化建设,可从五个方面入手:

第一,深入挖掘与展现高校党建工作的亮点。中国共产党波澜壮阔的长河中,不管在革命、建设还是改革时期,高校党组织都做出了重要贡献,值得浓墨重彩地书写。高校应结合党史和校史,厘清自身在党建历程中发挥的作用,总结党委领导下所取得的成绩,从而增强师生对学校的认同感和归属感。

第二,广泛遴选与宣传优秀党员代表及其事迹。优秀党员代表的形象具体生动、思想先进深刻,具有感召力和说服力,他们的一言一行具有公共示范效应,能有效地辐射到其他师生的行为与观念中。故而,高校应充分发挥先锋模范的榜样作用。在遴选过程中,除本校的优秀党员以外,高校还可结合自身的办学方向和专业特色,选出学生较为熟悉且有影响力的非本校的楷模。如理工类院校可宣传两弹一星元勋、毛二可、杨为民、徐光宪等杰出专家学者的先进事迹,师范类院校可弘扬孟二冬等全国模范教师的高尚品格。在这些科学家和教育家身上,不同程度地体现了严谨治学的态度、为人民服务的精神以及忠诚爱国的情怀。他们的事迹不仅能让师生感受到中国共产党的凝聚力和向心力,而且有助于激励学生树立远大理想和崇高信念,认真学习,奋发向上。

第三,深入开展形式多样、内容丰富的校园活动。校园活动是校园文化建设的重要载体。围绕纪念党建周年的主题,高校要通过多种途径展现中国共产党走过的光辉历程与取得的辉煌成就,让师生更深刻地理解党章和了解党史,从而激发他们的民族自豪感和爱国热忱。为此,高校党委或团委可组织宣誓仪式、征文活动、歌唱比赛和党史党章知识竞赛,组织优秀党员代表做报告,邀请党史研究者讲授五四精神、长征精神、西柏坡精神和井冈山精神,邀请老红军忆述革命时期可歌可泣的感人往事,邀请各领域优秀的党员专家学者畅谈奉献精神和敬业精神,等等。与此同时,参观纪念馆、博物馆、展览馆、革命旧址等活动,也能让师生在红色之旅中重温革命先驱浴血奋战、矢志不渝的历史镜头,使其思想得到进一步的洗礼与升华。

第四,积极探索持续有效的社会实践模式。社会实践是推动校园文化建设的重要途径。它不仅有助于学生接触社会,了解民生,而且有利于培育爱岗敬业精神,强化社会服务意识,提升政治参与水平。鉴于此,高校党委可通过组织调研团、服务团等形式,带领在校师生参加各种暑期实践、对结援建、志愿活动,鼓励毕业生参与社会主义新农村建设和西部开发建设,使他们将个人成才与国家需要紧密结合起来,增强社会责任感和使命感。

第五,充分利用校园媒介拓展传播渠道。网络媒介是校园文化建设的重要平台。高校可利用校园广播电视、红色网站、手机短信等,引导师生开展理论学习与交流,并为他们表达自身对党和国家的美好祝愿创设条件。

第三节　加强廉洁教育,培育廉洁文化

廉政文化以崇尚廉洁、鄙弃贪腐为价值取向。正所谓"一丝一粒,我之名节;一厘一毫,民之脂膏。宽一分,民受赐不止一分;取一文,我为人不值一文。谁云交际之常,廉耻实伤;倘非不义之财,此物何来?"被称赞为"天下第一清官"的张伯行在《禁止馈送檄》中所写的这段话,在很大程度上反映了廉洁内涵及其具体表现。融价值理念、行为规范和社会风尚为一体的廉政文化,反映了人们对廉洁政治和廉洁社会的总体认识、基本理念和精神追求。培育与建设廉政文化能从思想源头上预防腐败,提升个人素养,改善社会风气,增强国家软实力。实际上,廉洁是干部应当信奉的行为原则,同时也是高校师生都应信守的规范。作为培养中国特色社会主义事业的建设者和接班人的主阵地,高校不仅是开展廉政教育的重要基地,而且是廉政文化建设的重要场所。因此,它应当加强廉洁教育,重视廉洁文化建设。

一、廉洁教育与廉洁文化

加强高校廉政教育与廉洁文化建设,有助于提升大学生的品格素养,提高他们的思想政治素质,使他们真正成长为德才兼备的社会栋梁;有助于加强与改进师德建设,提升教师的职业道德,使他们真正做到学为人师、行为世范;有助于使党政领导干部树立正确的权力意识,明确立党为公、执政为民的理念,增强诚心诚意为人民服务的观念,从而严于律己,规范行为,科学用权,真正做到顶得住诱惑,经得住考验,守得住气节;有助于加强高校校园文化建设,营造廉荣腐耻的文化氛围,构建积极向上、正气满溢的和谐校园;有助于提升高等教育质量,促进高校科

学发展;有助于发挥高校的社会辐射作用,在社会中大力弘扬社会正气,传递正能量。基于此,高校应站在全局和战略的高度,自觉肩负起培育廉政文化的责任,承担起文化传承创新的重要职能,发挥好主阵地的作用。

一直以来,党、国家和高校重视开展廉政建设,通过一系列政策措施,深入推进廉政建设和反腐败斗争,工作取得一定成效。但应当注意到的是,随着世情、国情和党情发生深刻变化,反腐倡廉也面临着新矛盾、新问题。在这种形势下,包括高校在内的廉政教育与廉洁文化建设也要根据具体实际,不断创新发展。除此以外,虽然不同国家在政治、经济和文化等方面有着自身的独特之处,但不可否认的是,在廉政教育与廉洁文化建设过程中,国内与国外高校面临的挑战和采取的措施有可相互借鉴之处。比如,美国高校注重师生参与,侧重于从制度设计上严格规范科研经费的使用与开支,借此预防腐败行为。又如,英国注重培养廉政理念,它将公务员的廉政教育寓于道德教育之中,按照公务员的管理制度要求与管理公立大学行政人员,并在高校内设立专为政府提供道德建设要素、发掘道德基础和示范作用的研究中心,以此加强思想教育。与美国和英国有相似之处,德国高校既要接受联邦和州政府的管理,又要重视内部廉政机构设置和监督管理建设。与此同时,德国高校也关注防腐预警机制的构建,确立了一整套腐败风险评估制度,形成防腐预警机制。除此以外,法国、瑞典、日本等国家的高校廉政举措也能为我国高校廉政文化建设的开展提供参考。

二、确立高校廉政文化建设的分层结构体系

要做好廉洁教育与培育廉洁文化,高校应着眼于主体的特殊性,从而使工作更具针对性。由于高校的组成人员具有多样性,因此,廉政文化建设应根据对象的差异,确立不同的教育侧重点、内容与目标,并采用相应的教育方式与手段,从而使廉政文化建设不仅能根据统一的部署和要求,有条不紊地深入推进,而且能视不同对象的各自特点,开展有针对性的廉政文化建设活动,增强教育成效。

从教育侧重点、内容与教育目标来看,高校应以廉洁修身为重点,引导大学生正确看待社会中出现的腐败问题,认清拜金主义、享乐主义和利己主义等的本质,摈弃金钱至上、权力之上和关系之上等观念,从而培养其理性思考与全面辨析社

会现象的能力,把他们对廉洁的认识从感性认知层面认识提升到理性认知层面,由此以廉政文化引领人才培养。对教师而言,高校应以廉洁执教为重点,深化他们对廉洁问题的认知,强调为人师表、言传身教、率先垂范的理念,培育与增强其廉政建设的主体意识,提高教师的思想政治素质、职业道德水平和师德师风,由此以廉政文化引领教师队伍建设。对党政领导干部而言,高校应以廉洁用权为重点,加强思想政治建设和党风廉政建设,使他们端正从政理念,强化廉洁奉公的意识,坚定理想信念,树立廉洁自律风范,提升科学管理、民主管理、依法管理的能力,由此以廉政文化引领高校科学管理,提升管理质量。

从教育手段来看,针对大学生群体,高校应通过说理和讨论形式,开展廉洁专题教育,组织以廉洁教育为主要内容的活动,以内容丰富、形式新颖和吸引力强的实践活动潜移默化地使他们认同与确立廉政观念。针对教师群体,高校应开展表彰和树立优秀教师先进典型等宣传教育活动,大力加强师德建设,把廉洁教育贯穿师德建设的各个环节,充分发挥教师在开展廉洁教育中的引导和示范作用。针对党政领导干部,高校应把集中学习与分散自学结合起来,着重进行理想信念教育和党纪国法教育,开展定期或不定期的专题学习,组织讨论、报告会和演讲比赛等活动,强化党政人员与领导干部的廉洁意识,构建思想道德和党纪法规防线。

三、构建立体化的高校廉政教育与廉洁文化建设格局

高校廉洁教育与廉洁文化建设是一项系统工程。它要求既注重道德观念、价值取向、思想理念等精神层面的建设,也要重视理论研究与规章制度、行为准则等制度层面的建设,从而使内在自律与外在他律、显性规范与隐性引导有机结合起来,增强高校廉洁教育与廉洁文化建设的成效。

一是培育与增强主体意识。主体意识体现了个体对自身存在的感知与认同,它是形成权利意识与参与意识的重要前提,有助于使行为化被动为主动。尽管腐败一直以来是人们深恶痛绝的问题,但由于缺乏主体意识和制度安排,普通民众对腐败现象往往站在旁观者的立场,"要我反腐"的意识较为浓重,而部分弄权者出于恐惧而没有贪污腐败,即"不敢贪""不能贪"。相比之下,培育与增强主体意识要求高校各个不同人群形成"我要反腐"的观念,使党政干部等权力者产生"不

想贪"的念头。这种主体意识的确立,有助于在内部增强廉政意识,体现行为的自律性,同时也有利于向外营造校园监督的客观环境,体现行为的他律性。

二是注重理论研究。理论研究能为实践开展提供重要指导。作为比任何其他领域都更直接、更系统、更深入地接触各种思想观念和理论体系的场所,高校在理论研究和创新方面具有优势。在廉政文化建设过程中,高校应发挥自身的理论研究优势,组织专家学者开展多层次、多角度的理论研讨活动,深入探讨廉政文化的理念、廉政文化的特点规律、廉政文化建设的方式等基础问题。与此同时,加强对实践问题的研究,从而为廉政文化建设的具体展开提供理论支撑。

三是加强制度建设。制度具有根本性、全局性、稳定性和长期性。通过建立健全高校廉政文化的宣传教育制度、管理制度、物质投入制度等,使高校形成按制度办事、靠制度管人、用制度促廉政的良性态势。

四是加强校园文化建设。一方面,高校廉政文化是校园文化的重要组成部分;另一方面,通过校园文化建设形成的广泛群众基础和广阔宣教平台也能推进廉政文化建设的有效开展。为此,高校要推动校园廉政文化产品的创作和传播,加大廉政文化产品供给,积极推动廉政文化传播,广泛开展廉政文化主题教育活动。

五是党政齐抓共管,形成高校廉政文化建设的合力。通过发挥高校基层党组织、工会、共青团、学生会、宣传部门、思想政治工作部门、学生工作部门、教学业务管理部门等的职能与优势,密切配合,分层次、有步骤地开展高校廉政文化建设。

附　录

基于混合教学模式的高校思想政治理论课建设调查问卷(学生版)

基于混合教学模式的高校思想政治理论课建设调查问卷(教师版)同学们:

您好! 感谢您参加此次问卷调查。该教研调查旨在提升高校思想政治理论课(下简称思政课)的成效,不涉及针对性的个人信息。问卷中的"线上授课"主要是指利用网络进行线上教学,"线下授课"主要指传统形式的课堂教学,混合教学模式则融合了线上与线下教学。再次感谢您的鼎力配合!

1. 性别(　　)

A. 男

B. 女

2. 职业 (　　)

A. 教师

B. 学生

C. 管理人员

D. 其他_____

3. 年龄 (　　)

A. 18 岁以下

B. 18 ~ 22 岁

C. 22 ~ 25 岁

D. 25～40 岁

E. 41～50 岁

F. 50 岁以上

4. 学历（   ）

A. 本科生

B. 硕士研究生

C. 博士研究生

5. 每天上网（   ）

A. 小于 2 小时

B. 2～3 小时

C. 3～4 小时

D. 4 小时以上

6. 就思政课而言, 您更倾向于接受哪种教学模式?（   ）

A. 完全线上教学

B. 完全线下教学

C. 线上线下相结合的混合式教学

7. 过去两年, 您曾在几门课程中进行在线学习?（   ）

A. 0

B. 1 门

C. 2～3 门

D. 4～6 门

E. 7～10 门

F. 10 门以上

8. 您参与学习的思政课程中,采用混合教学模式的包括 ( )(可多选)

A. 马克思主义基本原理

B. 近现代史纲要

C. 思想道德修养与法律基础

D. 毛泽东思想和中国特色社会主义理论体系概论

E. 形势与政策

F. 中国特色社会主义理论与实践研究

G. 自然辩证法概论

H. 马克思主义与社会科学方法论

I. 中国马克思主义与当代

J. 马克思主义经典著作选读

K. 上述思政课程均没有采用混合教学模式

9. 您认为思政课采用线上教学( )

A. 非常有必要(请回答第10题)

B. 有必要(请回答第10题)

C. 没有必要(请回答第11题)

D. 不置可否(请回答第10、11题)

10. 思政课采用在线授课的必要性在于( )(可多选)

A. 线下授课时间有限,在线授课能提供更多知识

B. 在线学习可突破时间空间限制,实现随时随地学习

C. 在线学习有利于更深入地把握课堂教学内容

D. 在线学习比较轻松自由,可不受约束

E. 在线授课时间短,符合个体认知规律

F. 在线提交作业更便捷

G. 增加了师生间交流的机会,更容易向老师和同学探讨问题

H. 在线学习可以灵活实现一对一或一对多人的指导

I. 其他

11. 高校思政课没有必要进行线上授课的原因在于（　　　）（可多选）

A. 目前线上教学流于形式,并非真正意义上的线上授课

B. 思政课具有特殊性,无法进行线上教学

C. 线上学习的效果不如线下课堂教学

D. 没有顾及学生的个性化需求,教学缺乏针对性

E. 传统课堂教学完全可满足教学要求

F. 不能保证学生按时、守时全身心地投入学习

G. 其他＿＿＿＿＿＿＿＿＿

12. 思政课在线授课应包含哪些环节?（　　　）（可多选）

A. 教学视频

B. 开放讨论

C. 单元作业

D. 单元测试

E. 线上考试

F. 线上讨论

G. 其他

13. 您是否愿意参与线上交流?（　　　）

A. 是

B. 否

C. 无所谓

D. 其他

14. 如果在线上学习时遇到问题,你更愿意（　　　）

A. 网络搜索

B. 发帖讨论

C. 线下询问老师

D. 线下与同学讨论

E. 自己思考

F. 置之不理

15. 您是否愿意在线上课程结束后认真参加小测试,并反馈学习结果（　　）

A. 是

B. 否

C. 无所谓

16. 影响线上学习效果的因素包括（　　）

A. 个人自控力

B. 教学内容

C. 网速及网费

D. 教学流程

E. 师生间互动交流的机会

17. 线上学习在哪方面有助于提高学习成效?（　　）

A. 学习知识

B. 掌握重点与难点

C. 激发学习兴趣

D. 增强自主学习、科研、探索能力

E. 没有帮助

F. 其他_____

18. 采用混合教学模式的思政课是否能激发学习积极性和主动性?（　　）

A. 是

B. 否

C. 不清楚

19. 采用混合教学模式的思政课是否可提升思考、分析与解决问题的能力？
（   ）

A. 是

B. 否

C. 不清楚

20. 采用混合教学模式的思政课是否有助于加强师生间的交流？（   ）

A. 是

B. 否

C. 不清楚

21. 采用混合教学模式的思政课是否可更好地解答您的困惑？（   ）

A. 是

B. 否

C. 不清楚

22. 你认为思政课采用混合教学模式存在的主要问题包括（   ）

A. 计算机使用不够熟练

B. 学习效率低

C. 学习任务加重

D. 完成时间紧张

E. 增加额外的学习时间

F. 其他_____

23. 所在高校采用在线授课的现象是否普遍？（   ）

A. 从未使用

B. 从未使用且不鼓励采用

C. 鼓励采用,校内有几门课正在试行

D. 鼓励采用且较为普遍(约占所学课程的_____%)

24. 所在高校采用混合教学模式授课的现象是否普遍?(   )

A. 从未使用

B. 从未使用且不鼓励采用

C. 鼓励采用,校内有几门课正在试行

D. 鼓励采用且较为普遍(约占所学课程的_____%)

25. 您参加在线学习时(   )

A. 认真,其认真程度不亚于课堂听课

B. 较认真,但认真程度不如课堂听课

C. 比较随意,爱听不听,认真程度远不如课堂听课

D. 不认真,目的在于得到学分

26. 你认为所参与的思政课在线学习平台资源(   )

A. 特别丰富

B. 较为丰富

C. 缺乏内容

27. 目前思政课线上教学中对你有帮助的资源包括(   )(可多选)

A. 教学大纲及其他学习资料

B. 微课

C. 练习题/测验

D. 问答讨论帖

E. 其他_____

28. 您认为思政课混合式教学模式能否代替传统课堂？（　　）

A. 能

B. 不能

C. 不置可否

29. 目前思政课的在线授课让您（　　）

A. 非常满意

B. 比较满意

C. 不置可否

D. 不满意

30. 思政课的混合式授课模式最令您满意的是（　　）

A. 教学内容

B. 教学形式

C. 时间安排

D. 考核方式

E. 其他＿＿＿＿＿＿

31. 思政课的混合式授课模式最令您不满意的是（　　）

A. 教学内容

B. 教学形式

C. 时间安排

D. 考核方式

E. 其他＿＿＿＿＿＿

32. 与单纯采用线下教学模式的传统课堂相比,你认为采用混合教学模式的思政课的教学效果（　　）

A. 非常好

B. 很好

C. 一般

D. 很差

基于混合教学模式的高校思想政治理论课建设调查问卷（教师版）

尊敬的老师：

您好！感谢您参加此次问卷调查。此次调查旨在提升高校思想政治理论课（下简称思政课）的成效，不涉及针对性的个人信息。问卷中的"线上授课"主要是指利用网络进行线上教学，"线下授课"主要指传统形式上的课堂教学，混合教学模式则融合了线上与线下教学。再次感谢您的鼎力配合！

1. 年龄（　　）

A. 25 岁以下

B. 25～29 岁

C. 30～39 岁

D. 40～49 岁

E. 50～59 岁

F. 60 岁或以上

2. 教龄（　　）

A. 1～5 年

B. 6～10 年

C. 10～20 年

D. 20～30 年

E. 30 年以上

3. 学历(　　)

A. 本科生

B. 硕士研究生

C. 博士研究生

4. 您目前教授的思想政治理论课课程包括(　　)(可多选)

A. 马克思主义基本原理

B. 近现代史纲要

C. 思想道德修养与法律基础

D. 毛泽东思想和中国特色社会主义理论体系概论

E. 形势与政策

F. 中国特色社会主义理论与实践研究

G. 自然辩证法概论

H. 马克思主义与社会科学方法论

I. 中国马克思主义与当代

J. 马克思主义经典著作选读

5. 每天上网(　　)

A. 小于 2 小时

B. 2~3 小时

C. 3~4 小时

D. 4 小时以上

6. 就思政课而言,您更倾向于接受哪种教学模式?(　　)

A. 完全线上教学

B. 完全线下教学

C. 线上线下相结合的混合式教学

7. 您认为思政课（   ）采用线上教学

A. 非常有必要（请回答第 8 题）（请跳至第 8 题）

B. 有必要（请回答第 8 题）（请跳至第 8 题）

C. 没有必要（请回答第 9 题）（请跳至第 9 题）

D. 不置可否（请回答第 8、9 题）（请跳至第 8 题）

8. 思政课采用在线授课的必要性在于（   ）（可多选）

A. 线下授课时间有限，在线授课能提供更多知识

B. 在线学习可突破时间空间限制，实现随时随地学

C. 可节省讲授固定内容的上课时间，把更多精力运用于有针对性的释疑解惑

D. 在线学习比较轻松自由，可不受约束

E. 在线授课时间短，符合个体认知规律

F. 在线提交作业更便捷

G. 增加了师生间交流的机会，更容易向老师和同学咨询问题

H. 在线学习可以灵活实现一对一或一对多人的指导

I. 通过后台的数据来分析学生的思想动态

J. 其他

9. 高校思政课没有必要进行线上授课的原因在于（   ）（可多选）

A. 目前线上教学流于形式，并非真正意义上线上授课

B. 思政课具有特殊性，无法进行线上教学

C. 学生学习自觉性不足，"刷分"现象严重

D. 花费在制作课件上的时间太长

E. 课程运营成本过高，缺乏资金资助

F. 没有顾及学生的个性化需求，教学缺乏针对性

G. 传统课堂教学完全可满足教学要求

H. 增加额外的学习时间

I. 其他_____

10. 影响线上学习效果的因素包括(　　)

A. 学生个人自控力

B. 教学内容

C. 网速及网费

D. 教学流程

E. 师生间互动交流的机会

11. 所在高校采用混合教学模式授课的现象是否普遍？(　　)

A. 从未使用

B. 从未使用且不鼓励采用

C. 鼓励采用,校内有几门课正在试行

D. 鼓励采用且较为普遍(约占所学课程的百分比为_____分之一)

12. 贵校思政课程中,采用混合教学模式的包括 (　　)(可多选)

A. 马克思主义基本原理

B. 近现代史纲要

C. 思想道德修养与法律基础

D. 毛泽东思想和中国特色社会主义理论体系概论

E. 形势与政策

F. 中国特色社会主义理论与实践研究

G. 自然辩证法概论

H. 马克思主义与社会科学方法论

I. 中国马克思主义与当代

J. 马克思主义经典著作选读

K. 上述思政课程均没有采用混合教学模式

13. 与单纯采用线下教学模式的传统课堂相比,你认为采用混合教学模式的思政课的教学效果( )

A. 非常好

B. 很好

C. 一般

D. 很差

14. 与传统的课堂教学相比,混合教学模式的优势集中体现在( )(可多选)

A. 混合教学模式能增强教学内容的针对性与时效性

B. 有助于兼顾教学设计的体系化和问题化

C. 能把知识传授与行为体验融合起来

D. 在一定程度上能解决师资队伍人数不足、教师教学压力过大等问题

E. 其他_____

15. 目前思政课在线教学带来的挑战体现在( )(可多选)

A. 碎片化的教学设计削弱了思想政治理论课的系统性和严谨性

B. 思政课本身不适合线上教学,当中涉及的敏感问题不适宜线上公开,大范围地进行讨论

C. 加大了思想政治理论课进行思想引导的难度

D. 要求思想政治理论课各个教学环节之间以及整个团队内部更加高度协调

E. 思想政治理论课教师未能转变教学观念,难以接受新的教学方式

F. 思想政治理论课教师无法熟练操作与充分利用网络及计算机软件,造成教学资源更新慢,或缺乏可持续性

G. 课程运营的成本较高,缺乏足够的资金支持

16. 您认为思政课在线授课应包含以下哪些环节( )?(可多选)

A. 教学视频

B. 开放讨论

C. 单元作业

D. 单元测试

E. 线上考试

F. 线上讨论

G. 其他＿＿＿＿＿＿＿

17. 您考虑以混合教学形式讲授思政课是基于(　　　)考虑(可多选)

A. 混合教学模式本身的优点

B. 学校相关部门在各方面给予支持

C. 学校硬性规定,作为考核指标

D. 其他高校都在开设,是一个大趋势

18. 在一门思政课中,线上课堂与线下课堂的教学工作量核算比例应为(　　)

A. 1 : 1

B. 1 : 2

C. 1 : 3

D. 2 : 1

E. 3 : 1

F. 4 : 1

G. 其他＿＿＿＿＿＿＿

19. 假如实现学分互认,学生可选修其他高校的思政课在线课堂,您(　　)

A. 在不影响教学工作量的前提下,愿意把精力运用于主持线下课堂,参与并配合其他高校的思政课课程

B. 愿意把精力运用于主持线下课堂,参与并配合其他高校的思政课课程,即

便这样做会对您教学工作量的核算造成一些影响(工作量降低20%)

　　C. 愿意把精力运用于主持线下课堂,参与并配合其他高校的思政课课程,即便这样做会对您教学工作量的核算造成较大影响(工作量降低40%或以上)

　　D. 愿意把精力运用于主持线上课堂,吸引更多学生选修您的思政课

20. 就目前的思政课混合教学而言,您认为需要加强(　　　)方面的建设

　　A. 技术层面

　　B. 课程结构设计

　　C. 教学资源设计

　　D. 教学反思与评价

参考文献

1. 巴格比．P. 2018. 文化与历史：文明比较研究导论．夏克、李天纲、陈江岚译．北京：商务印书馆

2. 鲍曼．Z. 2003. 共同体：在一个不确定的世界中寻找安全．欧阳景根译．南京：江苏人民出版社

3. 贝斯特．J. 2000. 认知心理学．黄希庭主译．北京：中国轻工出版社

4. 边沁．J. 2000. 道德与立法原理导论．时殷弘译．北京：商务印书馆

5. 布赖登．D.、科尔曼．W. 主编．2011. 反思共同体：多学科视角与全球语境．北京：社会科学文献出版社

6. 陈万柏、张耀灿主编．2015. 思想政治教育学原理．北京：高等教育出版社

7. 陈英和．1996. 认知发展心理学．杭州：浙江人民出版社

8. 戴艳军主编．2012. 思想政治教育原理案例分析．北京：中国人民大学出版社

9. 恩格斯．F. 1999. 反杜林论．北京：商务印书馆

10. 费孝通．2016. 文化与文化自觉．北京：群言出版社

11. 弗莱雷．P. 2001. 被压迫者教育学．顾建新等译．上海：华东师范大学出版社

12. 弗里德曼．J. 2003. 文化认同与全球性过程．郭建如译．北京：商务印书馆

13. 格尔茨．C. 1999. 文化的解释．韩莉译，南京：译林出版社．

216

14. 哈肯．H. 2000．大脑工作原理——脑活动、行为和认知的协同学研究．郭治安、吕翎译．上海：上海科技教育出版社

15. 黑格尔．G. 1959．哲学史讲演录（2卷）．贺麟、王太庆等译．北京：商务印书馆

16. 黑格尔．G. 1961．法哲学原理：或自然法和国家学纲要．范扬、张企泰译．北京：商务印书馆

17. 亨廷顿．S. 2013．文明的冲突．周琪、刘绯、张立平等译，北京：新华出版社

18. 郭湛．2016．社会的文化程序．黑龙江教育出版社

19. 卡斯特．M. 2006．认同的力量．曹荣湘译．北京：社会科学文献出版社

20. 康德．I. 2002．道德形而上学原理．苗田力译．上海：上海人民出版社

21. 科尔．M. 2018．文化心理学：历史与未来．洪建中，张春妹译．北京：人民出版社

22. 莱布尼茨．G. 1982．人类理智新论．陈修斋译．北京：商务印书馆

23. 李伯泰、燕国材主编．2001．教育心理学．上海：华东师范大学出版社

24. 李梁．慕课背景下思政课教学改革的问题逻辑视角．中国高等教育．2014（2）

25. 刘建军．2013．守望信仰．北京：人民出版社

26. 刘建军．2014．信仰追问．北京：中国青年出版社

27. 刘建军主编．2018．新时期思想政治工作创新研究．北京：中国人民大学出版社

28. 刘书林．2018．思想政治教育学原理专题研究纲要．北京：人民出版社

29. 刘振环．2017．思想政治理论课教育途径与方式创新．北京：社会科学文献出版社

30. 骆郁廷．2018．思想政治教育引论．北京：中国人民大学出版社

31. 纳斯鲍姆．M. 2010．告别功利：人文教育忧思录．肖聿译．北京：新华出版社

32. 帕尔默．P. 2005．教学的勇气．沈桂芳，金洪芹译．上海：华东师范大学

出版社

33. 彭聃龄.2001. 普通心理学.北京:北京师范大学出版社

34. 皮亚杰.J.1981. 发生认识论原理.王宪钿等译.北京:商务印书馆

35. 皮亚杰.J.1989. 生物学与认识.尚新建等译.北京:三联书店出版社

36. 佘双好等.2017. 思想政治理论课教学科研分析报告:2006 - 2016 年.北京:社会科学文献出版社

37. 佘双好.2018. 思想政治理论课程教学法探析.北京:中国人民大学出版社

38. 沈壮海.2016. 思想政治教育有效性研究.武汉:武汉大学出版社

39. 沈壮海、史君.推动思想政治教育与信息技术的高度融合.国家教育行政学院学报.2017(1)

40. 沈壮海、金瑶.2018. 思想政治教育研究的新 10 年:回顾与展望.马克思主义理论学科研究(5)

41. 泰勒.C.2001. 自我认同的根源:现代认同的形成.韩震等译.北京:译林出版社

42. 王学俭.2017. 思想政治教育理论与实践问题的研究视角.北京:中国人民大学出版社

43. 王易.2018. 传统文化与思想政治教育创新.北京:中国人民大学出版社

44. 王志康.1993. 突变与进化.广州:广东高等教育出版社

45. 韦伯.M.1997. 韦伯文选(第一卷).甘阳编选.甘阳、李强等译.上海:上海三联书店;香港:牛津大学出版社

46. 韦伯.M.1998. 社会科学方法论.韩水法等译.北京:中央编译出版社

47. 吴潜涛主编.2012. 高校思想政治教育的理论与实践.北京:人民出版社

48. 吴潜涛.2017. 思想政治教育教学与研究.北京:中国人民大学出版社

49. 习近平.2017. 习近平谈治国理政(第二卷).北京:外文出版社

50. 习近平.2014. 习近平谈治国理政.北京:外文出版社

51. 习近平.2016 - 05 - 19. 在哲学社会科学工作座谈会上的讲话.人民日报,(第2版)

52. 谢惠媛主编．2018."思想道德修养与法律基础专题化教学研究"．北京：北京航空航天大学出版社

53. 休谟．D.1980．人性论．关文运译．北京：商务印书馆

54. 亚里士多德.1990.尼各马科伦理学．苗力田译．北京：中国社会科学出版社

55. 宇文利．2012．现代思想政治教育课程论．北京：北京大学出版社

56. 张雷声．2018．思想政治理论课教学的境界．北京：中国人民大学出版社

57. 章小朝．高校思想政治理论课教学的问题意识与专题化教学．思想理论教育导刊．2015(10)

58. 张孝宜.2000．新世纪高校政治理论教育途径与方法探索.广州：中山大学出版社

59. 张旭东．2005．全球化时代的文化认同——西方普遍主义话语的历史批判．北京：北京大学出版

60. 张耀灿．2017．思想政治教育学科建设研究．北京：中国人民大学出版社

61. 张耀灿、郑永廷、刘书林等．2001．现代思想政治教育学．北京：人民出版社

62. 郑永廷.2000．现代思想道德教育理论与方法.广州：广东高等教育出版社

63. 郑永廷主编．2010．思想政治教育方法论．北京：高等教育出版社

64. 郑永廷主编．2018．思想政治教育学原理．北京：高等教育出版社

65. 中共中央编译局．2002．马克思恩格斯全集(第3卷)．北京：人民出版社

66. 中共中央编译局．2009．马克思恩格斯文集(第1卷)．北京：人民出版社

67. 中共中央编译局．2009．马克思恩格斯文集(第8卷)．北京：人民出版社

68. 中共中央马克思恩格斯列宁斯大林著作编译局编.1995.马克思恩格斯选集(第4卷).北京：人民出版社

69. Baggaley J. MOOC rampant. Distance Education. 2013(3)

70. Bandura A. 2006. Social Foundations of Thought and Action：A Social Cognitive Theory. INC：Prentice Hall

71. Beck C. 1991. A model of dialogue for democratic moral education: theory and practice. Presented at the Annual Meeting of the A. M. E. , Athens Georgia

72. Geert P. Variability and fluctuation: a dynamic view// Change and Development: Issues of Theory, Method and Application. N J: Erlbaum. 1997

73. Goldberg T. Effect of neuroleptics on the cognition of patients with schizophrenia: a review of recent studies. Journal of Clinical Psychiatry, 1996(57)

74. Greene J, Sommerville B, Nystrom L, et al. 2001. An FMRI investigation of emotional engagement in moral judgment. Science. 2001(9)

75. Habermas J. Moral Consciousness and Communicative Action. 1995. trans. Lenhardt C. , Nicholsen S. Cambridge, MA: The MIT Press

76. Joseph S. Nye. 2004. Soft power: The Means to Success in World Politics. Public Affairs.

77. Kohlberg L. 1984. The Psychology of Moral Development. San Francisco: Harper&Row

78. May L. , Friedman M. , Clark A. . 1996. Mind and Moral: Essays on Cognitive Science and Ethics. Cambridge: The MIT Press

79. Piaget J. 1972. The Principles of Genetic Epistemology. New York: Basic Books

80. Powers W. 1973. Behavior: The Control of Perception. Chicago: Aldine Publishing Co.

人名索引